浙江大学—宁波镇海区外语教学改革合作项目

英语教学理论系列

中小学英语教学研究方法

English Teaching Theory:
Research Methods for Teaching

黄建滨◎主编
连巧红　金忍冬　陈倩倩◎编者

ZHEJIANG UNIVERSITY PRESS
浙江大学出版社

Preface

前　言

现在呈现在读者面前的这一套教材和读物包括了大中小学阶段英语教学的方方面面，主要涵盖四个方面的内容：作为校本教材的中国文化阅读系列，用于英语教师教学技能培训的英语教学理论和实践的专题论著，用于提高英语教师知识和口语能力的教材，还有用于提高其他学科课程教师本专业英语水平的手册。

作为编者，我们之所以编写涉及大中小学英语教学如此多方面内容的系列教材和读物，完全得益于浙江大学外国语言文化与国际交流学院和浙江省宁波市镇海区在2008年开始的一个庞大的共建镇海教育强区的合作项目。镇海区人民政府为了进一步提高该区的外语教育水平，和我院签订了这个长达5年的合作项目，除了教材建设，还有教师培训项目、外语学校合作项目、网络教学项目、民工子弟学校项目等。这些项目为镇海区的外语教育，尤其是英语教育走在全省乃至全国的前列起到了示范作用。

在和镇海区有关领导和同行多次的交流中，我们为教材系列项目制订了一个涉及内容广泛的计划，旨在为镇海中小学教师和学生提供有针对性的支持。由此促成了今天这一整套的教材和读物的出版。

在丛书即将出版之际，我们要向在长达5年的时间里给予我们支持和帮助的有关各方表示衷心的感谢。

首先要感谢的是镇海区人民政府和镇海区教育局以及镇海区中小学教师们的大力支持。正是他们提供的经费支持、教师们的参与，以及学生们的配合，保证了这个项目的最终顺利完成。

其次要感谢浙江大学外国语言文化与国际交流学院的领导、各有关部门的同事和同行的指导和帮助。

作为主持这个项目的负责人，我还要感谢参与这个项目的所有同行和学生们的无私奉献。正是他们的不懈努力和勤奋的工作，使得这个项目得以圆满完成。

黄建滨

2015年11月于求是园

Contents
目 录

Contents

Contents

Contents

Contents

第一章 绪 论

很多一线的中小学英语教师，尤其是青年教师，对是否需要进行科研往往感到困惑。首先，由于教学工作量大，不少老师还要做班主任或者兼任行政工作，因此，他们感到没有时间进行科研。其次，他们觉得只要自己的语言水平高，能上好课，有没有科研成果并不重要。而且现在中小学教师评职称对论文的要求也不高。当然还有一个重要的问题是，许多一线英语教师是本科，甚至专科毕业生，他们在大学期间的学习重点是提高英语能力，英语本科专业（更不用说专科了）对大学生的研究能力的要求并不高，在读书期间，除了毕业前的毕业论文，他们实际上很少或者根本就没有真正的科研训练。因此，他们缺乏进行科研的一些最基本的素质。工作后，工作压力一大，科研当然也就更不考虑了。

那么我们应该怎样认识中小学英语教师的科研，怎样认识中小学英语教学与科研的关系呢？

第一节 中小学英语教师应该、可以而且必须进行科研

中小学教师不仅要传授给学生人类现有的知识，还要引导学生进行科学探索，探知未知的知识，从事科学研究是必需的。可以这么说，一个教师如果只能教授人类现有的知识，那么作为教师其实是不合格的。

语言知识和语言技能当然重要，但我们必须清醒地认识到，

英语作为我们的外语（对大部分的中国英语教师来说，英语还不能算是他们的二语，因为他们没有生活在英语国家那种处处有英语的环境中，英语对他们而言，主要也就是在教学中使用），我们的那点英语知识和语言技能与以英语为母语的英、美、加、澳、新等国家的人比根本算不上什么。我们不可能也没必要把英语的一切都学到，实际上，连英美人自己也不可能掌握英语的一切（正如我们作为中国人，也并没有完全掌握我们的母语汉语的一切）。那么我们这些“英语族”的人比英语作为母语的人强在哪里呢？尽管英语不是我们的母语，但我们作为英语教师，对这一语言，尤其是对怎样教授这一语言是有一定的，甚至相当的研究的，而那些母语是英语的人中的绝大多数人是没有，也没有必要有这样的研究。而且，会说一门语言并不意味着就会教这门语言。

我们应该明确的一点是：语言教学是一门科学。既然是科学，当然就有对其进行研究的必要，教学科研也是科研。要提高教学水平，就要对教学法、教学大纲、教材、教学对象、教学手段、教学环境等进行研究，进而找到最佳的提高教学水平的方法与途径，因此研究势在必行。教学和科研是密不可分的。

要教好书，中小学英语教师必须要有较高的语言水平。尽管毕业了，不再做学生了，但他们还是应该努力提高自身的语言能力。在继续学习这门语言的过程中，由于身份的变化（在大学里学习是以学生的身份，现在学习是以教师的身份），观察问题的视角是大不一样的。从教学角度考察英语和从学习角度看待英语的不同，是可以带来不同的想法的。这些想法，如果深入探究，是有可能成为研究方向的。

要教好书，中小学英语教师更要懂得心理学、教育学、语言学、教学法、语言习得理论、语言测试理论，等等。掌握并运用这些理论于教学实践，将使教师成为真正的教育学家而不再只是教书匠。

国内外英语教学理论研究的发展为一线教师提供了很好的学习机会。教师们可以思考怎样将教学科研专家和其他教师的研究成果融入自己的教学实践中，怎样在自己的教学实践中发现研究课题并开展研究。

教育技术的发展为一线的教师带来了新的发展机遇。怎样在教学中利用这些新的教育技术本身就可以成为教师们的科研课题。

国家新课程标准的颁布对一线教师的教学提出了更高的要求。怎样在自己的教学中达到新课程标准的要求，这需要教师们不仅仅只是被动地理解这些标准，同时还要在自己的教学实践中创造性地进行教学实践，从而提高自己的教学水平。因此教师们要开展科学研究，以科研带动、促进教学改革，最终提高教学质量。

第二节　研究方向的确定

研究方向的确定可以从以下几个方面着手考虑。

一、兴趣第一

教师们可以根据自己的兴趣选择研究方向，不要强求自己去研究不感兴趣的课题。有了兴趣，还要了解他人的研究进展。在确定了自己的研究方向后应该到图书馆和资料室查找有关资料。看别人的著作和文章可以了解有关课题在国内外研究的进展，看看他们是怎么写的，写了些什么，研究到了什么程度，参考了什么资料，这些资料自己是否读过，如果没有，应该选择其中一些主要的资料阅读，之后再确定自己的具体选题。以词汇学为例。可以先读陆国强、汪榕培或林承璋的英语词汇学教材，然后读原版的Howard Jackson的*Words, Meaning and Vocabulary—An Introduction to Modern English Lexicology*，从而对词汇学有个比较完整的把握。然后再从有关期刊选择一些自己感兴趣的论文阅读，找到自己可以进行研究的小的研究点。从这些书著和论文中，你都可以找到研究的题目，如Howard Jackson的书中的第二章讲英语词汇的来源，你可以考虑探究法语对英语的影响、黑人英语或者西班牙语对美国英语的影响、法语和加拿大其他族裔语言的词汇对加拿大英语词汇的影响、澳大利亚土著民族语言的词汇对澳大利亚英语词汇的影响等。

二、结合教学

中小学英语教师常年战斗在教学第一线，他们接触更多的是教材和学生。教学中使用的教学方法，教材中遇到的语言问题，和学生接触中遇到的学生的学习策略问题，课堂教学中遇到的与学生的交流问题等，这些都可以成为他们研究的对象。这些课题涉及外语教学法、教学理论、教材理论、心理语言学、学习策略、语言测试理论、课堂教学、测试与语料库建设、二语习得、儿童外语学习、成人外语等各种理论问题。例如，你所教的学生中有汉语方言区的学生，那么这种方言的语音对他们的英语语音学习的影响，就是可以研究的内容，当然这需要你对语音学有较多的了解。又如，不同年龄段的学生的学习策略是不同的，研究一下不同年龄段的学生的学习策略，有助于你进行有针对性的教学，这既提高了教学质量，又拿出了自己的研究论文，甚至专著，何乐而不为呢？再如，英语中的be going to是个非常常用的结构。这个结构究竟有多少种意义，中国学生经常使用其中什么意义，为什么会只使用这几个意义，和英语为母语的学生的使用情况有什么区别，这是可以利用语料库进行对比研究的。研究的结果也有利于指导这个结构的教学，对自己，对其他教师都有用。

三、根据国家、省份、县市或学校的科研规划选择

国家、各省、各县市或各学校都会根据各自的发展规划和经费情况定期（如每年或每两年）提出一些科研课题。教师们可以根据自己的研究兴趣和研究方向选择自己可以进行的项目申报。申报书的课题论证当然非常重要，申报者一定要尽量按照要求详细说明自己的研究课题、研究意义、研究计划、研究步骤、研究可能产生的成果等。这样的课题申报通常都不是一个人可以进行的，应该和几个志同道合的同事合作，共同确定题目并合作申请。在申报书中，会要求申报者列出前期的研究成果，如已发表的论文、已结题的科研项目、已出版的专著、已获得的科研奖项等，这些已有成果从一个方面可以证明申报者的科研能力。因此，如果还没有某一领域的研究成果，就应先进行相关研究，在积累了一定的成果后再去申请，这样才更有成功的把握。

四、为今后的发展选择课题

许多老师为了自身的发展，还打算读硕士甚至博士，那么他们就应该根据自己的兴趣，同时为今后的进修选择研究方向。有的老师喜欢文学，有的老师喜欢跨文化交际，有的老师有志于研究翻译理论，有的老师对语言学研究感兴趣，他们就可以尽早开始选择所喜欢的研究方向。当然，在选择了大方向后，还应该将研究领域缩小到比较具体的方向，比如在文学研究中，可以具体

到某个文学理论、某个文学体裁、某一类作家的作品甚至某个作家的作品、某两个不同国家的作家作品对比研究等。如果做教学研究，可以具体到阅读教学研究、词汇教学研究、写作教学研究等。如果是语言学研究，则应该限制到语言哲学、语法、词汇、语音等。

第三节　研究中应注意的几个问题

一、立足教学和工作实际

中小学英语教师在经过一些年的教学工作后，逐渐积累了很多很好的教学经验，也有过一些失败的教训，这些经验和教训应该总结出来和同行分享，这就需要把自己在教学实践中发现的问题和心得体会归纳整理，通过理论学习将其上升到理论的高度并写成论文。

例如，一名教师最初使用的是牛津版的英语教材，后来改为使用人民教育出版社出版的英语教材。牛津版的编者是英语为母语的英国教材编写专家，而人教社的教材则是中英两国教材专家合作编写且以中国专家为主。这一定会带来编写理念不同、教材选材不同、练习和活动设置不同等。教师在使用中一定能感受到这些不同。那么使用过这两种教材的教师，就可以把自己的感受和体会写出来，同时根据教材编写理论进行对比研究。新课程标准修订后，所有中小学的英语教材都经过了修订改版，即使仍然使用同一个出版社的教材，教师也可以发现这个系列的教材在修订前后的不同，比如选材的不同、教学理念的不同、练习和活动设置的不同、词汇的不同、语法项目出现的顺序的不同等。这些都可以作为对比研究的内容。

除了教学，其他的工作经历也可能提供一些研究的视角。从1985年开始，我在教学之余担任了钱伟长教授主编的《应用数学和力学》期刊中英文版的编辑。这个工作占去了我大量的业余时间。这个期刊的中文版在国内发行，其英文版同时在国外发行，而且是每月一期。当时的作者的英文水平非常一般，不少作者还是学俄语出身的，为了在这个高档次的期刊发表论文，勉为其难地把论文翻译成英语。一些作者论文里的英语句法混乱，用词错误也比比皆是。而且这个期刊是非常专业的，所涉及的内容都是当时来说应用数学和应用力学领域的高水平研究。我的工作难度可想而知。在为该期刊工作的8年中，我逐字逐句审读该期刊的每一期论文，总字数达到了2000万字。由于当时教学和行政工作繁忙，我没有多少时间总结那些年里审读这些科技汉语的翻译体会。离开重庆到浙江大学后，我利用刚到新的地方，没有行政工作的空隙，总结了那几年从事汉译英编辑的工作经验和体会，在核心期刊《上海科技翻译》和《中国科技翻译》等杂志上发表了多篇相关论文。只是由于后来担任教育部大学外语教学指导委员会的秘书长，从事《大学英语教学大纲》和大学英语教学词表的编制，才不得不停止了这一汉英翻译的研究。

二、从实践到理论的上升

这主要指的是教学理论的研究。如认知心理学在教学中的运用、词汇或语法的习得，还可以小到某一类词或语法结构的习得、课堂提问方式的研究、小组合作学习的研究等。

我从1989年出版第一本教辅书开始，至今已主编或参与编写出版了百余本英语教材和教辅书。我也曾经为此非常骄傲。但是，在2004年上半年，我读到了徐烈炯发表在《外国语》杂志上的文章《外文系怎么办》。里面提到："编教材当然不是研究，无论教材效果多么好，多么受学生欢迎，都是传递人们已经掌握的而学生还没有掌握的知识，而不是发现任何人都没有掌握的知识。……听说读写教学当然不是研究，学英语显然不是在发现人类还没有掌握的知识，而是在学英国美国人人都掌握并熟练运用的知识和技能。如果掌握英语就可以当教授，英美人到别的国家大学去，都可以当教授。翻译也不是研究，翻译并不增加人类知识总体，而是为不能阅读原著的人提供方便。翻译一本书就可以拿一个硕士学位，甚至拿一个博士学位，在其他地方是不能想象的。"（徐烈炯，2004）

他的这些话在当时对我的触动是非常大的。仅仅只是从事课堂教学，不算研究，这没有问题，仅仅翻译他人的作品，不算研究，也可以理解，翻译毕竟只是把已有的文本用另外一种语言表达出来，并没有原创。但编写教材也不算研究，让我无法接受。毕竟，教材的编写是需要有创造性的，而绝不仅仅是选编几篇文章、编写几段对话那么简单的。

2004年下半年，我终于第一次踏上了异国的土地，到加拿大访学。在渥太华大学，我才发现，徐烈炯的话还是有一定道理的，因为我发现，国外研究型大学的教授大多是不屑于参加语言基础教材的编写的，大多数传授语言知识和技能的教材都是由相当于我国的高职高专学校的教师编写的。我所访学的渥太华大学的机构名为The Institute of Second Language（第二语言研究所）。不过它现在已改名为Official Languages and Bilingualism Institute，即官方语言与双语研究所。但它的研究方向其实并没有什么变化（它的研究人员本来就是由从事英语或法语教学研究的教授、副教授、助理教授组成的），改名是因为它得到加拿大政府的资助，研究队伍得到加强，研究重点更加明确地定为加拿大官方语言的教学研究。与The Institute of Second Language（第二语言研究所）并行的一个名称（这个名称也同时出现在人文学院的网页上）是The Department of Second Language（第二语言系）。这是典型的一个单位两块牌子（institute是研究单位，而department是教学单位）。除了行政人员，这个单位的其他人员分为两大部分。一部分（人数不多，只有10多人）是长期聘用（tenure）的教授、副教授和助理教授（助理教授在工作6年后还不能升为副教授的话则要被解聘），他们的工作是研究和从事研究性课程（外语教学方向的硕士课程）的教学，并指导硕士生的毕业论文。另外一部分人员是短期聘用的教师（当然在上课时，学生们也把他们当成professor，这不过是因为，在美国和加拿大的大学教书的人，都被称为professor，而不会被称为teacher的。在这两个国家，teacher是用于中小学教师的）。这部分教师人数较多，因为渥太华大学是双语大学，英语和法语是教授们的工作语言，他们上课时，即使无法用其中一种语言完整地回答问题，但必须能够听懂学生的问题并回答。由于这个原因，在渥太华工作的教授、副教授和助理教授中，华裔非常少。因为要一个华裔既能用英语也能用法语在自己的专业课（如经济学、历史、犯罪学、外科学、力学等）上对付渥大的这一要求，非常困难。这些每年一聘的语言教师都只有硕士学位而没有博士学位，每年都要签订新的工作合同，当然只要他们工作表现中规中矩，没有被学生投诉，只要他们愿意，他们是会每年都得到聘用（当然是有学生的情况下）并一直在那里工作下去直到退休的。他们的工作是从事英语或法语的语言教学，学生是渥太华大学的其他专业的学生。这和我国的大学外语教学差不多，只不过我国的大学外语教学中的英语或者日语等语言是作为外语来教授的，而在加拿大，因为国家的语言政策，英语和法语是作为第二语言的。这些教师是没有研究要求的，但他们的教学工作量非常大，有的老师一周可能要上20多节课（当然是为了提高收入）。那些被长期聘用的教授、副教授、助理教授，都必须有博士学位。不过近几年，改名为官方语言与双语研究所后，因为经费的充裕和研究的需要，少数从事语言技能教学的具有硕士学位的老师也有转为长期聘用的，但这些教师都是有一定研究成果的。那些有博士学位的教授、副教授、助理教授往往同时还受聘于渥太华大学教育学院，带教学研究方向的博士生。他们从事的是教学法的研究、学习策略的研究、学习技能的研究、学习心理的研究、教材的研究、测试的研究、教师发展的研究、教学管理的研究等，或者在指导教学，但他们并不从事语言技能课的教学（偶尔为之，也是示范教学）。他们即使编写教材，也都是为研究生编写的研究性的教材。

渥太华大学二语研究所的结构和工作方向给我的触动非常之大，绝不亚于徐烈炯的那篇文章对我的触动。回国后，我反复思考，既然我编写了这么多教材，那么为什么不把自己编写教材的体会上升到理论，进行教材编写理论的研究呢？因此，在继续编写教材的同时，我身体力行，带着我的研究生，甚至本科生（包括本科留学生），从事英语教材的研究。后来，我又从事汉语国际教育专业的教学和指导研究生的工作，把研究的触角延伸到了汉语作为第二语言的研究，当然也包括教材的研究。同时因为学生中有不少是来华的留学生，研究的视角继续延伸到了在国外使用和出版的汉语教学用书、汉语教材和留学生文化适应的研究。2008年以来的7年间，我（和我的合作者）发表的研究英语和汉语教材的论文就有20余篇（涵盖大学非英语专业、大学英语专业、研究生英语、中学英语、小学英语、汉语作为第二语言教学等多个领域)。

目前语言教学研究的对象已从客体(语言本身、教材、教法)过渡到主体(学习者)。我们必须看到国外研究的大趋势,在研究教学法时,要更多地关注对语言学习者的研究,研究他们的认知心理、学习动机、学习策略等。

在教学科研中还应结合国情,结合教学实际,借鉴吸收国外新的教学理论和方法,积极探索新的教改思路,大胆采用行之有效的教学方法,加强在学生心理、新的课堂教学手段等方面的研究,用研究成果促进教学改革,从而探索出一条中国人学外语的新路。

三、敏锐观察,找到适当的研究切入点

论文的选题可以根据自己的兴趣,也可以取自教学实际,关键是注意观察,注意收集资料,有了积累才能有心得,才能深入,才能有所创新。不要以为教学内容简单就没有可研究的内容,其实教学中是可以找到很多值得研究的素材的。

比如在20世纪80年代末期,在一次期末考试中,教研室一个年轻老师发现考卷中有一个词组stay put她不理解,找到我,问我是不是印刷错误。当时我也没见过这个词组,但根据上下文可以猜出这个词组的大意是“待在原地不动”,我因此告诉她,考卷没有错。一般人过后可能查查字典搞清楚其词义就算了。我之后也查阅词典并确定了自己的猜测,但我没有就此停步。我发现这个词组的构成很有意思,因为第二个动词明明是动词的过去分词,但却与原形动词词形相同。我由此想到,是不是还有这类的词组。带着这个问题我和同事查阅了大量的英语辞书,收集了大量的例句。结果发现这类词并不多,另外如get rid of, feel upset, get hurt, get hit等。当然这些例子加起来写篇小文章还是可以的，后来也确实写了并发表在《英语知识》杂志上了。

对我们来说，意外的收获是，在找这类词例时我们还找到了大量的第二个动词为原形动词的例子。如make believe，hear say，let go，go see，come say，run get，help do等。那么这类词组是怎么产生的呢？将这些例子整理分析后，我们逐渐发现了其中的规律。这类词组只有五种情况。即前一个动词只能是：make，go（包括come和run），help，hear和let。如make do，make do without，let go of，let slip，hear speak，hear talk of，help produce，go see，go tell。我们还发现了其中的一些规律，如make，let，hear类是固定词组，通常不能改变，help和go后的动词一般可以随意变化（当然有一些也已成为固定词组）。我们分析总结了这些语言现象产生的原因和使用情况，并用恰当的例句加以证明，最终成文并发表在外语类核心期刊《外语教学》上。

四、勇于创新，重点突破

英语不是我们的母语，我们主要是学习，但就是学，这一辈子也学不完。我国一些著名的英语研究前辈如许国璋等说他们的词汇量有4万余，这个词汇量和美国大学生的词汇量差不多。但许国璋等专家们的学术成就绝非普通美国大学生可比，尤其是许国璋所做的中国的英语教材编写实践和研究、语言学研究、语言教学研究等。王佐良教授的英国文学研究的水平当然也不是一般的英国大学生所能达到的。至于许渊冲的中国古典诗歌的翻译，由于他既有深厚的中国古典文学修养，又有很高的英语水平，因此他的翻译是有相当水平的，再加上长期的翻译实践，他在翻译理论研究上也有所突破。我们要创新和突破，可以运用西方先进的语言学理论研究汉语，对比汉语和英语的异同，研究英汉文化，只要研究的视点新，方法科学，就容易出成果，容易被接受。

作为一线教师，我们想要在研究上有所突破的话，目标应该定位在与英语教学有密切关联的研究上，比如，教学法的研究、中国学生英语习得研究、教材研究等。国际上流行多种外语教学法，中国作为一个外语教学大国，有着上亿的外语学习者。中国的外语教学工作者比其他国家的外语教学工作者有更多的机会尝试新的教学方法，近百年来，他们提出了很多教学法和教学技巧。他们也确实创造了许多教学法和教学模式，例如，张士一教学法、林语堂教学法、华式结构功能法、外语立体教学法、“情意、情景、知识、交际、调控”五因素教学法、双重活动教学法、外语三突破教学法、“点—线—面—体”教学模式、“词汇—语法—阅读”三位一体教学模式、“听说领先，全面训练”教学模式、“拼读入门，阅读主导”教学模式、分层次整体教学模式、启发式教学模式、多向互联教学模式、多层综合教学模式，等等。这些教学法和教学模式在一定的时期和地区都产生过一定的影响。尽管如此，这些教学法还没有走向世界。因此，如果我们能够在教学法研究上有所突破，我们就能为中国的外语教学走向世界做出贡献。

五、严谨治学，引用规范

研究的方法很多，例如，质性研究（qualitative research）、定量研究（quantitative research）、个案研究、实验研究等，采用何种研究方法需要根据研究的内容而定，关键是语料真实，步骤严谨，统计准确，引文有根有据，结果合理，结论有说服力。

论文选题不可过于宽泛。例如，《中国大学英语教学的出路》

是我和邵永真教授合写的一篇文章，我们之所以写这篇文章，是因为当时邵永真教授作为教育部大学外语教学指导委员会的主任同时兼任英语组的组长，正在主持我国《大学英语教学大纲》的修订，当时我作为该委员会的秘书长，直接参与了教学大纲的修订工作。我们对当时全国大学英语教学现状的了解显然要比一般一线教师多一些。我们后来还发表过一篇《大学英语教学和教师情况调查分析》的文章，也是基于指导委员会对全国大学英语教学现状的调查。选择这样的题目对于一般教师（即使是多年从事大学英语教学的教师）来说并不一定合适，因为这样的题目涉及的面太大，要收集的数据要尽量广泛，有更大的代表性，而一般教师是很难对全国的大学英语教学现状进行大规模的调查的。

在科研中，总要参考前人的成果。在引用时一定要注意合乎规范。引用了他人的研究，一定要根据杂志社的要求，给出引用的文献出处，例如放在参考文献中，或者放在每页下方。如果引用了而没有注明，就会有剽窃的嫌疑，这是学术研究的大忌。

六、广泛阅读理论专著，提高理论水平

作为一线教师，在刚开始进行科研时可以有什么体会、想法就写什么，但经过一段时间有了一定的积累后就应有研究的重点，这样才能深入下去，提高研究水平。要提高自己的理论水平和科研水平就必须广泛阅读理论专著。所读的书最好是原版的国外近期出版的理论著作和论文，在中国国家图书馆官网可以查阅书目并联系复印，那里有许多最新出版的国外语言学及语言教学理论专著和杂志可供参考。外语教学与研究出版社、上海外语教育出版社、北京大学出版社、世界图书出版公司等出版社从国外出版社购买版权，出版了一大批国外新近的语言学、语言教学、

翻译学、语言习得、跨文化交际研究等方面的原版书，值得一线教师阅读。

我从四川大学毕业后，就到了重庆交通学院，一直从事大学英语教学。由于当时学校的政策，我没有机会读硕士，更不用说攻读博士学位了，只是到重庆大学进修过硕士的课程。工作单位里，年长的老师都是从俄语转教英语的，唯一一个英语出身的，还是教会学校出来的，没有大学学历，但他英语基本功很好。20世纪70年代末80年代初的大学英语教材的教师用书没有提供学生用书中课文的中文翻译，而那些课文大都是科技文章。他在教学之余，把这些课文都翻译成了中文，当时重庆各大学使用那套教材的英语老师都要参考他的译文。这些老教师，由于十年“文革”的耽误，基本没有什么研究，从他们那里学习研究也不可能。因此我的研究之路完全是靠自己。

我读书非常广泛，只要是和外语有关的，都可以进入我的视野。1978年2月，我有幸成为“文革”后第一批通过考试进入大学的大学生，当时是经过了十年基本不读书的年代，因此非常珍惜这来之不易的读书机会。只要是书，和英语有关的，拿来就读，有时往往一天几本。我甚至还自费订了朝鲜出版的英语杂志（当然和学术无关，就是为了提高阅读能力）。语言能力的提高与广泛的阅读显然有很大关系。工作之后，我继续坚持读书，当然读的书多数与研究有关。读书，不仅仅是读出版社出版的纸质书，还包括学术期刊。重庆交通学院是一所工科大学，因此图书馆里英语研究方面的书少得可怜。我就自费订阅英语杂志。到了浙江大学，我仍然保持这个习惯，直到2004年出国进修才中断。那时，网上已经开始可以查阅到杂志的论文了，浙大的图书馆和学院的资料室也有大部分的英语学术期刊，因此回国以后我没有再恢复学术期刊的订阅，但买书（尤其是学术专著）仍然是我的一大爱好。买了就要读，至今，我还尽量保持着每天读一本书的习惯。在渥太华大学访学期间，读书更是每天必不可少的乐趣。渥太华大学图书馆允许教授每次最多可以借书70本，而且可以不断续借（只要那本书没有被人预约）。中国的大学与此根本无法相比。例如，浙江大学至今也只允许教师和学生每次最多只能借12本书。此外，我还在渥太华大学教育学院图书馆、二语研究所资料室、渥太华市图书馆借过很多书（不过我在这里借的书主要是文学类书籍，学术性的非常少）。

另外，渥太华大学的网上杂志资源也非常丰富。中国的大学图书馆的网上杂志的数量根本与之无法比。我查阅过我国国家图书馆的网上杂志，那里的杂志也少得可怜，至少在语言学、外国文学、外语教学、跨文化交际、翻译等领域是无法和渥太华大学的比，就更不用说和那些国际顶级的大学如哈佛大学、多伦多大学、哥本哈根大学的图书馆的丰富资源相比了。我国学者的学术水平无法和世界科技发达国家相比，与图书馆资源的匮乏有很大关系。要提高科研能力，就必须了解国内外（尤其是国外）在本领域的研究进展，学术期刊提供最新的科研成果，这是做研究的人必须时时跟踪的。

我的阅读范围非常广泛。尽管因为随着年龄的增长，我已经不可能再从事文学和文化的研究，但我还经常阅读几本这些方面的书。广泛的阅读，扩大了我的知识面。这对教学也非常有好处。教学中，有时学生提出的问题非常偏，但我都能对答自如。

就外语教学研究来说，现在多学科的渗透已经十分普遍。心理语言学、认知语言学、社会语言学、文化语言学等已经深深扎根于外语教学中，现代最新的科学技术在外语教学中已广泛使用。学科交叉可以给我们以启迪，使我们有可能利用其他学科的新发现、新理论推动本学科的研究，从而导致新的发现、新的理论的产生，对此我们应该密切关注。

七、贵在坚持

此话说来容易，但做起来却很难。对此我有深刻体会。贵在坚持首先体现在，对于认准了的题目要勇于坚持，排除困难，直到完成。上面提到的关于“动词＋原形动词”的文章从1989年发现问题到1995年发表，用了六年时间，另一篇关于salesman, sportsman中-s-的意义和作用的文章花的时间更多，从各种词典中收集了近千词例，并确认它们最初出现的年代，绝不是一朝一夕能完成的。

贵在坚持还体现在，对认准了的研究方向，要勇于坚持不放弃。因为其他原因，可以有停顿，但一旦有机会和力量，就要重新拿起来，把研究进行下去。不要因为教学工作量大，或者有行政工作，就轻易放弃。我自1999年到2004年，一直担任浙江大学外国语学院的人事科长，后来还担任了学院党委副书记。这些繁重烦琐的事务性工作耗费了我大量的时间和精力。在那段时间，我的科研产出非常少。但我还是利用可以利用的时间，积累资料，为以后的科研做准备。几年后出版的《中国文化阅读教程》《大学体验英语高级教程》及相关论文等，都是在这段时间积累资料的基础上完成的。

贵在坚持并不是说一条道走到黑，有时必须勇于放弃。有的时候还应注意不要固执己见，不要不肯放弃。例如，你发现了一个很不错的选题，而且也已经开始有所准备，收集了一些资料。但突然某一天你在杂志上或者从网上发现，这个题目已经被其他人做了。这时你最好还是放弃这个选题。

多年前，我发现汉语词汇中两个或三个三声字同时出现产生的变音现象，觉得挺有趣。当时还没有电脑，我就在纸片上随时记录下我碰到的词例。例如：勇敢、广场、可以、总理、总统、首脑、火海、许久、许可、友好、老板、选举、李勇、老李、老柳、小吕、掩体、谷磊、李磊、总体、马尔、早晚、海水、海里、水管、水产品、马友友、虎跑水、老虎嘴、我与你、跑马场、吕广伟、鲁宝景、水与火、血小板、索马里、母老虎、米老鼠、酒井法子。

一次遇到一个汉语语音学专家，我向她请教才得知，汉语界对此早有研究，由此我当然只能放弃。不过，后来做汉语国际教学工作，在备课时想起这一往事，出于好玩，还自编了以下全部由三声字组成的句子，和同学们分享。例如：

我得赶紧走。我好想洗澡。你得等我搞好。李勇老板想找你。马晓宇导演想找吕伟染演《血与火》。

我想你可以找你姐赶紧以五百卡塔尔里尔给我买五九把粉雨伞、九篓水果、五筒虎跑米酒与米老鼠卡，给索马里总统、卡塔尔总理、酒井法子、柳勇举厂长、李仰法指导、网友水里美、鲁古雪旅长、北语许理伟、北广蒯笔礼、马尔磊导演、吕美宝老板与许海美小姐等好友。（居然一共有106个三声字）

不过，如果你发现某个题目其他人做的还有可以挖掘的地方，那么你就可以继续坚持做下去，但这时你必须修改研究方案，找到新的研究切入点，必须尽更大的努力以突破前人的水平。

八、勇于转向

勇于转向指的是，在工作性质或环境发生变化的时候，要有勇气改变研究的方向。工作在第一线的中小学英语教师都是有机会改变工作现状的，例如，原来在普通初中教英语，因为工作需要，到了高中或者职业中学从事英语教学工作，或者原来在条件较差的中学教英语，后来到了条件更好的中学教英语，或者原来只是普通教师，后来当了英语教研组组长。这都会在一定程度上影响研究的方向。

我1982年1月大学毕业后分配到重庆的一所工科大学（重庆交通学院）从事大学英语教学。在大学时，挺喜欢文学的，英美作家的经典小说大部分都读过，也曾有过做比较文学研究的念头。但由于工作性质，天天接触到的都是具体的教学、教材和汉英科技翻译，工作非常繁重，因此不得不放弃了曾经的打算。最初的研究就是教学研究、教材编写和翻译研究。1993年到浙江大学后，工作环境变化了，但教学仍然是大学英语教学，研究还是教学和翻译研究，但也开始了一点点词汇学研究。1996年参加教育部大学外语教学指导委员会的工作，参与了《大学英语教学大纲》的修订，那段时间的研究方向就转为大纲和词汇量的研究，翻译和词汇学的研究就不得不放弃了。2002年，我申请国家留学基金时，本来非常希望从事词汇学的研究，也向国外一些学者提出了访学的申请，但因为之前几年的研究成果中词汇学方面的材料几乎没有，因此没有得到他们的青睐。因为那几年参加教学大纲和大纲词汇表的编写，我在这几方面的研究成果比较突出，最终还是申请了语言教学研究方向并很快得到了加拿大久负盛名的麦吉尔大学（McGill University）的访学邀请，从而获得了国家留学基金的资助。不过后来由于其他种种原因，我没能到麦吉尔大学访学，而于2004年至2005年转到加拿大另外一所知名大学渥太华大学（University of Ottawa）做了一年的访问学者。尽管回国后我在大学英语教学之余，陆续开出了英语词汇学、实用英语词汇学、实用英语语法、英语写作与修辞等课程，但我的研究方向仍然以教学为主。2007年，我所在的浙江大学外国语言文化与国际交流学院承担了浙江大学汉语国际教育硕士专业的教学工作，我参与了这个专业的创办，并一直从事教学和指导研究生的工作至今（尽管由于各种原因，这个专业现在已经转到另外一个学院办学），因此我的研究方向中又增加了汉语作为第二语言教学的研究。我为这个专业开设过的课程有：汉语教材与教学资源、二语习得、中华习俗（英语授课）等，而且至今还在开设汉语教材与教学资源。在我的教学和研究工作中，英语只是我的第二语言/外语，而在汉语国际教育专业（本科的对外汉语专业），汉语也是作为第二语言/外语的，这和我多年的英语教学研究有很多共通之处。从事汉语作为第二语言/外语的教学和研究，我是驾轻就熟的。2008年，我院和浙江宁波镇海区合作，开展中小学英语教学研究。我的教学研究领域扩大到了中小学英语教学（主要是教材研究和词汇量研究），并曾应日本中小学外语教学研究专家的邀请到日本从事小学英语教学的研究，2012年至2013年还参与了我国初中英语教材的审定工作。勇于转向使我在这些领域中都有所斩获。

九、提高英语、汉语和计算机应用水平

研究英语当然需要较高的英语水平，但汉语水平也十分重要。这是因为要用国外先进的语言学理论研究汉语，如果汉语水平不高，研究就无法进行。要让论文为国内的期刊所接受，汉语表达不到位也不行。计算机技术的发展异常迅猛，年轻教师不仅要在教学中更多地运用多媒体技术，在科研中也必须利用计算机

技术。SPSS的使用、语料库的使用在语言学、语言习得、语言教学研究中越来越广泛，如果要提高研究水平，这些新兴的技术是必须掌握的。可以这样说，在当今社会，英语好、中文好、计算机水平高的人是走遍天下都不怕的。

想当年，在20世纪90年代，论文投稿都是在400格的稿纸上正楷誊写（当时被称为“爬格子”），很多文章都不是一次投稿就能中的，因此抄写自己的文稿在当时是费了我很多时间的。直到1996年，我担任教育部大学外语教学指导委员会秘书长后，开始学习使用计算机，才不再“爬格子”了。但计算机的使用对我至今还是一个巨大的挑战。我学会使用PowerPoint完全是被逼出来的。记得当时在渥太华，一次听课，我对上课教授提到的一个观点不认同，因此课后向她提出了自己的看法，她认为我的看法有道理，就希望我下周上课时能更清楚地阐明我的观点，给其他同学一个提示。那时我还不会做PowerPoint文件，无奈，长途电话让儿子给我找个制作PowerPoint文件的方法，结果他发来的方法介绍非常复杂，学会方法，还要准备演示的内容，根本来不及。如此，我干脆找到一个现成的PowerPoint文件，删除了里面的内容，把自己的贴进去，就这样把教授布置的任务应付过去了。

对论文写作来说，提高汉语和英语的水平还体现在对学术汉语和学术英语的掌握上。对此，一线教师在写论文时，要多读国内外学术期刊的论文，学会使用这些学术期刊的学术语言（academic language）。我们中国人学英语，最初主要还是学口语的。不少英语教师，口语非常好，结果写出来的英语也有明显的口语化倾向，而用这种口语式的英语写出来的论文投到国际期刊，初审就无法通过，从而根本不可能被接受。因此，要想在国际学术期刊（尤其是顶级的国际期刊）发表文章，必须大量阅读这些期刊的学术英语并模仿其语言，从而写出地道的学术英语。可能的话，还应该请有学术背景的英语母语者帮助润色。汉语是我们的母语，按说不应该有问题，但学术汉语和我们平时写作的书面汉语还是有一定区别的。要使自己的论文在国内的学术期刊发表，也必须使我们论文的语言是地道的学术汉语。因此，在投稿前，作者也必须根据汉语学术期刊的语言特点对自己论文的语言进行润色。

十、学会使用工具书和研究工具

提高自身水平需要广泛阅读和学会利用工具书。1978年2月我进入四川大学英文系学习时，英语水平是非常低的。当时参加第一次高考，就因为周围的亲朋好友认为我从小学过法语，因此考英语一定没有问题，就报考了英语专业（其实我在报考的六个选项中，第一选择的是法语，第二和第五是经济，第三是法语，第四和第六才是英语，但当时的录取，根本不按填报顺序，结果阴差阳错，进入了英语专业学习）。刚进入大学，我的英语水平和其他同学是有很大差距的。笨鸟先飞的我的秘诀之一是大量阅读。我当时几乎读遍了四川大学图书馆中所有的简易英语读物，并随之开始阅读英美小说原著。当然也包括当时能找到的英语杂志。秘诀之二是广泛地听。我不仅听VOA和BBC，而且也听周边国家（如朝鲜、苏联、日本、印度）的电台的英语节目。那时盒式磁带录音机刚从日本引进不久，还比较贵，个人还无力购买，我们主要还是在系里的语音室听大盘的磁带录音机的听力材料，甚至还有唱片式的留声机英语资料（如《灵格风英语教程》就是在那时作为精听材料听的）。系里的录音室资料和场地有限，当时对每个班的学生都是有时间限制的，只要轮到我们班，我就赶紧去，从不肯错过机会。大量的听读，对提高我的英语水平有很大帮助。

“文革”刚刚结束，作为第一批走进大学校园的大学生，求知欲非常强。我们在十年“文革”中几乎没有怎么学习，我们的老师也和我们一样差不多荒废了十年的业务。因此在我们的学习中，有时我们遇到问题问老师，老师也一时无法回答。我的办法就是，自己查阅词典，解决学习中的问题。毕业后在工作单位，由于年纪大的教师基本都是俄语转英语的，我们很难从他们那里得到语言和语言教学研究的帮助。因此一切都是白手起家，一切都靠自己，靠图书馆的书和杂志。

现在的研究工具很多，年轻的研究者们应当而且完全可以尽量多掌握一些研究工具，如SPSS、语料库等，从而开拓新的研究之路，提高自己的研究水平。

十一、虚心求教，不耻下问

利用各种机会，例如参加学术研讨会，到附近的大学参加学术讲座，聆听他们的讲演，向国内外知名的有关专家请教。记得我读大学的时候，1980年10月，中国外国文学学会第一届年会在成都召开，当时有200多位国内顶级的外语界的专家学者到会。会议期间，他们中的一些人应邀到四川大学做了多场精彩绝伦的学术报告，其中有许国璋、王佐良、李赋宁、杨周翰、周煦良、赵萝蕤、陈嘉、朱文振、吴富恒、叶水夫、陆凡、冯至、桂灿昆、草婴、高莽、曹靖华，等等。我当时几乎是每场必到，并做了笔记，而不管他们讲的是不是我的研究方向。我当时连俄苏文学的讲座都去听了好几场。大师们的风范至今仍难以忘怀。

虚心求教的对象不仅仅是大师，也包括同事和学生。随着年龄的增长，我对新技术感到了力不从心，因此遇到语料库等方面的问题，我就只好求助于我的学生。另外刚写出来的论文，不必急于寄出，先放一放，过些天再读一读，和同事们讨论，甚至和学生讨论，看他们有什么建议和看法，这样才有可能发现其不足之处，及时进行改进和提高。

十二、团结合作，共同提高

实证研究需要采集大量的数据，这需要受试的配合，也需要其他老师的帮助才能收集到更多的数据。实验班的教学，需要控制组的对比，这也需要其他老师的协助。一个人不可能什么都懂，因此，论文的写作有时需要多人的合作完成。申请科研项目更需要同事的配合。大的科研项目的进行，仅靠一个人的力量是不够的，必须要和同仁合作。遇到问题，和同事一起研讨，大家取长补短，共同提高。只有发挥集体智慧，才能有所突破。

我最初写论文，都是自己单干，但总感到势单力薄，毕竟是自学成才，没有得到过指导。因此，我开始和同事们合作。后来，带了本科生、硕士生、博士生，我有什么想法，总是和他们讨论，发挥他们的积极性和创造力。他们年轻，技术活学得快，统计方法、语料库等，都是靠他们做的。如此也才有了更多的产出。

十三、文章的发表

要发表文章，必须要了解自己研究领域的相关杂志，国内的和国外的都要有所了解。20世纪80、90年代，大学对杂志级别没有什么要求，即使有，也不像现在这么高和这么重视。现在，老师们说到发表论文，一说就是SSCI，权威期刊、一级期刊、CSSCI、北大核心等。因为学校有明文规定，在哪一级杂志发表的论文才可以用于职称评审，在哪一级杂志发表的论文可以用于岗位聘任，哪一类杂志发表的论文可以有奖励，等等。从1987年第一篇文章发表至今，我所发表的文章已经有100多篇。最初投稿，就是看自己的文章到底适合哪个杂志，然后就把写好的文章工工整整地誊写好，邮寄过去，然后等待回音。那时杂志社的编辑也非常负责，采用不采用都会在他们杂志的规定时间内给作者一个回复。这个不行，再投给另外一个。随着大学等学术单位对论文的要求步步升级，一些机构和个人发现了一条生财之道，通过各种方式（比如在国外或港澳通过出版社申请国际刊号）办起了新闻出版总署不认可的杂志，采取高收费的方式赚钱。杂志市场出现了鱼龙混杂的局面。有时让教师们非常难以辨别真伪。我的那篇关于salesman, sportsman中-s-的意义和作用的文章最先是投给国外一家知名的SSCI期刊的，由于对方回复太慢，又正好赶上我出国访学，结果转投给一家杂志，当然很快就得以发表。后来得到那家SSCI期刊的通知时已经无法改变已经发表的事实了，结果错过了在世界顶级期刊展示自己的一次绝好机会。因此，我的建议是，老师们在投稿的时候，先要了解清楚学校和上级主管部门认可哪些期刊。要对自己文章的水平有明确的把握，到底你的文章在什么水平，什么样的期刊更适合它，然后选定几家期刊，从级别高一点的开始投起，并且要有耐心，不要急于求成。如果确实是好的文章，是会得到期刊杂志青睐的。

十四、学无止境

学习是没有止境的。作为教师，要给学生一碗水，自己必须有一桶水。现在的孩子，从小就接触到知识的爆炸、技术的飞速发展，他们掌握知识的速度早已不是我辈可比的。我们要能够跟上他们的步伐，就必须坚持不停顿地学习，才能做到不断有所进步。尽管我发表了很多的文章，也出版了不少的教材和教辅书，读书也算广而多，但由于我没有经过攻读硕士和博士学位的历练，40多岁才开始接触电脑，对新技术的学习一直存有深深的恐惧感，所以在科研上时时感到捉襟见肘，力不从心。我不得不时时勉励自己，要保持一颗年轻的心，要活到老，学到老，并以此和年轻教师共勉。

在绪论中，我多处介绍了个人的研究和工作经历，是希望读者不要轻看教学研究，教学研究是大有可为的。

本书主要是通过个人实践的介绍，为工作在第一线的英语教师提供一点点个人的经验和建议，以帮助他们从事和教学结合的科学研究。限于水平，书中定有许多不当之处，还请读者原谅。

第二章　中小学英语教师科研的意义和特点

中小学一线英语教师必须认识到，科研有助于解决教学中产生的问题，推动教学改革，提高教学质量，科研是教师自身素质提高的保证。教师通过科研，可以增强科研意识，提高科研能力，丰富科学知识，因此教师从事科研具有非常重要的意义，是教师专业发展的必经之路。

王蔷等（2014）在《英语教师行动研究》一书中指出：20世纪80年代以来，一种新型的教师参与科研的方式进入了教育领域，即以实践为导向的课堂教学研究。其中“行动研究”作为其研究方式之一，以它特有的实践性和研究性特征，很快赢得了广大教师的认同和欢迎。……教师行动研究以及教师要成为教学研究者这一观点的出现，改变了人们长期以来固有的认识，即要成为研究者，你必须是在大学或研究所工作的科研人员。现在不同了，每个教师都能成为研究者，也应该成为教学的研究者。行动研究是实践者的研究，在行动研究的过程中，教师是研究的设计者、实施者、评价者和使用者。它主张教师对自己的教学行动进行系统的观察和不断的反思，发现和提出问题，确定和采取措施去解决问题，在解决问题的过程中观察和分析数据，分析和评估效果，继而发现和提出新问题，使教学研究呈螺旋状持续发展下去，达到改进教学方法、提高教学效果的目的。同时，它也使教师自己在研究的过程中建立新的教学理念，不断提高自身的专业素养。这种研究方式与教师自己的教学紧密结合，从自身所处的教学环境和条件出发，运用基本、切合实际的研究方法，与传统的教育科学研究方法相比，简单实用，值得推广。

这里，王蔷重点是在提倡一线教师开展教师行动研究，但她所提到的教师也应该成为研究者的观点应该引起广大一线教师的重视。世上无难事，只怕有心人。行动研究并不难，教师们一旦开始从事行动研究，在研究中逐渐积累研究的经验，为了研究学习并掌握了一些新的研究方法，他们就可以逐渐提高自己的研究水平，成为真正的集教学科研于一身的全能型教师。

在从事科研中，当然需要把科研的成果写成报告提交有关部门验收，也当然应该把科研成果写成论文发表，与同行分享。进行科研和撰写论文的过程本身就是一个不断探索和不断总结的过程，经历这样的过程有助于教师提高自身的素质。对自己过去经验和教训的总结会作用于教师的教学，使教师明白，过去哪些方法好，应该继续坚持，哪些有不足，应该改进，哪些不对，应该避免，因此可以不断进步，不断升华，使自己的教学水平不断提高。

第一节　中小学英语教师科研的特点

一、实践性

中小学一线英语教师做科研，通常都是因为教学实践的需要。一线教师和教学的密切关系，是专业研究人员所无法比的。一线教师每天都要面对学生。他们的科研随时都可以和他们的教学及学生联系起来。一届届不同的学生、经常更换的教材、不断变化的教学环境，是一线教师取之不尽的科研资源。中小学一线英语教师的科研首先应该立足本职工作，选题方向应主要基于自己的教学实践。

二、针对性

中小学一线英语教师的科研主要针对的是自己的教学对象、教学环境、教学材料，尤其在刚涉足科研之时更应如此。看看自己的学生是怎样学习的，自己可以用什么方法帮助他们提高学习效率，自己是怎样备课的，备课中遇到的问题应该怎样解决，这些都与教学有关。

三、教学性

针对性和教学性是相辅相成的。中小学一线英语教师科研的教学性体现在他们的科研主要是为教学服务的。提高自己的教学水平和教学质量是每个立志终身从事教书职业的教师的愿望。要提高教学水平，实践当然是首位的，但没有理论指导的教学实践是难以有大幅度提高的。

四、基础性

中小学一线英语教师由于工作量大，面对的教学对象是初学英语不久的中小学生，因此他们的科研是为他们的学生打基础的，他们的研究也更多的是基础阶段的科研。语言技能的研究当然是基础性的，语言知识的研究总体上也是相对基础性的。

五、合作性

中小学一线英语教师进行科研，应该更多地和其他教师合作进行，尤其是在实证研究中，数据的收集、实验组和对照组的教学，都需要其他教师的配合，当然更需要学生的配合。

六、现实性

现实性和理论性相对，中小学一线英语教师从事科研活动，所面对的大都是现实教学中的实际问题，为了解决现实教学中存在的问题，或为了把现实教学中的经验上升到理论的高度。

七、指导性

中小学一线英语教师科研的主要目的是通过研究指导自己的教学实践和向同行介绍自己通过研究而上升到理论高度的教学经验，旨在提高自己的教学效率，并有助于指导同行的教学工作。

中小学英语教师在进行科学研究时需要注意几个问题：

1）要克服科研恐惧症。

2）注意关注身边的问题，学会观察问题，发现问题。

3）要通过科研解决教学实践中的问题。

4）要加强理论学习，提高自身素质。

5）要把理论运用到教学实践中。

6）要注意经常反思自己的教学和研究。

第二节　研究的定义

一、什么是研究

关于研究，不同的学者给出了他们的定义。例如：

Hatch et al.（1982）对research（研究）的定义是：a systematic approach to finding answers to questions（用系统方法探求问题的答案）。

Charles et al.（2004）的定义是：a careful, systematic, patient investigation, using the scientific method, undertaken to discover or establish facts and relationships... Research is called for when one is confronted with a question or problem that has no readily available answer. One must obtain information and make sense of it in order to answer the problematic question.

Nunan（2002）的定义是：a systematic process of inquiry consisting of three elements or components：(1) a question, problem or hypothesis, (2) data, and (3) analysis and interpretation of data。

贝斯特等（1989）认为：研究是运用科学分析方法的更为正规、系统和严肃的过程。……研究是一个更为系统的活动，它旨在发现和发展一种结构完整的知识体系。研究可以定义为对加以控制的观测的客观系统的分析和记录，它可以有助于进行推广，发现原理或理论，开展预测，并对事件形成尽可能大的控制。

Richards et al.（2000）认为“研究”是：the study of an event, problem or phenomenon using systematic and objective methods, in order to understand it better and to develop principles and theories about it。（指为了更好地了解某一事件、问题或现象并发展有关这些方面的规则、理论，用系统的、客观的方法对其所进行的研究。）

此外，*The Oxford Dictionary of English*（Pearsall，2001）的定义是：the systematic investigation into and study of materials and sources in order to establish facts and reach new conclusions。

百度百科的定义是：研究是主动寻求根本性原因与更高可靠性依据，从而为提高事业或功利的可靠性和稳健性而做的工作。“研究”一词常被用来描述关于一个特殊主题的资讯收集。利用有计划与有系统的资料收集、分析和解释的方法，获得解决问题的过程。研究是主动和系统方式的过程，是为了发现、解释或校正事实、事件、行为、理论，或把这样的事实、法则或理论做出实际应用。研究是应用科学的方法探求问题答案的一种过程，因为有计划和有系统地收集、分析与解释资料的方法，正是科学所强调的方法。

维基百科给出的定义是，研究包括："creative work undertaken on a systematic basis in order to increase the stock of knowledge, including knowledge of humans, culture and society, and the use of this stock of knowledge to devise new applications." It is used to establish or confirm facts, reaffirm the results of previous work, solve new or existing problems, support theorems, or develop new theories. A research project may also be an expansion on past work in the field. To test the validity of instruments, procedures, or experiments, research may replicate elements of prior projects, or the project as a whole. The primary purposes of basic research (as opposed to applied research) are documentation, discovery, or interpretation, or the research and development (R&D) of methods and systems for the advancement of human knowledge. Approaches to research depend on epistemologies, which vary considerably both within and between humanities and sciences. There are several forms of research: scientific, humanities, artistic, economic, social, business, marketing, practitioner research, etc.

Best et al.（2003）区分了基础研究和应用研究：Fundamental or basic research is the formal and systematic process of deductive-inductive analysis, leading to the development of theories.

Fundamental research is usually carried on in a laboratory or some other sterile environment... This type of research, which generally has no immediate or planned application, may later result in further research of an applied nature.

Applied research adapts the theories developed through fundamental research to the solution of problems.

Most educational research is applied research, for it attempts to develop generalizations about teaching-learning processes, instructional materials, the behavior of children and ways to modify it, and so on.

刘润清（1999）指出："我们说的科研是一种系统的科学调查研究，它有一套理论和标准做法，积累了一套行之有效的规矩。"

高尔等（2007）对教育研究（educational research）的定义是：对数据的系统收集和分析，其目的是对教育的方方面面进行有效的、概括性的描述、预测、干预和说明。正是这种对经过精心收集和分析的数据的倚重，使研究知识和我们从经验中获得的个体知识得以区分开来。

裴娣娜（1995）指出：教育科学研究是按照某种途径，有组织、有计划、有系统地认识教育现象和构建教育理论的过程，它是以教育问题为对象，运用科学研究方法，遵循一定的研究程序，收集、整理和分析有关资料，以获得教育规律为目标的过程。

贝斯特等（1989）总结了研究的12个特点。

1）研究的直接目的是解决问题，最终目的是发现变量之间的因果关系。

2）研究强调推广、发展原理或理论并有助于预测未来。

3）研究以观测到的经验为基础。

4）研究需要准确的观察和描述。

5）研究要从原始资料中搜集新的数据资料。

6）研究要有仔细设计的程序和严格的分析。

7）研究要有专门知识。

8）研究力求客观，合乎逻辑。

9）研究要对未解决的问题给予回答。

10）研究是一种耐心的工作。

11）研究要有仔细的记录并予以报告。

12）研究常常需要勇气。

从以上这些定义我们可以看到，教育科学研究通常由以下几个部分组成。

1）问题或假设的提出。

2）数据的收集。

3）数据的分析和解释。

4）新的理论的提出和验证。

二、教育科学研究

教育科学研究可以分为：

1. 基础研究

基础研究旨在探讨新的概念、新的原理、新的原则，揭示教育规律，发展教育理论。例如，国家教育方针的研究、素质教育理论研究。

2. 应用研究

应用研究旨在将基础理论研究的成果应用于教育实践，检验基础理论研究的成果，解决教育实践中的具体问题。大部分教育研究都是应用研究。

能提出新的理论或者新的方法，当然好，但那是长期研究的结果，不是短时间就可以达成的目标。例如，国外一个学者为了考察等待答问的时间与学生答问质量之间的关系，曾做了一个长达六年的研究才得到结果：随着等待时间的增加，学生答问的质量也随之提高。因此她认为，较合适的等待时间是五秒左右。（张怀建等，2001）这六年的研究，其研究者提出的还并不是什么新的理论或者新的方法，而只是一个新的可以让一线教师参考的实验数据。即使是这样的长期研究，对于我国的大多数研究者来说也是很难进行的。

一线教师的教育研究，主要还是应用研究，在研究中，要把注意力更多地放在理论与实践的关系上，也就是，运用理论指导我们的教学实践，解决教学实践中遇到的问题，从而提高教学效果，同时推广自己的经验，和同行们共享自己的研究成果。

另外，根据胡中锋（2011），教育科研还可以分为：宏观研究、中观研究、微观研究（根据研究的空间维度分类）；思辨研究、实证研究（根据研究思维的方法分类）；文献研究、调查研究、实验研究、测量研究、行动研究（根据收集资料的方法分类）；质性研究、定量研究（根据分析资料的方法分类）。

根据韩延伦（2011），教育研究方法可以这样来分：按研究过程的阶段分准备阶段的方法（确定课题的方法、查阅文献的方法、研究设计的方法）、实施阶段的方法（收集材料的方法、分析资料的方法、形成理论的方法）、总结阶段的方法（撰写研究报告的方法、成果鉴定或评议的方法）。按问题性质分理论研究方法（归纳法、演绎法、分类法、类比法、比较法、综合法）、实证研究方法（问卷调查法、现场观察法、访谈法、个案研究法、测验测量法）、实验研究方法（真实实验法、准实验法）、历史研究方法（文献法、内容分析法）、行动研究方法（独立行动研究法、实践性行动研究法、实验性行动研究法、教师叙事研究法）。按目的、功能分基础研究法、应用研究法、开发研究法。按材料整理分定性研究法、定量研究法、实验研究法、准实验研究法、调查研究法、文献研究法、比较研究法、实地研究法。按研究方法分历史研究法、描述研究法、相关比较研究法、实验研究法、理论研究法。按获取材料的方式分直接研究法、间接研究法、综合研究法。

如此多的研究方法，不是一线教师都可以掌握的，而且也完全没有必要都掌握。一线教师只需要掌握与自己研究方向相关的几种方法并熟练运用即可。

教育研究具有如下特点。

1）教育研究具有客观性：研究必须坚持实事求是原则，不能为个人的主观意志干扰。

2）教育研究具有系统性：研究中要从整体看问题，把握各部分间的联系，多角度考察研究对象。

3）教育研究具有继承性：研究不可能完全自主，总是在前人研究的基础上的发展。

4）教育研究具有探索性：研究总是在探索中进行并提高。

5）教育研究具有创新性：研究者要有创新意识，不能故步自封。

6）教育研究具有复杂性：在研究进行过程中有时往往难以控制。

7）教育研究具有长期性：研究通常需要日积月累。

8）教育研究具有时代性：研究可以反映时代的特征。

9）教育研究具有实践性：研究课题来自教育实践，研究对象是教育活动的主体，研究本身是一个实践活动。

10）教育研究具有针对性：研究应针对某个具体的研究对象。

11）教育研究具有反思性：研究是在不断反思的过程中提高的。

12）教育研究具有验证性：研究结果是经得起验证的。

13）教育研究具有群众性：研究不仅是专业研究者的工作，广大一线教师都应积极参与。

14）教育研究具有合作性：研究不应是个人闭门造车的行为，而应由多人合作共同开展。

15）教育研究具有指导性：研究的结果可以用于指导教育活动。

16）教育研究具有推广性：研究成果可以推广，为同行共享。

17）教育研究具有预测性：研究可以用于预测教育活动的发展。

第三节　中小学英语教师的研究方向

中小学英语教师大部分都是各类英语专业毕业的，他们在大学期间学习过的课程覆盖面很广。

师范英语教育专业的高年级课程可能有：教育学、心理学、教育心理学、英语学科课程与教学论、新课程的理念与创新、外语教学法、外语课堂教学技巧、第二语言习得等。

英语语言专业的高年级课程可能有：英语语言学概论、英汉语言对比、英语文体学、语义学、语用学、语言哲学、英语词汇学、英语修辞、英语语法理论、跨文化交际、社会语言学、美国历史与文化、英国历史与文化、欧洲文化入门等。

英美文学专业的高年级课程可能有：英国文学史、美国文学

史、美国文学作品选读、英国文学作品选读、英语语言与文化、英语修辞学、西方礼仪与风俗等。

英语翻译专业的高年级课程可能有：语言学导论、翻译理论、翻译学通论、笔译基础、口译基础、交替传译、同声传译、西方翻译理论、商务交际与翻译、文学翻译、经典翻译赏析、计算机辅助翻译、中西翻译简史、文化与交际等。

旅游英语专业的高年级课程可能有：旅游概论、旅游英语、旅游心理学、导游英语、饭店服务英语、旅游业务、旅游学概论、旅游服务心理、旅游服务礼仪、旅游客源国概况等。

商务英语专业的高年级课程可能有：商务英语视听说、外贸英语函电、经贸外刊选读、经贸英汉口译、经贸汉英口译、国际营销学、国际贸易实务、国际经贸高级英语、国际经济合作实务、西方经济学等。

但当这些各类英语专业的学生毕业并从事中小学英语教学后，他们原来所学的课程大多数将无法直接用在他们的教学和科研实践中。当然师范生例外，他们在高年级所学的课程（如上述师范教育专业的课程）是可以直接用于他们的教学和科研实践中的。其他英语类专业的学生在大学时所学的课程实际能用于教学实践的，主要还是大学低年级所修读的那些通用、英语技能型课程，例如：英语精读、英语听力、英语口语、英语泛读、英语视听说、英语写作、英语语音、英汉互译，以及少数的高年级课程，例如：英美概况、跨文化交际、英语语法、英语词汇学、报刊选读等。总体来说，能用于中小学英语教学科研的课程是非常少的。这些专业方向的教师因此需要进修一些英语教育类专业的课程，这些课程既有利于他们的教学实践，也有利于他们的教学科研。

与中小学英语教学密切相关，适合中小学英语教师的研究有很多。按大的研究方向可以有：新课程改革的研究、英语教学法的研究、英语学习策略的研究、英语教材的研究、英语测试的研究、英语教学环境研究、英语教学管理的研究、教育叙事研究、教育行动研究、教师教育研究、教育技术在教学中的应用研究。如果细分的话，那么研究的方向就更多了。

查一下中小学外语教学的两份杂志《中小学外语教学》（北京师范大学主办）和《中小学英语教学与研究》（华东师范大学主办）的目录即可略窥一斑。

下面是《中小学外语教学》（小学篇）杂志2014—2015年的5期目录。

2014年第11期：

教材文本的故事性解读；

自然拼读法与教材融合的教学实践；

依托教材文本的小学高年级英语写作教学实践；

例谈Cartoon Time板块教学的五个关注；

译林版《英语》新教材Grammar Time板块教学初探；

小学英语课堂评价中存在的问题及对策；

运用信息差提高课堂交流的真实性；

优化故事教学活动的实践与反思；

小学英语阅读单元整体教学模式的设计与实施策略；

北师大版《英语》（供一年级起始用）四年级下册Unit 10 Let's Go！教学设计。

2014年第12期：

小学英语课堂教学活动的真实性问题；

从中外教师同课异构活动看学生思维能力的培养；

教学目标设计的误区及对策——以第七届全国小学英语课堂教学观摩研讨会为例；

教材配套动画视频在语篇教学中的运用；

小学英语开放式对话的创意行动；

例析一节小学英语综合实践课；

从一次优质课评比看小学英语故事教学；

培养小学低年级学生良好英语学习习惯的行动研究；

人教版《英语（PEP）》（供三年级起始用）五年级下册Recycle 1 Read and Answer Seasons in Canada；

《中小学外语教学》（小学篇）第X卷（2014年第1—12期）总目录。

2015年第1期:

小学英语单元整体教学的思考；

创设课堂情景不容忽视的几个问题；

译林版《英语》单元整体教学的实践与思考；

语篇意识下的整体性课堂教学实施策略；

充分发挥教材板块的主要功能；

开展小学英语拼读教学的实践探索；

人教版《英语》教材中语音板块的教学策略；

译林新版《英语》单元整体教学的设计与评析；

小学英语课堂中三种教学失误现象的思考；

关注教学细节 构建高效课堂；

My Lucky Day。

2015年第2期:

寻找充满活力的英语课堂教学；

从一节研讨课谈学生语用意识的培养；

维特根斯坦语言哲学观下的小学英语词汇意义建构；

故事板块教学中的问题与对策——以译林版《英语》三、四年级教材Story Time板块为例；

合理设置小学英语课堂教学目标；

故事板块的课型分析及实践思考；

在课堂互动中给学生更多的话语权；

对一节公开课试教过程的回顾与感悟

记一次阅读课的磨课历程与感悟；

正确解读文本是提高教学效率的重要途径；

提升小学高年级学生英语课堂参与实效的行动研究；

外研广东版《英语》五年级上册Unit 6 My Daily Routine Lesson 11 Let's Read。

2015年第3期：

优化会话教学产出活动情境创设的反思；

小学英语阅读教学常见问题浅析；

在英语课堂教学中提升小学生语法知识运用能力的策略；

在故事教学中开展续编活动的实践与思考；

一节展示课的磨课经历和感悟；

在绘本阅读中训练学生语音的尝试；

利用教材插图促进学生语篇学习的教学实践；

词汇课中补充教学素材的实践探索；

设计任务型试题的实践与研究；

人教版《英语（PEP）》（供三年级起始用）六年级上册Unit 4 I Have a Pen Pal Part B Let's Read；

人教版《英语》四年级上册Unit 3 My Friends Part C Story Time。

从这5期目录中的研究论文的题目我们可以看到，该杂志当时关注的小学英语教学研究点有：教材研究（教材文本、教材板块）、课堂评价、故事教学、学习策略培养、教学目标设计、整体教学、课堂教学、语音教学、会话教学、词汇教学、任务型测试等。

从这5期目录中我们还可以看到，关于小学英语教材研究的论文比重比较大，对教材各板块的教学方法探讨的论文也不少。这显然是杂志社当时研讨的一个主要方向。新课程标准2011年颁布，2012年，按新课程编写的教材开始出版发行，这些教材的使用是一线教师十分关心的，杂志社当然会予以较多的关注。

我们还可以注意到，这些教材主要集中在几种教材上：人教版《英语（PEP）》、北师大版《英语》、译林版《英语》比较受欢迎，而且是量大面广的小学英语教材。如果你们学校使用的不是这几种教材中的一种，你可以考虑买来看看，和你使用的教材进行一个对比，是不是可以改一改你们学校的教材来源。即使不改，你也可以利用这几种教材里的内容充实自己的教学。

从这5期的目录中，我们还可以看到，一般杂志每年的最后一期会汇总当年所刊登的所有文章的目录。这对读者查阅非常有利。

另外从2014年第11期的目录中我们看到了一个重要的通知：《中小学外语教学》（小学篇）将于2015年增加页码（从48页增加到64页）。杂志的扩容对投稿者绝对是一个利好消息。

下面是《中小学英语教学与研究》2008年第1—5期中有关小学英语教学研究的论文题目。

2008年第1期：

区域性“校本研修”的行动与思考；

构建小学英语有效教学的坐标系——备课篇；

英语课本剧的设计；

小学英语作业检查的新思路；

以学生发展为本的外语评价方法探寻。

2008年第2期：

小学英语图形的教学方法；

小学英语数词的教学方法。

2008年第3期：

警惕小学英语教学设计的“隐性”控制；

中小学英语教材配套磁带如同“鸡肋”。

2008年第4期：

小学英语有效教学的坐标系——重点和难点的突破；

小学英语词汇教学的误区与对策；

“整体情境型”单词教学模式初探；

不要让我们的学生成为“怕电击的猴子”。

2008年第5期：

小学高年级英语教学的评价；

小学英语课堂口语评价的台前幕后；

小学英语复习课的“四字法”；

小学英语教学的课程整合。

把2008年的研究方向和2015年的研究方向对比，可以看出，研究方向有所提升，一些比较具体的研究课题（如数词的教学方法、图形的教学方法、作业检查等）已不再受到杂志社的青睐。

从这两份杂志不同时间的文章研究方向可知，要想发表论文，一定要了解杂志的编辑方向，通常杂志每一期会有一些专门研讨某个方向的文章。投稿者要随时关注研讨内容的变化，还要关注外语教学界前辈大师们的文章，他们的文章通常具有一定的导向性。

这10期杂志的目录所收的论文方向当然无法涵盖小学英语教学的全部。因此一线教师们还应该从自己的实际出发，找寻自己感兴趣的研究切入点。

对新课程改革的研究细化可以有：课程标准的编制原则、新旧课程标准的对比、课程标准分级目标的确定、课程标准词汇量的确定、课程标准分级目标的实现、课程标准语法项目的确定、课程标准功能意念的确定等。

将英语技能教学的研究细化可以有：英语听力教学、英语听说教学、英语阅读教学、英语写作教学、英语读写教学等。还有对这些教学的评价。

将英语教学法的研究细化可以有：某一教学法在某一技能中的运用（如任务型教学法在中学英语听力教学中的运用）、两个教学法在教学中的比较、某一教学法的实证研究、某一英语教学法在农民工子弟学校的运用等。

将英语教材研究细化可以有：某个技能在教材中的研究（如听力在小学英语教材中的研究）、文化板块在教材中的研究、某个教材的满意度调查与分析、教材词汇量研究、两种教材的对比、中小学英语教材的衔接、教材中的文化价值取向、教材中的道德价值取向、现代教育技术与教材的关系等。

将英语学习策略研究细化可以有：英语听力策略、听力认知策略、阅读策略的培养、词汇学习策略、语音学习策略。

将英语测试研究细化可以有：初中会考研究、高考研究、高考某个题型的研究、考生考试焦虑度的研究等。

将教育技术在教学中的应用研究细化可以有：多媒体在某个技能培养中的利用、农村中小学课堂多媒体的使用、写作评价平台的使用、翻转课堂与传统课堂教学的对比等。

将与教师发展相关的研究细化可以有：教师岗前培训、教师在岗培训、教师行动研究、教师专业发展、教师教学技能训练、新课程标准与教师发展等。

第四节 中小学英语教师科研步骤

初涉科研，中小学一线英语教师需要知道科研的步骤，先做什么，接着做什么，这样才能提高科研的效率。

一、提出问题，拟定题目

科研的课题首先应该从教师在自己的教学工作中发现的问题而来。初次进行科研的一线教师，对教学中方方面面的情况要有敏锐的观察。每天面对的学生、学生提出的问题、备课中遇到的问题、使用的教材、教学环境的改变等都可以引起教师的思考，成为科研的课题来源。当然，个人的研究兴趣也是提出科研课题的来源。此外，在阅读文献中，也往往可以有所发现。如果感觉这个题目是你一个人无法完成的，那么还应该考虑寻找兴趣相投的合作者。

二、查阅文献，积累资料

在确定了选题以后，就要围绕这个选题查阅相关文献，看看前人已经做了什么，做到了什么程度，自己的思路是否能突破前人的已有成果。如果自己的思路没有新的突破，就应果断地放弃。实际上，问题的提出可以在查阅文献的同时进行。

随着计算机和互联网的发展，资料的查阅已经不再局限在图书馆的图书和杂志了。很多图书和杂志都可以在网上找到。因此，一线教师不仅要学会利用图书馆资源，更要学会利用网上资源。

网上的资料下载后，应把相关的资料分门别类保存在不同的文件夹里，文件夹名应该是自己熟悉的。同时还应该设置一个文件目录，以方便查阅。过去常用的卡片式的资料汇集已经没有必要了，因为你完全可以把用卡片方式分类的材料输入到计算机里保存。

三、确定框架，提出假设

在确定自己的思路是可行的以后，就可以开始课题的整体框架设计了。设计框架的同时，应该提出研究的假设。假设是科研中根据事实对研究对象的特征以及有关现象之间的相互关系所做的推测性设想，这种设想需要经过调查研究的验证。研究假设应由以往的实践经验得出，或由初步观察所得，也可以由查阅理论文献得出。如果是质性研究，则不需要事先提出假设。

四、确定方法

外语教学研究的方法很多，在确定了研究课题后，要根据研究内容选择恰当的方法，例如：调查法、观察法、实验研究、个案研究、质性研究、定量研究、行动研究，等等。

五、收集和分析数据

质性研究也好，定量研究也好，都需要数据的支撑。科研数据的来源通常有两种：直接数据（或称第一手数据）和间接数据（或称第二手数据）。直接数据由研究者本人收集，可以是问卷调查、访谈记录、观察的文字记录、录音或录像资料等。间接数据的来源有：图书馆、在线或非在线数据库、互联网等，可以是纸质书籍和论文、统计资料等。收集到数据以后，要根据数据的来源和性质进行数据分析。

六、论文撰写与修改

对数据进行分析后，就可以根据数据分析的结果得出一定的判断。将这些数据的分析和由此得出的判断整理出来，就构成了论文的主要部分。但不应忘记的是，论文还需要有前言（选题背景和目的）、文献综述、结论、参考文献（如果需要还要提供数据作为附录）。因此要按照杂志社的格式要求，把这些部分有机地组合起来，形成最终的论文。

本章简要介绍了中小学英语教师科研的意义和特点、科研的定义、科研的方向、科研的步骤和科研的知识基础。下面我们将分章用实例介绍一些科研的方法。

第三章　调查法

第一节　调查法简介

一、调查法

Johnson et al.（2014）对survey（调查）的定义是：a nonexperimental research method in which questionnaires or interviews are used to gather information and the goal is to understand the characteristics of a population based on the sample data。

Charles et al.（2004）的定义是：(A survey) is a procedure that uses interviews or questionnaires to assess opinions, beliefs, and attitudes.

The Oxford Dictionary of English（Pearsall，2001）对survey的定义是：an investigation of the opinions or experience of a group of people, based on a series of questions。

调查法是教育研究中广为使用的研究方法。调查法是在科学方法论和相关教育理论的指导下运用问卷、访谈等方式获取被调查者的行为、观念、意见、态度等的研究方法。通过调查数据所反映出来的结果，可以对教育现状、发展趋势等做出科学的分析，发现问题，找出规律，总结经验，作用于教学。

根据调查的目的，调查法可以分为：现状调查、发展调查、关系调查、比较调查、原因调查、专题调查；根据调查对象，调查法可以分为：普遍调查、抽样调查、个案调查；根据调查的内容，调查法可以分为：事实调查、征询意见调查；根据调查的方式，调查法可以分为：问卷调查、访谈调查、测验调查、电话调查、实地调查、成品分析调查。

调查法的特点如下（王守恒，2005）。

1）间接性，即研究者可以不必在教育现场。

2）灵活性，指的是调查法不受时空限制，设备要求不高，研究范围广。

3）实用性。调查结果可以应用于教学实践。

4）多样性。采用的方式多样，例如：问卷法、访谈法、测验法、抽样法等。

5）真实性。因为调查对象不受干涉，调查在自然状态下进行，所以结果一般是比较真实的。

6）应用广泛。调查法可以应用于各类教育研究中。

调查通常有如下步骤。

1）确定调查课题的目的。

2）选择调查对象和取样范围：调查总人数和选择的方式、年龄层次、受教育程度、地域分布等，目的是要确保调查对象具有代表性。

3）文献综述，以确定该选题是否有人做过，做到了何种程度，已经有了怎样的发现。

4）确定调查工具：采用问卷调查还是访谈调查或者二者皆用。

5）设计调查程序：数据的收集、时间的安排。

6）实施调查：发放问卷或者进行访谈、收集数据。

7）确定分析程序：数据的整合和分析。

8）撰写和提交调查报告：根据数据分析的结果，写出调查报告，并将报告提交给相关部门。或者根据调查结果将调查报告整理为论文形式向杂志社投稿以发表。

从上述可知，调查法所采用的实际方法主要是访问调查，即访谈和问卷调查，下面分述之。

二、访　谈

Richard et al.（2000）对interview（访谈）的定义是：a direct conversation between an investigator and an individual or group of individuals in order to gather information. Interviews are used to gather data for linguistic analysis and may be used in needs analysis. （访谈）指调查者为收集信息与一个或一组个体之间所进行的定向性谈话。访谈用于收集语言分析所需的资料，也可用于需求分析。

Taber（2013）的定义是：Interviews are special kinds of conversations: conversations are so designed that the interviewer can find out information from a privileged informant.

Johnson et al.（2014）的定义是：An interview is a data-collection method in which an interviewer (the researcher or someone working for the researcher) asks questions of an interviewee (the research participant). That is, the interviewer collects the data from the interviewee, who provides the data. Interviews that are done face-to-face are called in-person interviews; interviews conducted over the telephone are called telephone interviews.

Johnson et al.（2014）特别指出了访谈者与被访谈者之间关系的重要性：An interview is an interpersonal encounter. It is important that you (the interviewer) establish rapport with the person you are interviewing (the interviewee). The interview should be friendly. At the same time, you should be impartial to whatever the interviewee says to you. If you react positively or negatively to the content of the interviewee's statements, you may bias the responses. It is also important that the interviewee trusts you, because without trust you are likely to obtain biased research data.

访谈中可以采用面对面的方式进行，也可以在电话中进行，或者通过Skype等网上视频方式进行。访谈可以用来了解被调查者的背景、行为、观念、观点、态度等。

访谈可以分为开放性访谈 / 非结构性的访谈（open / unstructured interview）、半结构性访谈（semi-structured interview）和结构性访谈（structured interview）（Nunan，2002；文秋芳，2004）。

开放性/非结构性访谈不按调查者事先设定好的程序进行，而是根据被调查者的回答深入展开，因此不易控制，结果有时难以预料，因为被调查者有时会给出一些意想不到的答案。

半结构性访谈通常有事先准备的几个问题，交谈将围绕这几个问题展开。这种访谈也可以扩展，但会受到一定限制。结构性访谈需要事先设计好问题，访谈过程中问题不需展开，访谈深度受到限制。但这种访谈所得到的答案较为集中，有利于统计分析。

在访谈过程中研究者需要注意以下几个问题。

1）通常采访时，采访者都会采用记笔记或者录音，甚至录像方式，但采用这些方式必须征得被采访者的许可。

2）采访者要注意引导被采访者打开思路，畅所欲言。采访者要给予被采访者思考的时间，不要随意打断被采访者的思路。

3）采访者在访谈过程中要做到态度真诚，和蔼亲切，要顾及被采访者的感受，让被采访者感到轻松自然，没有压力。

4）不要采取咄咄逼人的提问方式，不要让被采访者感到难堪或不愉快。

5）采访者要根据被采访者的回答随时依据采访主题调整自己的提问，不要因为坚持原来的设计方案而导致访谈冷场甚至失败。

6）尽量不采用一般疑问句提问，因为这种问题的答案所含信息量有限。

7）采访者不要使用可能产生诱导作用的问题，如：你是否觉得你们老师的教学方法不适合你们的课堂教学？可以改为：你认为你们老师的课堂教学方法怎么样？

三、问卷调查

Johnson et al.（2014）对questionnaire（问卷）的定义是：

A questionnaire is a self-report data-collection instrument that each research participant fills out as part of a research study. Researchers use questionnaires so that they can obtain information about the thoughts, feelings, attitudes, beliefs, values, perceptions, personality, and behavioral intentions of research participants. In other words, researchers measure many different kinds of characteristics using questionnaires. We view the term questionnaire broadly. Questionnaires can be used to collect quantitative, qualitative, and mixed data. The content and organization of a questionnaire will correspond to the researcher's objectives. The key point is that the questionnaire is a versatile tool available to you and other educational researchers. Questionnaires typically include many questions and statements.

The Oxford Dictionary of English（Pearsall，2001）的定义是：

a set of printed or written questions with a choice of answers, devised for the purposes of a survey or statistical study。

Brown（2001，引自：Dörnyei et al.，2011）的定义是：

Questionnaires are any written instruments that present respondents with a series of questions or statements to which they are to react either by writing out their answers or selecting from among existing answers. 问卷是给受访者呈现一系列问句和陈述句，并要求他们写出答案或从已有的答案中进行选择的书面工具。

Taber（2013）的定义是：Questionnaires comprise sets of questions that are answered by an identified group of people. Sometimes they are administered to a sample from such identified group. Questionnaires are usually paper instruments that respondents complete in writing, although increasingly online questionnaires are being used. Questions may be of various types. However, questionnaires do not test learning, but provide questions that all respondents should be able to respond to. That is, we tend to use the term "questionnaire" when we are exploiting beliefs, values, and opinions—where there are no right and wrong answers—rather than when we are testing knowledge and understanding. An examination asks questions, but would not be considered a questionnaire.

Richard et al.（2000）的定义是：A questionnaire is a set of questions on a topic or group of topics designed to be answered by a respondent. Other formats for questionnaires include check lists and rating scales. Designing questionnaires which are valid, reliable and unambiguous is a very important issue. Questionnaires are used in many branches of applied linguistics, such as in language surveys, the study of attitudes and motivations, and in needs analysis. 问卷指关于某一个或某一组话题，要求调查对象做出回答的一系列问题。其他格式的问卷包括检核表和等级量表。设计有效、可靠、确定的问卷是

一个非常重要的问题。问卷用于应用语言学的许多分支学科中，如语言调查、态度及动机研究、需求分析。

秦晓晴（2009）认为，调查问卷易于设计、用途广泛，适合大范围的数据收集。调查问卷经济、简便、易行，能准确反映受试者的真实情况，由此所收集的数据易于统计和分析。因此，国内外语教学研究文献中采用问卷方法的实证研究越来越多。但文秋芳（2004）指出，和观察、访谈相比，问卷调查花时少、费用低，但设计一份高质量的问卷却耗时费力。

问卷调查可以用于收集量化数据、质性数据，也可以两种数据兼而有之。问卷调查是获取关于受访者的想法、情感、态度、信念、价值观、个性、学习情况、学习策略等信息的有效方法。问卷通常为纸质的，但现在网上问卷已越来越普遍了。

问卷的问题可以分为开放式的和封闭式的。开放式的问题由被调查者自行填写，封闭式的问题由调查者提供给被调查者一整套答案供其选择，这些问题的设计可以是多选题、二选题或者分级题。

多选题有多个选项，要求被调查者只选其一或者可以多选。二选题只有两个选项，因此要求被调查者只选其一。分级题的分级选项通常采用李克特量表。这一量表一般采用3至7个选项，这些选项构成一个连续体，选项从一个极端逐渐过渡到另一个极端。每个选项还可以对应一个数字，用以表示被调查者在该题上的得分（如1代表1分，5代表5分）。

问卷设计应注意做到如下几条。

1）问卷开头就要写明调查结果是为研究之用，尽量采用匿名填写方式。调查者对被调查者的信息会保守保密。问卷的回答无对错之分，请被调查者根据真实情况回答。

2）问卷要做到条理清晰，编排合理，所有题目设计出来后应对其进行归类，各部分内容应界限分明。

3）较为笼统的问题应放在较为具体的问题之前。

4）需要被调查者进行填写的开放式问题最好放在问卷的最后，因为如果一开始就要进行填写，被调查者可能会中途放弃。

5）问卷的长度要有所控制，能压缩在一个页面的就压缩在一个页面。2个页面及以上要给出页码。页码数最好控制在4页以内。

6）问卷的语言表述要清楚明晰，以免被调查者对问卷的理解产生误解。

7）问卷的问题要简洁明了，以使被调查者尽快答题，回答问卷的时间应限制在半小时以内。

8）问卷的回收率一般不应低于70%，回收的有效问卷应不少于30份，如果需要进行不同组别的对比，每组至少应达到30份。

9）研究者最好能在调查现场。若委托他人分发问卷应对其交代有关事宜。

10）为了提高问卷调查的效度，还应对设计好的问卷进行一次试点评估。参加者和该问卷最终的使用对象应属于同一类型。试点评估有助于问卷设计者发现问题并及时修改。

11）由于可能出现被调查者对调查的热情不高、对问题有误解、故意不提供真实想法、漏填答案等现象，研究者在可能的情况下应将问卷调查和访谈等其他方法结合使用。

下面是几种问题及选项举例。

多选题：

（　　）1. 你为什么学习英语？（可多选）

A. 专业发展　　　　　　B. 工作需要

C. 个人兴趣　　D. 家庭影响

E. 其他________

(　　) 2. 你比较喜欢以下哪种口语练习方式？（可多选）

A. 听录音，跟着模仿　　B. 大声朗读课文

C. 老师问学生答　　D. 各种游戏

E. 短剧（小品）等表演　　F. 学生之间小组讨论

G. 成段表达　　H. 其他________

(　　) 3. 在课堂上的讨论活动中，你经常会

A. 保持沉默

B. 只提出自己的想法，缺少互动讨论

C. 倾听他人发言，并提出自己的意见，然后大家一起讨论

D. 其他________

二选题：

(　　) 1. 你认为在口语教材中，需要添加与话题相关的背景知识吗？

A. 需要　　B. 不需要

分级题：

(　　) 1. 你对英语口语学习感兴趣吗？

A. 非常感兴趣　　B. 感兴趣

C. 一般　　D. 不太感兴趣

E. 完全不感兴趣

表3.1是进行跨文化敏感度调查的经典问卷。（Chen et al., 2000）

表3.1　跨文化敏感度调查问卷

说明：每个题的选项均采用李克特量表（5级），分为（故不再分列）： 非常不赞同　　不赞同　　不确定　　赞同　　非常赞同
1. 我喜欢和来自不同文化的人交往
2. 我认为来自其他文化的人思想狭隘
3. 与来自不同文化的人交往的时候，我对自己很有把握
4. 我发现在来自不同文化的人面前说话很难
5. 与来自不同文化的人交往的时候，我总是知道该说些什么
6. 与来自不同文化的人交往的时候，我尽可能融入其中
7. 我不喜欢和来自其他文化的人在一起
8. 我尊重来自其他文化的人的价值观
9. 与来自不同文化的人交往的时候，我很容易就会感到不安
10. 与来自不同文化的人交往的时候，我很自信
11. 我往往不轻易对与自己文化背景不同的人下结论
12. 与来自不同文化的人交往的时候，我经常变得灰心丧气
13. 对于来自不同文化的人，我很开明
14. 与来自不同文化的人交往的时候，我的观察力很敏锐
15. 与来自不同文化的人交往的时候，我经常感到无能
16. 我尊重来自不同文化的人的行为方式
17. 与来自不同文化的人交往的时候，我尝试着获得尽可能多的信息
18. 我不愿接受来自其他文化的人的观点
19. 在与文化背景不同的人交往的时候，我对话语中的微妙意思很敏锐
20. 我认为自己的文化比其他的文化要好
21. 在与文化背景不同的人交往的时候，我总是给他积极的回答
22. 我尽可能避免和文化背景不同的人打交道
23. 我经常通过语言暗示向文化背景不同的人展示我对事情的理解
24. 对于自己和文化背景不同的人之间的差异，我感到一种乐趣

下面是关于英语口语教材的调查问卷，给学生和给教师的问卷有所不同。

英语口语教材需求调查（学生卷）

亲爱的同学：

你好！本问卷旨在为英语口语教材研究提供数据，答案无对错之分。请按照你的真实情况填写，你所提供的一切信息将保密。谢谢合作！

基本信息：

年龄：________ 性别：________________ 国家：____________

学英语的时间：______________

请将答案写在题号前的括号内。

（　）1. 你为什么学习英语？（可多选）

A. 专业发展　　B. 工作需要

C. 个人兴趣　　D. 家庭影响

E. 其他______________

2. 你认为在英语学习听、说、读、写这四项技能中，哪一项最重要？请按你认为的重要程度排序：____________>____________>____________>____________

3. 你认为在英语学习听、说、读、写这四项技能中，哪一项最难？请按你认为的难易程度排序：____________>____________>____________>____________

（　）4. 你对英语口语的学习感兴趣吗？

A. 非常感兴趣　　B. 感兴趣

C. 一般　　D. 不太感兴趣

E. 完全不感兴趣

（　）5. 你觉得自己的口语哪些方面比较薄弱，需要加强？（可多选）

A. 语音语调　　B. 口语语法

C．词汇量　　　　　　D．文化背景知识

E．交际策略　　　　　F．其他______________

（　）6. 你主要通过什么方式来提高英语口语水平？（可多选）

A．在课堂上利用老师设计的任务练习

B．自己找英语影音资料，跟着模仿

C．参加英语角之类的活动

D．在日常生活中与他人用英语交谈

E．其他______________

（　）7. 你认为在课堂上多讲英语能有效提高英语口语水平吗？

A．非常有效　　　　　B．有效

C．一般　　　　　　　D．没多大帮助

E．不清楚

（　）8. 你认为在课堂上口语练习应该以什么为主？

A．教师和学生之间交流　　　　B．学生之间交流

（　）9. 你认为以下哪种方式最能提高英语口语交际能力？（可多选）

A．听录音，跟着模仿　　　　B．大声朗读课文

C．老师问学生答　　　　　　D．各种游戏

E．短剧（小品）等表演　　　F．学生之间小组讨论

G．成段表达　　　　　　　　H．学习词汇语法

I．其他______________

（　）10. 你比较喜欢以下哪种口语练习方式？（可多选）

A．听录音，跟着模仿　　　　B．大声朗读课文

C．老师问学生答　　　　　　D．各种游戏

E．短剧（小品）等表演　　　F．学生之间小组讨论

G．成段表达　　　　　　　　H．其他______________

（　　）11. 你认为在现阶段，以下哪种口语练习方式最适合自己？（可多选）

A. 听录音，跟着模仿　　B. 大声朗读课文

C. 老师问学生答　　D. 各种游戏

E. 短剧（小品）等表演　　F. 学生之间小组讨论

G. 成段表达　　H. 其他______________

（　　）12. 你认为要能说流利地道的英语，教材中应该增加以下哪些内容？（可多选）

A. 日常对话录音　　B. 英语电影

C. 英语歌曲　　D. 英语新闻

E. 其他______________

（　　）13. 请选择你喜欢的英语口语话题（可多选）

A. 日常工作

B. 日常生活（如购物、吃饭、旅游等）

C. 爱情、婚姻类问题

D. 经济贸易

E. 中国文化类（如传统节日、京剧等）

F. 世界性问题（如环境保护等）

G. 其他______________

（　　）14. 你认为在口语教材中，需要添加与话题相关的背景知识吗？

A. 需要　　B. 不需要　　C. 无所谓

英语口语教材需求调查（教师卷）

尊敬的老师：

您好！本问卷旨在为英语口语教材研究提供数据，答案无对错之分，请按照您的真实情况填写，您所提供的一切信息将保密。谢谢合作！

请将答案填写在题号前的括号内。

（　　）1. 您从事英语口语教学的教龄是

A．1—5年　　B．6—10年

C．11—16年　　D．16—20年

E．20年以上

2. 您认为对于学生来说，英语四项能力（听、说、读、写）哪些比较难掌握？请按您认为的难易程度排序：__________>__________>__________>__________

3. 您认为学生的英语四项能力（听、说、读、写）哪些方面亟须加强和提高？请按优先顺序进行排序：__________>__________>__________>__________

（　　）4. 您认为学生的英语口语能力大体上哪一方面比较薄弱，需要加强？（可多选）

A．语音语调　　B．口语语法

C．词汇量　　D．文化背景知识

E．交际策略　　F．其他__________

（　　）5. 您认为在口语练习之前，下列哪种练习最能促进学生相互讨论交流？

A．词汇预习　　B．了解背景知识

C．教师给出一些范例　　D．其他__________

（　　）6. 您认为口语练习形式的多样化（如小组讨论、角色扮

演、跟读模仿之类）对提高学生的学习兴趣

A．有很大帮助　　B．有一点帮助

C．没有太大帮助

（　）7．您认为在课堂上，口语练习应该以什么为主？

A．教师和学生之间交流　　B．学生之间交流

（　）8．您认为哪种方式最能提高学生的英语口语交际能力（可多选）

A．听原声录音，跟着模仿　　B．大声朗读课文

C．老师问学生答　　D．各种游戏

E．短剧（小品等）表演　　F．学生间小组讨论

G．成段表达　　H．学习词汇语法

I．其他______________

（　）9．您认为初级阶段的学生适合以下哪种口语练习方式？（可多选）

A．听原声录音，跟着模仿　　B．大声朗读课文

C．老师问学生答　　D．各种游戏

E．短剧（小品等）表演　　F．学生间小组讨论

G．成段表达　　H．其他______________

（　）10．您认为中级阶段的学生适合以下哪种口语练习方式？（可多选）

A．听原声录音，跟着模仿　　B．大声朗读课文

C．老师问学生答　　D．各种游戏

E．短剧（小品等）表演　　F．学生间小组讨论

G．成段表达　　H．其他______________

（　）11．您认为高级阶段的学生适合以下哪种口语练习方式？（可多选）

A．听原声录音，跟着模仿　　B．大声朗读课文
C．老师问学生答　　D．各种游戏
E．短剧（小品等）表演　　F．学生间小组讨论
G．成段表达　　H．其他________

（　　）12. 您认为要令学生说流利地道的英语，教材中应增加（可多选）

A．日常对话录音　　B．英语原声电影
C．英语歌曲　　D．英语新闻
E．其他________

（　　）13. 您认为在口语教材中，需要添加与话题相关的背景知识吗？

A．需要　　B．不需要　　C．无所谓

（　　）14. 您认为英语口语教材教师用书中口语练习部分有必要给出答案范例吗？

A．有必要　　B．没必要　　C．无所谓

（　　）15. 您认为教师用书中有必要解释各个口语练习活动的目的吗？

A．有必要　　B．没必要　　C．无所谓

16. 您对近年来出现的以任务型教学法为指导编写的英语口语教材有什么看法？

____

第二节　论文实例

论语言学习中的自我调节

——从心理学到教学法

黄建滨　Maryam Banisaeid

摘要： 自我调节学习是从二语习得的教育心理学中派生出来的一个新课题，有人认为它可以取代策略型学习模式（Tseng et al., 2006）。本文试图找到自我调节学习和语言学习策略二者之间的关系及其交叉部分之间的关系，以论证这一取代是否可行。为此，笔者选取49名中国英语学习者参与由Pintrich et al.（1991）设计的学习动机策略问卷调查和Oxford（2003）设计的语言学习策略问卷调查。利用皮尔逊相关分析得到的结果是：英语非母语学习者的自我调节学习和策略型语言学习之间有明显的关联。最后，笔者提出了一些可供参考的教学建议。

关键词： 自我调节　第二语言学习　基于策略的语言学习　元认知策略

1 引　言

自我调节型学习是从语言学习领域中的教育心理学衍生出来的一个新课题，1978年Vygotsky在研究儿童自我调节的论著中首次提出（Duckworth et al.，2009）。20世纪80年代至90年代涌现出的众多研究，尤其是Bandura，Pintrich和Zimmerman的研究，试图具体定型自我调节型学习的不同方面、阶段和模型（Duckworth et al.，2009）。自我调节有不同的术语表达，如自我引导（self-directness）、自我控制（self-control）、自主（autonomy）等（Bandura，1991）。

在自我调节的发展中，它逐渐演变为以目标为导向，从而非常具体，而不仅限于儿童学习与技能发展的一般概念。多年来，自我调节的研究主要在语言障碍、注意缺陷多动障碍、大脑机能损伤、资优等诸多不同领域，以及数学、写作和其他学科中进行（Carver et al.，1981）。自我调节既是一种教学法又是一种教育心理学。最初，自我调节用于调控学习以达到学术目的（如学业成绩）；近年来，尽管遇到了很多困难，有不少研究已将自我调节用于在二语习得的具体领域，如阅读、写作、词汇，甚至于批判性思维（Ammar，2009；Banisaeid，2013；Pratontep et al.，2008；Ramezani，2009；Tseng et al.,2006）。

2 理论基础

2.1 自我调节的社会认知观

既然学习被定义为行为的改变，从社会认知的角度解读自我调节，教育心理学认为不仅学习者本身，而且外界环境的反馈亦会影响学习过程。Williams et al.（1997）提出了不同的学习理论，其中两个便是认知理论和社会互动理论，这就是自我调节的理论基础。认知理论把学习者看作主动的意义创造者和问题解决者，而社会互动理论把学习看作是老师、学生和任务之间交互作用的结果。

Zimmerman（2006）认为，从社会认知的角度看，知识基础和情感状态都会受到元认知过程的影响。Bandura指出，“根据

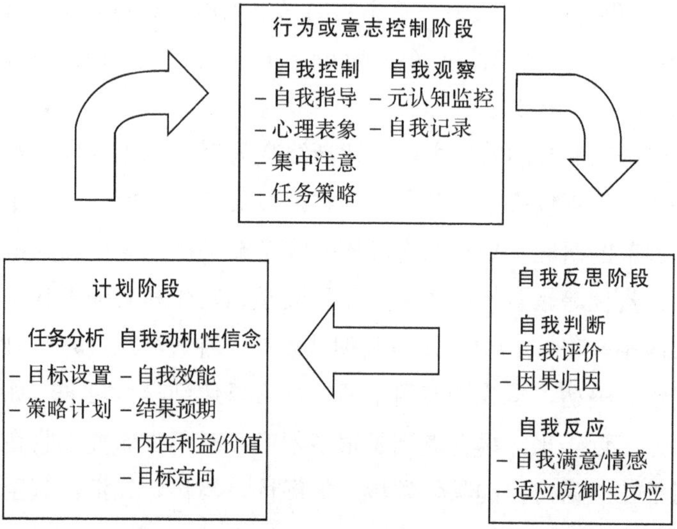

图1　自我调节的循环模型一（Zimmerman, 2008，转引自 Duckworth et al., 2009：5）

社会认知理论，人类的行为普遍受到不断的自我影响的激励和控制”（1991：248）。他提出了一个自我调节体系模型，学习者通过这个体系可以进行自我监控、自我行为判断并做出情感的自我反应。另一方面，Zimmerman把自我调节定义为“学习者在学习过程中成为元认知、动机、行为方面的主动参与者的程度”（1989：329-339）。一般来讲，元认知方面是自我监控，动机方面是情感的自我反应，行为方面是行为的判定。由此产生了不同的自我调节模型。

自我调节模型受到了不同理论的影响。Duckworth et al.（2009）展示了两种自我调节的循环模型，一个由Zimmerman（见图1）提出，另一个由Pintrich（见表1）提出。两个模型都强调自我调节各个方面是相互依赖的。

表1 Pintrich的自我调节模型

（见Duckworth et al.，2009：5，另见 Pintrich, 2004）

自我调节的阶段	自我调节的领域
起始、计划与激活	认知
监控	动机
控制	行为
反应与反思	情境

他们指出此模型的三个阶段包含自我调节在学习周期不同阶段所扮演的角色，而学习者在自我调节的过程中要不断调整目标和策略（Duckworth et al.， 2009）。

第二个模型是Pintrich提出的，与Zimmerman的自我调节模型有相似之处。它涉及学习中认知、动机和行为之间的交互作用（Duckworth et al.，2009）。

Handayani et al.（2004）提出自我调节模型之间的不同主要是研究者所采用的理论角度不同，但是他们之间还是有相似之处的，正像各个模型都有计划、监控、控制和调节四个阶段以研究学习者、任务和情境之间的互动。所以，自我调节的总体框架包含以下四个条件。

1）学习者积极参与自我学习，从内外环境的信息中设定目标和策略。

2）在自我调节学习的总体框架下，学习者担任监控、控制和调节他们的认知、动机、行为和环境中的角色。

3）自我调节学习应有一些标准和准则。

4）自我调节学习在学习者、情境和行为中起中介作用。

基于此，自我调节学习的定义如下：

“自我调节学习是一种主动的、建构性的学习过程，在这个过程中，学生为自己确定学习目标，并对由目标和情境特征引导和约束的认知、动机与行为进行监控、调节与控制。自我调节学习活动在学生的个体、环境和总体的成就中起中介作用。”（Wolters et al., 2003：5）因此，自我调节既包含活动又包含策略。

自我调节框架受一些策略的制约。Pintrich et al.（1991）提出了一份新的学习动机策略问卷以检测学生对自我调节策略的运用。他们的模型包括动机和自我管理，由两个部分组成：动机量表和学习策略量表。学习策略量表包括认知和元认知策略以及资源管理策略。认知和元认知策略包括排练策略、精加工策略、组织策略、批判性思维策略和自我调节元认知策略；资源管理策略包括时间和学习环境、努力程度、同伴学习和求助。Pintrich et al.在教育心理学上所做的研究最终形成了学习动机策略问卷，已被运用于一些语言学习研究中。

2.2 自我调节在语言技巧学习中的运用

不仅仅是“自我管理这一术语，分析自我管理在二语习得中运用的问卷和量表也是从教育心理学借鉴来的”。Tseng et al.（2006）试图寻找一种新的方法，通过三个阶段来评估自我调节词汇学习中的策略行为。在第一阶段，他们阐述了自我调节的五个方面并开发了题库，即：承诺控制、元认知控制、饱和感控制、情感控制、环境控制。

元认知控制下含八个策略类别。Dörnyei（2001：25）把行为控制机制（自我调节）中L2动机过程模型的元认知控制定义为“监控和控制注意力的策略以减少不必要的拖延”。Liu（2009）认为，虽然Tseng et al.提出的自我调节能力词汇量表可以作为英语学习自我调节能力的诊断工具，但Banisaeid（2013）并未发现基于元认知的词汇学习和自我调节之间有何联系。

Pratontep et al.（2008）研究了38名英语非母语学生在泛读项目之后的自我调节学习策略。为了研究学习者、行为和环境这三个成分，他们采用面试来推断自我调节学习策略的使用频率。最终，他们把自我调节学习归为两类（见表2）。

表2 Pratontep et al.的自我调节学习策略

能力	活动
元认知调节	计划
行为调节	行为或意志控制
学习环境调节	反思

结果，数据显示学习者积极运用了元认知控制和行为控制。Ramezani（2009）在研究了45名英语非母语学习者的写作后发现，自我调节策略指导对写作技巧有积极的意义。Zimmerman et al.（2002）从社会认知角度提出了自我调节的三个阶段：计划、行为控制和自我反应。他们认为，因为需要进行文本规划、目标设置、组织、评估和修改，写作本质上就是一种自我调节。Ammar（2009）研究了81名英语非母语学习者以调查自我调节型阅读对动机和批判性思维的影响。他提出应提高自我调节型读者的态度和技能以计划、管理和评估他们的阅读活动。结果显示，自我调节型阅读指导可以使读者有更好的批判性思维和动机。Dörnyei（2005）将自我调节学习等同于学习策略使用，然而自我调节学习这一说法更为常用。

2.3 语言学习策略

20世纪70年代中期，Rubin和Stern的研究推动了学习策略的研究，1982至1990年间O’Mally和Chamot的研究影响了学习策略的研究，从而引发了语言教学领域的巨大变化（Brown，2000）。随之产生了不同的语言学习策略分类。“O’Malley et al.（1990）

在Anderson提出的学习信息处理模型下开拓了学习策略的研究”（转引自Ellis，1994：533）。Brown（2000）和Ellis（1994）根据O’Malley et al.（1989）的理论，将学习策略分为元认知策略、认知策略和社会情感策略，并细分为25个子分类。

Oxford（2003）把一般学习策略分为两大类：直接策略（认知、记忆和补偿策略）和间接策略（元认知、情感和社会策略）。Oxford的分类涵盖62个策略，其中35个为直接策略，27个为间接策略（Ellis，1994）。Griffiths（2004：4）把直接策略定义为“复习和练习等直接涉及目标语言的策略”，把间接策略定义为“计划、合作和寻求机遇等间接为语言学习提供帮助的策略”。Ellis（1994）指出，“迄今为止，Oxford（2003：59）对学习策略的分类也许是最复杂的”（另见 Brown，2000：217）。

Ellis（1994）强调策略在学习者、情境因素和学习效果中所起的中介作用。他给学习策略的定义是“学习者在学习L2时所采用特殊方法或技巧”（1994：76-77）。尽管Ellis（1994）的定义很宽泛，但是他说明了定义策略时通常面临的一些问题：

策略到底是行为层面的还是精神层面的，这一点还没有定论。如果是行为层面的，那它的本质又是什么？

策略是有意识，还是无意识的？

策略对中介语言发展的影响是直接的还是间接的？

究竟是什么激发了人们对策略的使用？（Ellis, 1994）

语言学习策略框架中的这些问题引发一些学者开始思考用自我调节来取代（Dörnyei, 2005; Tseng et al., 2006）。本文的目的就是研究在语言教学领域，自我调节与语言学习策略之间的重叠程度。

3 研究设计与讨论

3.1 假 设

对于英语非母语学生来说，自我调节学习与策略性语言学习之间没有任何明显联系。

3.2 实验对象

浙江大学的49名（女42人，男7人）中国英语学习者参与了实验。他们的平均年龄为19周岁，均为人文学科不同专业的大一学生。

3.3 实验材料

英语学习策略问卷

首先是7个关于学生自身特征的问题：姓名、年龄、电子邮箱地址、性别、托福成绩、学习年限及专业。问卷总共六部分，分别是记忆策略、认知策略、补偿策略、元认知策略、情感策略和社会策略，共50题，学生用“经常”“有时”和“从不”三个选项来回答问题。该问卷的可靠度在3点的李克特量表中为0.87。

学习动机策略问卷

该问卷共有50个没有标题的陈述，用7点的李克特量表衡量，以揭示学生在多大程度上在排练、解释、组织、批判性思维、元认知自我调节、时间研究和环境管理、努力调节、同伴学习以及寻求帮助这些部分调节自身的学习过程。学生用从“根本不像我”到“完全像我”7个不同程度的选项来回答问题。该问卷的信度系数为0.85。

3.4 研究结果

为了研究自我调节和策略型语言学习之间的关系，笔者将所得数据进行了描述性分析（总数、平均值、标准偏差）（见表3）。

表3 描述性数据

	平均值	标准偏差	总数
语言学习策略	1.85	0.228	49
自我调节	4.30	0.620	49

结果显示英语非母语学习者的自我调节和策略型语言学习之间有十分显著的联系，因此，先前的研究假设不成立（sig.=0.000）（见表4）。

表4 相关性

		语言学习策略	自我调节
语言学习策略	皮尔逊相关	1	−0.603**
	显著性（双侧）		0.000
	总数	49	49
自我调节	皮尔逊相关	−0.603**	1
	显著性（双侧）	0.000	
	总数	49	49

**：相关性在0.01级（双侧）表明十分显著。

笔者用描述性数据分析调查受试运用了何种语言学习策略。语言学习策略调查问卷显示中国英语学习者对6种策略均有运用。整个策略运用显示受试使用记忆、情感和社会策略更为频繁（见表5）。

表5 整体策略使用在5点李克特量表中的平均值

策略分类	平均值	标准偏差
1. 记忆	1.98	0.60
2. 认知	1.81	0.37

续 表

策略分类	平均值	标准偏差
3. 补偿	1.73	0.08
4. 元认知	1.69	0.08
5. 情感	1.96	0.09
6. 社会	1.95	0.09

整体自我调节策略显示中国英语非母语学习者最经常使用的是努力调节，其次是时间研究和环境管理、组织、同伴学习以及寻求帮助。表6显示了参与本研究的中国英语非母语学习者运用了所有的策略类别和自我调节策略。

表6 整体自我调节策略在七点克里特量表中的平均值

分类	平均值	标准偏差
1. 排练	4.04	1.82
2. 解释	3.96	1.72
3. 组织	4.46	1.72
4. 批判性思维	3.96	1.70
5. 元认知自我调节	3.79	1.72
6. 时间研究和环境管理	4.75	1.61
7. 努力调节	5.37	1.42
8. 同伴学习	4.33	1.84
9. 寻求帮助	4.25	1.77

3.5 讨 论

虽然实验结果证实自我调节和语言学习策略之间存在显著相关，但这并不能推断出策略型学习框架可以用自我调节代替。Dörnyei（2005）指出，不仅是策略型学习框架存在问题，自我调节机制也有同样的问题。自我调节源于教育心理学。教育心理学领域有诸多二语习得和母语习得的理论。但是，自我调节语言学习领域的研究却屈指可数，其原因在于以下几点。

1）自我调节并没有明确清晰的定义（Duckworth et al.，2009），而只是一个建立在Vygotsky（1978）关于儿童调节自身学习研究上的新构想。

2）在不能明确自我调节是一种策略、技巧还是能力的情况下，如何将其运用于语言教学领域？

- 既然自我调节这一概念是由儿童这一主体发展而来的，它可以被视作一种能力。

- 既然自我调节融合了如元认知策略等一些策略，它也可以被视为一种策略。

- 根据Zimmerman（2006）的观点，写作过程就有自我调节的性质，它也可以被视为一种可以学习的技巧。

3）有些学者认为自我调节与语言学习策略是相冲突的，因为它们有重叠的部分，即元认知策略。然而，自我调节是以过程为导向的，而语言学习策略是以结果为导向的（Tseng et al.，2006）。在定义语言学习策略本身时亦有不少问题（Dörnyei，2005；Ellis，1994；Tseng et al.，2006）。

4）尽管Pintrich et al.（1990），Zimmerman et al.（1988）以及Tseng et al.（2006）都运用了调查问卷和面试来研究自我调节学习，但Pintrich（2004：400）自己也说，“学习动机策略问卷只监测了自我调节策略模型潜力中很小的一部分”。

这些困难并不意味着我们要停止对这一领域的研究。相反，它们使我们可以对这一课题进行更加深入的研究。

4 结论与建议

自我调节既包含学习不同的策略，如怎样设定目标，评估、计划和监控自身的学习，也包括一些感情因素，如动机和自我效能。所以，自我调节在语言学习的领域是一整套策略，但又并不像Oxford（1990）或O'Malley et al.（1989）对语言学习策略的分类那么广泛。自我调节所包含的动机概念和自我效能与Dörnyei研究中涉及的动机是不同的。自我调节学习是训练和提高学习者在其自身学习过程中的自我效能和动机意识。任何激发学习者取得成果（如学会如何用英语写作）的努力和利用适当目标、提供反馈及训练元认知策略来提高自我效能的做法都离不开自我调节。

自我调节是一个宽泛的概念，没有具体的技巧，如认知、记忆、社会或补偿策略。尽管自我调节只包含元认知策略，但它仍然比策略型框架更为广泛，因为它涵盖了如动机、目标和自我效能等学习过程中的诸多方面。总的来说，自我调节不是可以学习的技巧，而是一种教授和提高二语习得不同技巧的方法。这种方法并非训练某一个具体的策略或是几种策略的结合，而是通过目标设置、元认知训练、自我效能和信念提高、动机以及外界环境的反馈，练习和演练不同的语言技巧。

基于以上讨论，关于采用自我调节教授不同的语言技巧，以下建议值得教师们参考。

1）调查学生对于语言技巧学习的态度，鼓励他们所表现出来的积极的学习态度，在教学中采取措施改变他们消极的学习态度。

2）在自我调节学习中，学生是他们自身学习过程的主动参与者，因而要特别关注他们的反馈，教师要花更多的时间和精力来关注从学生那里得到的积极的、消极的以及中性的反馈并采取有针对性的措施保持积极的反馈，将消极的和中性的反馈转化为积极的反馈。

3）激发学生学习过程中的主观能动性，使他们更加具有自我调节能力（Ammar, 2009）。

4）在语言学习的各项技能中，从元认知层面训练学生计划、评估和监控自身的学习过程，从而使他们在不同的语言技能培养中掌握相关的元认知策略。

5）根据学生的实际情况和学习进展，帮助学生组织和更换学习材料，使他们在不同的阶段通过不同的学习材料的学习，在各自的基础上提高自身的学习效率。

6）使学生对自己的学习目标有清醒的认识，不仅要认清目标，还要明确自己对目标的认识程度和学习时的精神状态，从而能始终明确目标，保持良好的学习状态。

7）要求学生在遇到问题时能够寻找同伴、成人或老师的帮助，这样的帮助有助于加强课外学习活动，更好地复习和消化课堂教学内容，更深刻地理解课堂活动和任务的意义，找出在测验中的不足，提高课外学习的效率。

参考文献

[1] Ammar, A. The Effects of Self-Regulated Reading Strategy Development on the Prospective EFL Teachers' Critical Reading Skills and Reading Motivation [J/OL]. 2009. Retrieved April 2012 from http://repository.ksu.edu.sa/jspui/handle/123456789/4671.

[2] Bandura, A. Social Cognitive Theory of Self-Regulation[J]. *Organizational Behavior and Human Decision Processes*, 1991(2): 248-287.

[3] Banisaeid, M. The Relationship Between Self-Regulated Learning Strategies and Strategy-Based Vocabulary Acquisition of Iranian EFL Learners[J]. *Iranian EFL Journal*, 2013(3): 80-91.

[4] Brown, H. D. *Principles of Language Learning and Teaching*[M]. London: Pearson Education, 2000.

[5] Carver, C. S. & Scheier, M. F. *Attention and Self-Regulation: A Control–Theory Approach to Human Behavior*[M]. New York: Springer Verlag, 1981.

[6] Dörnyei, Z. *Motivational Strategies in the Language Classroom*[M]. Cambridge: Cambridge University Press, 2001.

[7] Dörnyei, Z. *The Psychology of the Language Learner: Individual Differences in Second Language Acquisition*[M]. Mahwah, N.J.: L. Erlbaum, 2005.

[8] Duckworth, K., Akerman, R., MacGregor, A., Salter, E. & Vorhaus, J. *Self Regulation: A Review of Literature*[M]. Centre for the Wider Benefits of Learning. London: Institute of Education, 2009.

[9] Ellis, R. *The Study of Second Language Acquisition*[M]. Oxford: Oxford University Press, 1994.

[10] Griffiths, C. Language Learning Strategies: Theory and Research[J]. *Occasional paper,* 2004(1):1-25.

[11] Handayani, S. N, Reimann, P. & Markauskaite, L. Collaborative Writing as a Tool for Enhancing Group-Regulated Learning[J/OL]. 2004.Retrieved April 2011 from http://sydney.edu.au/education_social_work/coco/events/research_fest/posters/nani.pdf.

[12] Liu, H. T. The Scale Development and Causal-Effect Studies of Self-Regulation in English Language Learning[D]. Unpublished Master's Thesis. Taipei: Taiwan Normal University, 2009.

[13] O'Malley, M. J., Chamot, A. U. & Küpper, L. Listening Comprehension

Strategies in Second Language Acquisition[J]. *Applied Linguistics*, 1989(4): 418-437.

[14] Oxford, R. *Language Learning Strategies: What Every Teacher Should Know*[M]. NY: Newbury House Publisher, 1990.

[15] Oxford, R. Language Learning Strategies: Concepts and Relationships[J]. New *IRAL*, 2003(4): 418-437.

[16] Pintrich, P. R. & DeGroot, E. V. Motivational and Self-Regulated Learning Components of Classroom Academic Performance[J]. *Journal of Educational Psychology*, 1990(1): 33-40.

[17] Pintrich, P. R., Smith, D. A. F., Garcia, T. & McKeachie, W. J. *A Manual for the Use of the Motivated Strategies for Learning Questionnaire (MSLQ)*[M]. Ann Arbor: University of Michigan, National Center for Research to Improve Postsecondary Teaching and Learning, 1991.

[18] Pintrich, P. R. A Conceptional Framework for Assessing Motivation and Self-Regulated Learning in College Students[J]. *Educational Psychology Review*. 2004(4):385-407.

[19] Pratontep, Chitchon. & Chinwonno, Apasara. Effects of Extensive Reading and Self-regulation on Thai Students English Reading Comprehension[Z]. Paper presented at the Ninth RGJ- Ph.D. Congress, Thailand, 2008.

[20] Ramezani, A. Promoting Students' Attitude Toward Writing Skills Through Self-Regulation Strategy Instruction[Z]. Paper Presented at 7th International TELLSI Conference, Yazd, Iran, 2009.

[21] Terry, P. The Effects of Online Time Management Practices on Self Regulated Learning & Academic Self-Efficacy[D]. Dissertation of Curriculum & Instruction, Virginia University, 2002.

[22] Tseng, W. T., Dörnyei, Z. & Schmitt, N. A New Approach to Assessing

Strategic Learning: The Case of Self-Regulation in Vocabulary Acquisition[J]. *Applied Linguistics*, 2006(1): 78-102.

[23] Vygotsky, L. S. Interaction Between Learning and Development[G]. M. Lopez-Morillas (trans.). In M. Cole, V. John-Steiner, S. Scribner & E. Souberman (eds.). *Mind in Society: The Development of Higher Psychological Processes*. Cambridge, MA: Harvard University Press, 1978: 79-91.

[24] Williams, M. & R. Burdon. *Psychology for Language Teachers*[M]. Cambridge: Cambridge University Press, 1997.

[25] Wolters, C., Pintrich, P.R. & Karabenick, S. A. Assessing Academic Self-Regulated Learning[C]. *Proceedings at the Indicators of Positive Development Conference* . Washington, DC, March 12–13, 2003: 1-49.

[26] Zimmerman, B. J. & Kitsantas, A. Acquiring Writing Revision and Self-Regulatory Skill Through Observation and Emulation[J]. *Journal of Educational Psychology*, 2002(6): 660-668.

[27] Zimmerman, B. J. & Martinez-Pons, M. Construct Validation of a Strategy Model of Student Self-Regulated Learning[J]. *Journal of Educational Psychology*, 1988(3): 284-290.

[28] Zimmerman, B. J. A Social Cognitive View of Self-Regulated Academic Learning[J]. *Journal of Educational Psychology*, 1989(3): 329-339.

[29] Zimmerman, B. Development and Adaptation of Expertise: The Role of Self-Regulatory Processes and Beliefs[G]. In A. Ericsson, N. Charness, P. Feltovich & R. Hoffman (eds.). *The Cambridge Handbook of Expertise and Expert Development*. Cambridge, MA: Cambridge University Press, 2006: 705-722.

[30] Zimmerman, B. Investigating Self-Regulation and Motivation: Historical Background, Methodological Developments, and Future Prospects[J]. *American Educational Research Journal*, 2008(1): 166-183.

附录一

		排练	解释	组织	批判性思维	元认知自我调节	时间研究和环境管理	努力调节	同伴学习	寻求帮助
记忆策略	皮尔逊相关	-0.200	-0.192	-0.277	-0.188	-0.510**	-0.306*	-0.337*	-0.099	-0.310*
	显著性（双侧）	0.169	0.186	0.057	0.200	0.000	0.035	0.027	0.526	0.043
	总数	49	49	48	48	48	48	43	43	43
认知策略	皮尔逊相关	-0.219	-0.351*	-0.329*	-0.157	-0.355*	-0.474**	-0.433**	-0.222	-0.226
	显著性（双侧）	0.131	0.013	0.022	0.287	0.013	0.001	0.004	0.153	0.146
	总数	49	49	48	48	48	48	43	43	43
补偿策略	皮尔逊相关	-0.212	-0.413**	-0.402**	-0.146	-0.363*	-0.376**	-0.233	-0.311*	-0.170
	显著性（双侧）	0.153	0.004	0.006	0.333	0.013	0.010	0.133	0.042	0.276
	总数	47	47	46	46	46	46	43	43	43
元认知策略	皮尔逊相关	-0.302*	-0.137	-0.334*	-0.237	-0.336*	-0.337*	-0.313*	-0.000	-0.310*
	显著性（双侧）	0.039	0.359	0.023	0.113	0.022	0.022	0.041	01.000	0.043
	总数	47	47	46	46	46	46	43	43	43

续 表

		排练	解释	组织	批判性思维	元认知自我调节	时间研究和环境管理	努力调节	同伴学习	寻求帮助
情感策略	皮尔逊相关	–0.368*	–0.493**	–0.489**	–0.495**	–0.489**	–0.362*	–0.185	–0.032	–0.502**
	显著性（双侧）	0.011	0.000	0.001	0.000	0.001	0.013	0.235	0.839	0.001
	总数	47	47	46	46	46	46	43	43	43
社会策略	皮尔逊相关	–0.492**	–0.171	–0.488**	–0.356*	–0.348*	–0.324*	–0.531**	–0.022	–0.304*
	显著性（双侧）	0.000	0.250	0.001	0.015	0.018	0.028	0.000	0.887	0.047
	总数	47	47	46	46	46	46	43	43	43

**：相关性在0.01级（双侧）是十分显著的。

*：相关性在0.05级（双侧）是十分显著的。

附录二

问 卷 1

姓名：__________

年龄：__________

托福成绩：__________

电子邮箱地址：____________________

性别：男（ ）女（ ）

学习年限：__________________专业：__________________

本问卷用于调查测试者学习语言的方法，并无标准正确答案。请在空白处打钩选择你使用该项英语学习方法或技巧的频率。

范例：

1. 我会去思考学过的和新学的英语之间的关系。

总是 有时√ 从不

第一部分

	总是	有时	从不
1. 我会去思考学过的和新学的英语之间的关系。			
2. 为了记住新学的英语单词，我会试着用这些生词来造句。			
3. 我会在脑海中想出可以配合英语声音的图片或意象，以便记住某个单词。			
4. 我会在脑中制造出某个生词出现的情境，以这种方法把单词背起来。			
5. 我会使用押韵的方式来记住生词。			
6. 我会使用闪示卡来背生词。			
7. 我会把生词用肢体演出来。			
8. 我常常复习英语课程。			
9. 我会按照生词或词组出现在课本、黑板或是街道广告牌的位置，来记住生词或词组。			

第二部分

	总是	有时	从不
10. 我会重复说或写英文生词好几次。			
11. 我会想把英语说得像以英语为母语的人一样。			
12. 我会练习英语的发音。			
13. 我会把学过的英文词用在不同的方面上。			
14. 我会以英语开启对话。			
15. 我会看以英语发音的电视节目或电影。			
16. 我阅读英文作为休闲活动。			
17. 我会以英语来记笔记、信息、书信或是报告。			
18. 我会先略读英语的文章（很快地把文章看过一遍），然后再回来细看。			
19. 我会在我的母语里找寻和英语相同的生词。			
20. 我会找出英语的模式。			
21. 我会把英语拆解开来，找出自己懂的部分，借以了解单词的意思。			
22. 我不会逐字逐句翻译。			
23. 我会把听到或是读到的英文信息做成摘要。			

第三部分

	总是	有时	从不
24. 遇到不熟悉的英文单词，我会去猜它的意思。			
25. 在对话中，我如果想不出某个词英文怎么说，我会使用表情和动作。			
26. 如果我不知道英语该怎么说，我会自己创造新词。			
27. 阅读的过程中，我一遇到生词就马上查字典。			
28. 我会用英语试着去猜别人接着会说什么。			
29. 如果我想不起来某个英文单词，我会用别的词或词组来转述同样的意思。			

第四部分

	经常	有时	从不
30. 我会尽量找机会练习英语。			
31. 我会注意我所犯的错误，借此帮助自己学得更好。			
32. 别人在说英语，会引起我的注意。			
33. 我会想办法让自己成为更好的英语学习者。			
34. 我会好好规划时间，以便有足够的时间学英语。			
35. 我会找能用英语谈话的人练习英语。			
36. 我会尽量找机会阅读英语。			
37. 对于如何增进英语能力我有相当清楚的目标。			
38. 我会去思考我在学习英语上的进步程度。			

第五部分

	经常	有时	从不
39. 每当我感到害怕要用英语时，我会尽量放轻松。			
40. 即使我很怕会说错，我还是鼓励自己多开口说英语。			
41. 当我在英语方面有良好表现时，我会犒赏自己。			
42. 我会注意当我在研读或使用英语时是否会紧张。			
43. 我会把我的感觉记录在语言学习日记里。			
44. 当我在学英语时，我会告诉别人我的感觉。			

第六部分

	经常	有时	从不
45. 遇到听不懂的英文，我会请说话人放慢速度，或是再讲一次。			
46. 当我说英语时，我会请以英语为母语的人纠正我的错误。			
47. 我会和别的学生练习英语。			
48. 我会求助以英语为母语的人。			
49. 我会以英语来问问题。			
50. 我会想知道英语国家的文化。			

附录三

问　卷　2

以下是关于你对本门课程的学习策略和学习技巧的问题。这些问题并没有标准答案，请尽可能准确地回答这些关于你在本门课上是如何学习的问题，而且请对所有问题使用统一标准。如果该陈述跟你的情况完全吻合，请在7处打对钩；如果该陈述跟你的情况完全不符，请在1处打对钩；如果该陈述或多或少与你的情况相符，请选择1至7之间的一个适当程度来表示。

1　　2　　3　　4　　5　　6　　7

跟你的情况完全相同　　　　　　　　与你的情况完全不符

	1	2	3	4	5	6	7
阅读本课程的学习材料时，我会列出大纲帮助我整理思路。							
上课时，我经常因为想别的事情而遗漏要点。							
在学习本门课程时，我总会向朋友或同学讲解学习材料。							
我通常在能集中注意力的地方学习课程。							
在阅读学习材料时，我会自己提出问题进行有重点的阅读。							
在学习本门课程时我常感到懒惰或无聊，在还没有完成计划前就放弃了。							
我经常质疑在本门课上听到的或读到的东西来判断它们是否可信。							
在学习本门课程时，我会向自己不断地解释学习材料。							
在遇到困难时，我试图自己解决，不借助他人的帮助。							
当我在阅读学习材料感到困惑时，我会重复阅读来搞明白。							
在我学习本门课程时，我会复习学习材料和课堂笔记找出重点。							
我合理地利用了学习本门课程的时间。							
在难以理解学习材料时，我会改变阅读方式。							
我试图和其他学习本门课的同学一起完成作业。							
我会反复阅读课堂笔记和学习材料。							
当在课堂上或书本上遇到新的理论、解释或结论时，我会思考它是否有充分的论据。							
即使我不喜欢本门课程，我也会努力做好。							

续 表

	1	2	3	4	5	6	7
我会做简单的图表等来帮助我组织学习材料。							
我经常抽出时间和学习本门课程的其他同学讨论学习材料。							
我把学习材料当作起点，试图以此为基础建立自己的想法。							
我觉得坚持一份学习计划很困难。							
我会把来自讲义、书本和讨论等不同渠道的信息整合在一起。							
在学习新的章节之前，我会先浏览一下它的框架。							
我会提问自己以确保自己完全理解了课上所学内容。							
我会调整自己的学习方式以适应课程要求和老师的讲课风格。							
我经常在阅读学习材料后不知其所云。							
我会要求老师解释我不理解的概念。							
我用关键词来记忆课上的重要概念。							
在课程难度较大时，我要么放弃要么只学习简单的部分。							
在学习本门课程时，我并不是只读一遍材料，而是仔细想明白其主题以及自己应该从中学到什么。							
我尽可能地把本门课上所学与其他课程知识相联系。							
我常去一个地方学习。							
我会把自己的想法与课上所学联系起来。							
我会将课堂笔记和学习材料的主要内容写成总结。							
当我理解学习材料有困难时，我会求助其他同学。							
我试图在课本上的知识与课上讲的概念之间建立连接以理解学习材料。							
我确保完成课程每周的阅读任务和作业。							
当我在课上听到一个论断或结论时，我会考虑是否有其他可能。							
我把课程的重要项目列表并记忆。							
我按时上课。							
即使课程材料很无聊，我也会完整地阅读完。							
我试图确认一些我遇到难题时可以求助的学生。							
在学习时，我会找出自己不完全理解的概念。							
我经常因为其他活动而不能留大量时间学习本门课程。							
我会为自己设立目标以指导每个阶段的学习活动。							

续　表

	1	2	3	4	5	6	7
在课堂上做笔记感到困惑的地方，课下我一定会搞明白。							
我很少有时间在考前复习课堂笔记或学习材料。							
我试图将课本上的想法运用于其他课堂活动，如讲座和讨论。							

（说明：本文采用的是经典的调查问卷。）

Self-regulation in Language Study: From Psychology to Pedagogy

Abstract: Self-regulation is a newly derived topic from educational psychology of second language learning. It is mentioned that the framework of strategic learning should be replaced by self-regulation (Rose, 2011; Tseng et. al., 2006). To find the possibility of such replacement, the article aims to explore the relationship between self-regulation and language learning strategies and overlapping parts between them. For such a purpose, 49 Chinese EFL learners were to answer MSLQ and SILL respectively proposed by Pintrich et al. (1991) and Oxford (2003). By running Pearson correlation, the results show that there is a significant relationship between self-regulation and strategy-based language learning of EFL learners. In the end some implication is considered.

Key words: self-regulation　second language learning　strategy-based language learning　metacognitive strategies

（本文发表在《外语教学》，2015年第7期，作者：黄建滨、Maryam Banisaeid）

第四章　观察法

第一节　观察法简介

Richard et al.（2000）对observational method（观察法）的定义是：（in research）procedures and techniques that are based on systematic observation of events, e.g. using audio and video recorders, check lists, etc. Observational methods are often used in studying language use and classroom events. （研究中）指对活动进行系统观察的方法，如使用录音机或录像机、检查表等。观察法在研究语言运用和课堂活动中经常使用。

Johnson et al.（2014）对observational method（观察法）的定义是：In research, observation is defined as the watching of behavioral patterns of people in certain situations to obtain information about the phenomenon of interest. The observer should attempt to be unobtrusive so as not to affect what is being observed. Observation is an important way of collecting information about people because people do not always do what they say they do.

Johnson et al.（2014）还区分了质性观察和量化观察。他们指出：Quantitative (or structured) observation involves the standardization of all observational procedures in order to obtain reliable research data. ... Quantitative observation usually results in quantitative data, such as counts or frequencies and percentages.

Qualitative observation involves observing all potentially relevant phenomena and taking extensive field notes without specifying in advance exactly what is to be observed. In other words, quantitative observation is usually done for exploratory purposes. It is also usually done in natural settings. ... In fact, the researcher is said to be the data-collection instrument because it is the researcher who must decide what is important and what data are to be recorded.

Charles et al.（2004）定义了观察法中研究者的地位和作用：

(In natural observation) the investigator may function as a privileged observer (also known as a nonparticipant observer) of the group, who does not participate in its activities or as a participant observer participating actively as a regular member in all group activities.

观察法是研究者遵循一定的目的和计划，通过感官或借助于科学仪器在自然情境中所进行的观察活动。

陈瑶（2002）谈到课堂观察时指出，课堂观察是“研究者或观察者带着明确的目的，凭借自身感官（如眼、耳等）及相关辅助工具（如观察表、录音录像设备等），直接或间接从课堂情境中收集资料，并依据资料作相应研究的一种科学研究方法”。

观察法是教学研究中广泛使用的一种方法。观察法有助于帮助教师诊断教学问题，改进教学；观察法有助于教师了解学生的学习状况；观察法有助于促进教师自身的专业成长；观察法有助于教师的合作，相互帮助，相互促进，共同提高教学质量；观察法有助于教育管理部门了解教师教学情况和学生学习情况。

教育观察有如下特点。

1）目的性。教育观察是研究者有目的的研究活动，研究者需要确定观察的任务以及观察要解决的问题。

2）计划性。研究者在观察之前就必须制定好观察计划，例如，要事先确定好被观察的人数、观察时间、所要使用的观察仪器等。

3）选择性。研究者要选择观察对象、观察条件、观察时间、观察地点等，以获取最典型和最具代表性的材料，为解决特定的问题获取有效的数据。

4）客观性。观察是在自然状态中进行，研究者不得干预观察对象的活动，只有这样才能获取客观的资料。

5）局限性。观察法的有限取样范围，以及研究者的情感、经验和价值观等往往会影响观察的可靠性和可推广范围。

常用的教育观察法有：实况详录法、日记描述法、轶事记录法、事件取样法、时间取样法、行为检核法、频率计数图示法（李方，2010；朱德全等，2011）。

根据观察的情境和条件，观察法可以分为自然观察和实验室观察。前者在日常生活情景下进行，后者在实验室中进行。根据观察本身的形式，观察法可以分为非结构性观察和结构性观察。非结构性观察是开放式的观察。观察者可以根据情况调整观察视角和内容。在结构性观察中，研究者需要事先设计针对所有观察对象的统一记录标准，并对其使用统一的观察方式，目的在于获得可量化的观察数据。根据观察者在观察活动中的参与程度，观察法可以分为参与性观察和非参与性观察。参与性观察中的研究者具有双重身份，他既是观察者，又是参与者，即观察者要和被观察者一样参与所观察的活动。非参与性观察中的研究者不参与所观察的活动，而只是以旁观者身份客观地观察活动过程中被观察者的行为及表现。根据观察的目的，观察法可以分为探索型观察和验证型观察。前者是对不了解的观察对象进行初步的、比较全面的观察，以便为今后的进一步研究奠定基础；后者是对已有的初步理论假设进行观察从而对这些理论假设进行检验。根据观察所采用的手段，观察法还可以分为直接观察和间接观察。直接观察法指研究人员在研究场地，并对正在进行的事件或参与的人物进行实时的观察和记录。间接观察指研究人员通过其他方式如录像等对所发生的事件或参与的人物进行实时的观察。根据观察者和观察对象的状态，观察法可以分为动态观察和静态观察。根据观察的内容，观察法可以分为系统观察和局部的个别观察。根据观察的时间，观察法可以分为长期观察、短期观察和定期观察（朱德全等，2011；何广铿等，2009；杨鲁新等，2013）。

观察法的实施步骤如下（侯怀银，2009；杨小微，2010）。

1）明确观察目的，确定观察对象和观察内容。

2）设计观察实施方案，制定观察提纲，确定观察类型、方法和途径。

3）做好观察准备工作，准备好必要的设备（摄像机、录音机等），确定记录方法，设计好记录表格。

4）进入观察现场。研究者要注意保证观察对象处于自然状态，这样才有可能获得较为真实的数据，提高观察效率。

5）实施观察。研究者要按计划进行实际的观察，要注意抓住引起各种现象的原因，要注意观察范围内的各种活动引起的反应。

6）做好观察记录。必要时可以采用录音、摄像等方式进行以备后续整理。

7）整理与分析观察材料，并进行统计分析。

在采用观察法时，研究者需要注意以下几个问题。

1）研究者进入现场，要事先征得被观察者和其所在部门的许可。

2）通常采访时，研究者都会采用记笔记或者录音，甚至录像的方式，但采用这些方式必须征得被采访者的许可。

3）研究者的记录要客观、准确、全面、有序，不应在记录中融入个人的主观想法。

4）研究者的观察不应干扰正常的教学活动。

5）如果接受观察的教师需要反馈意见，研究者应以鼓励为主，在指出其缺点和不足之处时要注意语言的表达，以免影响其自信。

6）如研究者自己不进入观察现场，还应对观察人员进行观察前的培训。

第二节　论文实例

基于学生视角的教室座位分布与大学英语课程课堂效率关系的实证性研究

宋丹贵　黄建滨

摘要：作为一种重要的物理实体和教学资源，教室座位在英语教学中扮演着非常重要的角色。随着教育的不断发展，教室座位的种类也逐步趋于成熟与多样化。本研究从学生的角度揭示了两种不同的教室座位安排与大学英语课程课堂效率之间的关系。两种教室座位安排分别为传统教室（traditional rows-and-columns seating arrangement classroom，简称TC）和小组式教室座位（panel seating arrangement classroom，简称PC）。研究采用问卷调查、访谈与课堂观察三种调查方法进行。研究发现：1.学生对目前大学英语课程所在教室满意度。学生对PC的满意度明显高于对TC的满意度。

2.大学英语的四项技能（听、说、读、写）调查显示，学生认为PC的学习环境能够有助于“说”，即口语能力的提高。3.课堂效率：整体上，PC的课堂效率比TC的课堂效率高。4.对大学英语课程未来教室座位的期待：目前在TC学习大学英语的学生，54%的学生希望在PC中学习大学英语，而46%的学生则希望继续在TC的环境下学习大学英语课程；92%目前在PC学习大学英语的学生希望继续在PC的环境下学习，只有8%的学生希望重回到TC的环境下学习大学英语课程。在PC中学习的学生，大部分学生不仅希望继续留在PC的学习环境中，更对PC的改进提出了更高的要求。

关键词：教室座位安排　传统教室（TC）　小组式教室（PC）　大学英语课程　课堂效率

1 引　言

教室座位不仅是教学中一种重要的物理实体，而且是教育领域的一个有机的组织单元（Marx et al.，2000）。教室座位的具体安排对课堂教学的整体氛围有着潜在的影响（张伟，2004）。另外，大学的教室是培养更加合格、更具有竞争性的学生的重要场所（崔乐，2013）。因此，随着教学资源的不断更新与发展，我国高校的教室座位不仅仅局限于传统的教室座位，一批批新颖的教室座位涌现出来，例如，小组式、U型、圆形、半圆形、V型、矩形、阶梯式等不同类型的教室座位安排（宋秋前等，1999；张伟，2004）。从不同类型教室的涌现，可以看出，我国的教室类型正在由传统教室向新型的讨论式教室转变。

Steinzor（1950）开启了有关领导式小组讨论的新时代。

Steinzor认为，相对于其他座位的人，听众更容易也更有可能接收到来自正对面座位或接近正对面座位成员的信息。Sommer（1967a）的研究再次证实了Steinzor的观点。关于教室座位安排与教师课堂互动，之前的研究集中于两个活跃地带：T型区和三角区。Sommer（1967b）研究发现，61%的坐在教室前排和中央的学生，在课堂会积极活跃地参与课堂并与教师进行互动交流。相比较而言，只有31%的坐在教室后排和两侧的学生，会自发地与教师进行互动。同时，Adams et al.（1970）在仔细观察了32个班级的学生之后发现，大部分的课堂互动来自于坐在教室前排和中间区域的学生，并将该区域称为T型区。另外，Koneya（1976）发现坐在前排到中间行的中间一排区域的学生表现更为积极，也更加上进和专注，并将该区域称为三角区。

关于教室座位活跃区域形成的原因，有两种假设，分别为自我选择假设和环境假设（魏娇娇，2008）。自我选择假设认为，学生表现课堂互动性高与自己选择的位置有关，并且自己选择的座位能够促进学生课堂的参与度；环境假设认为，教室座位本身会促使或者压抑学生在课堂上展现互动积极性，学生课堂上的表现与座位本身的地理位置有着极大的关系（魏娇娇，2008）。

不同的课堂教室座位安排对学生课堂上的整体表现有着不同的作用与引导性的潜在影响。Marx et al.（2000）探究了教室座位安排与小学生课堂提问之间的关系。研究进行了8周，针对27堂在传统教室中的课堂观察和针对26堂在半圆形教室座位中的课堂观察。实验挑选27名德国学生作为研究对象。研究发现，在半圆形教室中，学生提问问题的现象比传统教室中更加频繁（Marx et al., 2000）。由此可见，小组式半圆形教室的座位安排将更加积极地引导并促进学生在课堂上主动表现自我与积极参与课堂互动。

到目前为止，关于教室座位安排的文章已为数不少，但是研究教室座位安排与相关英语课程关系的论文很少，同时探究教室座位安排与相关英语课程课堂效率关系的论文更少。因此，本文以传统教室座位安排与小组式教室座位安排为研究对象，探究两种不同的教室座位安排与大学英语课程课堂效率之间的关系。

2 研究方法

2.1 研究问题

（1）目前我国大学生对大学英语教室座位安排的满意度是怎样的？

（2）基于学生的角度，哪一种教室座位安排能够更加适合大学英语（听、说、读、写）的发展？传统教室TC还是小组式教室PC？

（3）大学英语的课堂效率会受到不同教室座位安排的影响吗？

（4）学生的大学英语课程的理想教室类型是哪一种？TC还是PC？

2.2 研究对象

我们从浙江大学的一年级本科生中随机挑选出300名非英语专业学生进行调查。该300名学生当时正在学习大学英语课程。我们将150份问卷发放给正在传统教室上大学英语课程的学生，将另外150份问卷发放给正在小组式教室上大学英语课程的学生。问卷发放时间为2013年11月25日至2013年12月1日，问卷回收率为100%。

2.3 研究工具

本研究采用定性和定量的研究方法，为了确保研究的效度和相对准确度，本研究采用了问卷调查、个体采访、课堂观察三种调查方法。

2.3.1 问卷调查

问卷采用中文设计，并由9道封闭式选择题和1道开放式问答题组成。其中，调查问卷由五个主体部分组成：大学生对目前大学英语教室座位安排的满意度、两种不同的教室类型对大学英语听说读写的影响、两种教室类型与大学英语课堂效率的关系、学生对未来大学英语教室类型的期望和对未来大学英语教室座位安排的建议。

2.3.2 访　谈

所有访谈均为录音及记笔记的形式。我们从在TC和PC学习大学英语课程的学生中各挑选20名进行采访。从TC中挑选出的20名学生课上听课时分布在前、后排，左、右侧和教室中间位置各5名。从PC中挑选出的20名学生涵盖前排、后排，小组座位中面对教师、侧对教师及背对教师的位置。采访问题涉及学生对当前教室的满意度、学生认为对两种不同的教室座位安排对大学英语课堂效率的影响及学生对未来大学英语教室座位安排的建议等问题。

2.3.3 课堂观察

我们从PC中随机选取2个教室作为课堂观察对象；同样，我们从TC中随机选取2个教室作为课堂观察对象。在课堂观察中，学生并不知情，教师也是按照平常节奏教授课程。课堂观察的重点为：不同教室座位安排中学生课堂整体活跃的区域（包括经常主动回答问题的学生的位置）及班级氛围，学生与教师之间的互动，学生在课堂上的参与度、积极性、融入度、专注度等。课堂观察在每种不同的教室中分别进行3次，每次持续时间为45分钟，课堂观察的时间均相同。

3 结果分析与讨论

3.1 问卷调查结果分析

我们从四个方面对问卷调查的结果进行分析，分别为学生对目前大学英语教室课程座位安排的满意度、两种不同的教室座位安排对大学英语听说读写的影响、两种教室座位安排与大学英语课堂效率的关系和学生对未来大学英语教室座位安排的期望。

3.1.1 满意度调查

根据调查问卷第2题，我们得出了下列结果，如表3.1.1所示。结果证明，只有6.7%的在TC学习的学生表示对目前教室座位安排非常满意，而有21.3%的在PC学习的学生表示对目前教室座位安排非常满意。另外，在PC学习的学生没有人对自己所处的教室座位安排非常不满意，只有1.3%的学生表示不满意；相反，在TC学习的学生有0.7%的人表示对目前的教室座位安排非常不满意，在TC学生中“不满意”这一栏的百分比比PC（1.3%）高出2.7个百分点。同时，在TC学习的学生的满意度调查结果显示，最大的比例为49.3%，即有49.3%的学生对在TC环境下学习大学英语表示“一般”的态度；而在PC学习的学生，最大的比例为58.7%，即有

58.7%的学生对在PC环境下学习大学英语表示“满意”。可见，目前在PC环境下学习大学英语课程的学生对教室的满意度比在TC环境下学习大学英语课程的学生对教室的满意度高。

表3.1.1　大学英语课程教室座位满意度调查

	非常满意		满意		一般		不满意		非常不满意	
	学生人数	百分比	学生人数	百分比	学生人数	百分比	学生人数	百分比	学生人数	百分比
TC（n=150）	10	6.7	59	39.3	74	49.3	6	4.0	1	0.7
PC（n=150）	32	21.3	88	58.7	28	18.7	2	1.3	0	0

3.1.2　两种不同的教室座位安排对大学英语听说读写的影响

调查根据调查问卷第3、4题，我们得出了下列结果，如表3.1.2-1和图3.1.2-1所示。结果证明，在TC中学习大学英语课程的学生对TC能够具体提高哪项大学英语基本技能的观点不一，但是提高听力能力的百分比相对占到最大，为52.7%——该结果与作者的预测是相反的，因此，这里作者推测该结果出现的原因可概括为两点：一是在TC教室中教师播放听力以及视频的模式与大部分学生在高中时期的形式相同，学生能够更好地适应环境；二是学生参加期中、期末考试等的听力播放模式也与在TC中的播放形式相同。同时，76.7%的在TC学习大学英语课程的学生认为在PC中学习大学英语课程将有助于英语口语的提升。

表3.1.2-1　在TC学习大学英语的学生认为两种教室座位安排对大学英语四项技能提升的影响

	听		说		读		写	
	学生人数	百分比	学生人数	百分比	学生人数	百分比	学生人数	百分比
TC（n=150）	79	52.7	16	10.7	22	14.6	33	22.0
PC（n=150）	18	12.0	115	76.7	12	8.0	5	3.3

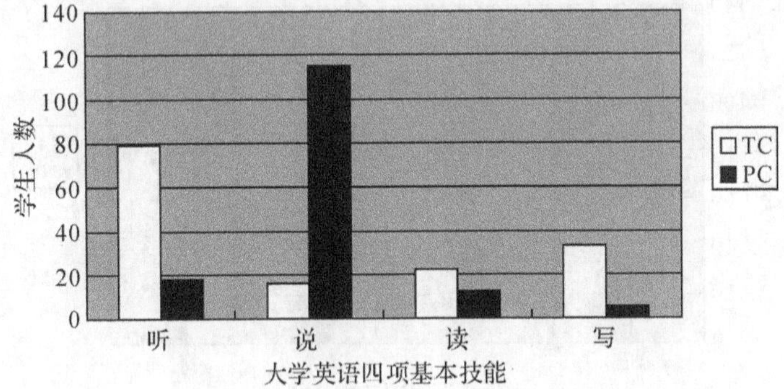

图3.1.2-1　在TC学习大学英语的学生认为两种教室座位安排对大学英语四项技能提升的影响柱状图

同时，如表3.1.2-2和图3.1.2-2显示，在PC中学习大学英语课程的学生认为TC有助于英语听力和写作能力的提升的学生比例占到了相对最大且相同的比例，均为33.3%。与在TC中学习大学英语课程的学生不谋而合的是，大部分（76.7%）的在PC中学习大学英语课程的学生认为PC有助于英语口语能力的提升。

综上所述，我们可以得出，无论是目前在TC还是在PC中学习大学英语的学生，大部分的学生都认为PC座位安排能够有助于其英语口语水平的提升。

表3.1.2-2　在PC学习大学英语的学生认为两种教室座位安排对大学英语四项技能提升的影响

	听		说		读		写	
	学生人数	百分比	学生人数	百分比	学生人数	百分比	学生人数	百分比
TC（*n*=150）	50	33.3	16	10.7	34	22.7	50	33.3
PC（*n*=150）	18	12.0	116	77.3	9	6.0	7	4.7

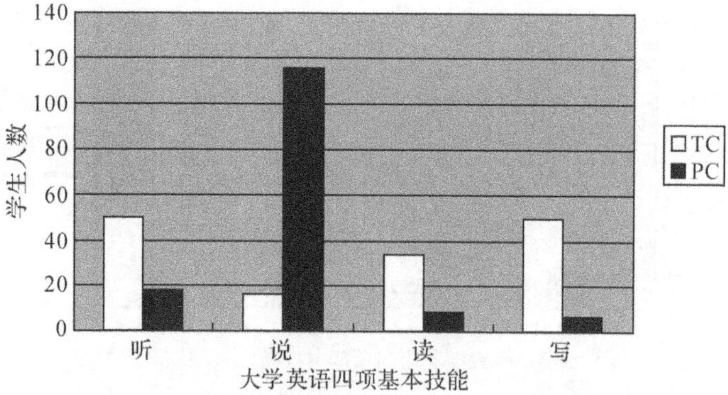

图3.1.2-2　在PC学习大学英语的学生认为两种教室座位安排对大学英语四项技能提升的影响柱状图

3.1.3　两种教室座位安排的课堂效率调查

根据调查问卷第5、6、7、8题，我们得出了下列结果，如表3.1.3和图3.1.3所示。结果表明，无论是在TC还是在PC学习大学英语课程的学生均认为PC的座位安排能够更好地提高大学英语的课堂效率。与TC相比，PC在学生中的受欢迎度更高。同时，两种教室的学生认为PC能够增强学生与教师之间的互动与交流的比例均在另外三项指标之上，分别分126和140人，占到了总人数的84.0%和93.3%。

表3.1.3　在TC和PC中学习大学英语的学生认为两种不同的教室座位对大学英语课堂效率的影响

	四项课堂效率指标	TC（人数）	PC（人数）
在TC学习的学生（n=150）	互动与交流	24	126
	参与度	44	106
	积极性	40	110
	学习氛围	42	108
在PC学习的学生（n=150）	互动与交流	10	140
	参与度	19	131
	积极性	20	130
	学习氛围	19	131

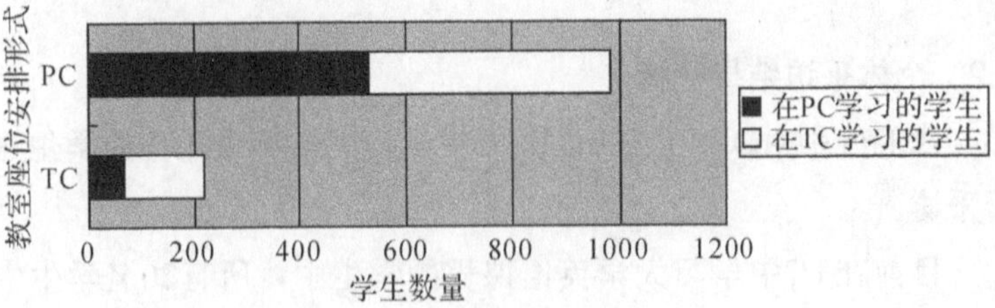

图3.1.3　在TC和PC中学习大学英语的学生认为两种不同的教室座位对大学英语课堂效率的影响图

3.1.4　学生对大学英语课程未来教室座位安排期望

根据调查问卷中第9题，我们得出了以下结果，如表3.1.4所示。结果表明，对于目前在TC中学习大学英语课程的学生来说，54%的学生更倾向于在PC教室中学习大学英语课程，但是46%的学生还是希望继续留在TC中学习大学英语课程。由此可以看出，在TC学习大学英语的学生约一半并不喜欢改变现有的环境并尝试新的学习环境。对于目前在PC中学习大学英语课程的学生来说，92%的学生希望在PC中继续学习，只有8%的学生希望回归到TC中学习大学英语。同时，通过对学生对未来大学英语课程教室座位期待的调查可以推断出，学生将来若可以自主选择大学英语课程的具体教室类型（前提是，学校有不同类型的大学英语课程教室可以供学生选择），这将会在很大程度上提高学生对教室座位安排的满意度，同时也将会直接促进学生对大学英语课程的热爱与提升其大学英语综合能力。

表3.1.4 学生对大学英语未来教室座位安排期望

	TC		PC	
	学生人数	学生百分比	学生人数	学生百分比
TC（n=150）	69	46.0	81	54.0
PC（n=150）	12	8.0	138	92.0

3.2 个体采访结果分析

我们分别对20名正在TC和PC中学习大学英语课程的学生进行了采访。

目前在TC中学习大学英语课程的学生中，所有20名学生中有18名学生认为教室座位分布在大学英语课程学习中起着一定的作用；有2名学生则认为教室座位分布只是外在环境，并不是那么重要，大学英语学习的关键还是在于学生本身。同时，20名学生中有12名学生愿意尝试新的PC环境来学习大学英语课程，认为PC环境将有助于促进学生与教师之间的互动与交流，调动学生本身的参与度、积极性与课堂的整体氛围。谈及TC的弊端，20名学生均认为目前TC的课容量（将近80人）太多。其中5名来自教室后排的学生抱怨，有时前排同学太高，以至于坐在其正后方的学生看不到黑板及教师的讲义，所以学生建议学校教室可以为学生配备可调节高度的椅子，以防止上述现象发生。

目前在PC中学习大学英语课程的学生中，20名学生均认为教室在大学英语课程中起着一定的作用。同时20名学生均认为目前PC教室能够更好地调动大学英语课堂的学习氛围。谈及PC的弊端，背对教师的几名学生和坐在教室其他方位的共14名学生均提到因为小组座位是六边形，类似圆形，所以有时看黑板不方便，往往要转过头来，这就导致有些学生上完一堂课后会脖子疼。因此该组学生提议，为了配合学校的教室座位安排，可以引进可360°旋转的椅子。同时，8名学生认为一个小组6个人，数量略多，这实际上不能达到真正小组交流的目的。另外，7名学生建议小组成员中不仅应该男女生都有，而且应该广泛涉及各个专业。这不仅会促进学生一起学习英语的积极性，还能够进行跨专业的学习。此外，有5名学生提出了另外一种教室座位安排——半圆形座位，即学生坐在半圆形的小组中学习，教师在前排讲台中讲授课程。

3.3 课堂观察结果分析

课堂观察结果发现，无论是在TC还是在PC学习的学生，均证实了Sommer（1967b）和Adam et al.（1970）的观点，T型区的学生更加积极活跃，而且课上举手问问题的现象更加频繁。

目前在TC中学习大学英语课程的学生中，相对T型区的学生，坐在教室后排的学生更容易表现出心不在焉，甚至玩手机的现象。但是在后排的极个别同学表现出来比前排同学更加专注并能够积极响应教师的问题。总体来讲，在TC教室中，T型区的学生在互动与交流、参与度、积极性与融入度方面表现比其他教室区域的学生好。

目前在PC中学习大学英语课程的学生中，大部分在T型区的学生表现积极，课堂效率高。但是不同于TC中T型区的学生，PC中T型区的背对黑板的学生表现得并不像在T型区面对黑板的学生那样积极与主动。另外，在PC学习的学生玩手机的人数明显比TC中玩手机的人数少。同时，当涉及小组讨论时，即使6个人在一个小组的一张桌子上讨论，但是有些同学还是无法准确地听到小组内距离自己比较远的学生的观点。此外，与TC相比，PC的学生整体上的参与度、积极性、融入性与学习氛围要好。

4 局限性

本研究虽然实证性地调查了目前两种教室座位安排——TC和PC与大学英语课程之间的关系，但是仍存在如下局限。

1）就调查对象的选取上，虽然秉承着随机性的原则，但是由于实际操作等原因，样本值不够大，不具有足够的代表性。因此，样本量的扩大将是未来相关研究的关注焦点。

2）文章采用的调查问卷由两名作者自行设计，虽将互动与交流、参与度、积极性与学习氛围视为课堂效率的四种主要影响因素，但还是不能够全面地对课堂效率的相关因素予以概括性的评价。因此，一种有关教室座位安排与课堂效率的高信度与效度的测量工具待于开发。

3）因本研究是基于学生角度展开的调查，因此，数据与结果分析的主观性在所难免。因此，有关不同类型的教室座位安排与大学英语课程关系的研究，还需进一步更加实证性的调查，如一种长期性的实证性调查，将学生的表现以分数等的具体形式量化出来进行对比分析与研究。进而研究出适合中国大学英语学习者学习大学英语的最佳教室类型并在中国高校中加以推广运用。

5 结语

研究采用定性与定量的研究方法对两种不同的教室座位安排与大学英语课堂效率的关系进行了调查。研究发现：1）学生目前教室安排满意度：学生对PC的满意度明显高于对TC的满意度。2）大学英语的四项技能（听、说、读、写）调查显示，学生认为PC的学习环境能够更好地促进说，即口语能力。3）课堂效率：PC的课堂效率比TC的课堂效率高很多。4）学生对大学英语教室座位的期待：目前在TC中学习大学英语课程的学生，54%的学生希望在PC中学习大学英语，而46%的学生则希望继续在TC的环境下学习大学英语课程；92%的目前在PC学习大学英语的学生希望继续在PC的环境下学习，只有8%的学生希望重回到TC环境下学习大学英语课程。

基于上述研究结果，我们关于大学英语课程未来教室座位安排给出了下列建议。

1）关于TC教室。TC教室可以继续保留，但是要对其进行进一步的改进。考虑到T型区与三角区，TC教室座位可根据之前研究的活跃区进行改进，例如将人数减少，同时TC教室中只存在T型区或三角区。

2）关于PC等小组式教室。第一，考虑到并不是每个大学都有PC教室或是不同种类小组式的教室供学生修读大学英语课程，因此，在一定的资金支持下，不同种类的教室，例如圆形、半圆形、U型等，应该在中国各个大学中逐步建设起来；同时，可调节高度与转向的学生座椅应该在相应教室中予以使用。第二，对于已经为大学英语课程提供PC教室的大学，应进一步考虑缩小PC的容量，同时保证每组中男女均有并尽量涉及不同专业。第三，对于小组式的教室，电脑等设备应该充分并合理地投入使用，以确保使用多媒体教学。有调研结果表明，基于计算机和课堂的英语教学模式已在许多学校顺利实施（王守仁，2008）。此时，如何设置多媒体课堂的教室座位安排将成为新时期大学英语课程多媒体教学的改革方向。目前我国大多数多媒体教室的座位安排为每个学生一台电脑，该电脑上课期间多半与教师的主电脑同步——该设施有待于改进。如每个学生应在教室中有属于自己的一台可以操控的电脑，同时为避免学生因各种原因看不到教师主屏幕，可以在两个学生中间有一台与教师屏幕同步的电脑。这样既方便学生用自己可控制的电脑记笔记，又为确保学生能够清晰地看到教师课件提供保障。

3）教师方面。教师应鼓励不处在T型区和三角区的学生积极参与课堂互动。同时，教师应该设计多种多样的小组活动来实现PC等小组式教室在大学英语教学中的实际价值。

4）相关机构。中国各高校应将“自我选择假说”付诸实践，在保证学校有不同类型的大学英语教室的供应下，为学生自主选择上课的教室或可以交叉使用不同类型的教室等提供可能。

总而言之，目前随着中国学习大学英语的人数逐年增加，最终实现全国范围内的小规模大学英语多媒体教学、不同类型的大学英语教室建构与可调整高度与转向的座椅，还有很长的路要走。因此，希望未来更多实证性的研究来发现一种相对更好地适合大学英语课程教学的教室类型，并将负面影响降到最低，将学生的积极性、主动性调动到最大程度，以达到从教室层面提高大学英语课堂效率、提高学生综合水平的目的。

（说明：本研究采用了问卷调查、访谈与课堂观察三种调查方法。）

参考文献

[1] 崔乐. 浅论如何提高大学英语课堂教学的效率[J]. 海外英语，2013(16): 30-31.

[2] 宋秋前，丁佩君. 座位与学生课堂学习的调查研究[J]. 教育科学，1999(4): 45-49.

[3] 王守仁. 进一步推进和实施大学英语教学改革——关于《大学英语课程教学要求(试行)》的修订[J]. 中国外语，2008，5(1): 4-10.

[4] 魏娇娇. 国外教室座位安排研究综述[J]. 科教文汇(中旬刊)，2008(10): 52.

[5] 张伟. 教室设置与学习模式[J]. 远程教育杂志，2004(1): 26-30.

[6] Adams, R. S. & Biddle, B. J. Realities of Teaching: Explorations with Video Tape. New York: Holt, Rinehart, & Winston, 1970.

[7] Koneya, M. Location and Interaction in Row-and-Column Seating Arrangements[J]. *Environment and Behavior*, 1976, 8(2): 265-282.

[8] Marx, A., Fuhrer, U. & Hartig, T. Effects of Classroom Seating Arrangements on Children's Question-Asking[J]. *Learning Environments Research*, 2000, 2(3): 249-263.

[9] Sommer, R. Small Group Ecology[J]. *Psychological Bulletin*, 1967a, 67(2): 145-152.

[10] Sommer, R. Classroom Ecology[J]. *Journal of Applied Behavioral Science*, 1967b, 3: 489-502.

[11] Steinzor, B. The Spatial Factor in Face-to-Face Discussion Groups[J]. *Journal of Abnormal and Social Psychology*, 1950, 45(3): 552-555.

附录一

教室座位分布与大学英语课堂效率之调查问卷

亲爱的同学：

您好！感谢您在百忙之中协助我们完成本次的问卷调查。本问卷旨在为探究大学英语课程与教室座位安排的关系提供数据，答案无对错之分，您的真实想法对我们进一步的研究有着重要意义。再次衷心感谢您的配合以及对本研究的大力支持！祝您学习进步，生活愉快！（所有题目均为单选题目）

1. 您目前大学英语课程的教室座位分布是传统的排列式还是小组式座位分布？

A. 传统的排列式座位　　B. 小组式座位

2. 您对目前您所在的大学英语学习的教室座位分布满意吗？

A. 非常满意　　B. 满意

C. 一般　　D. 不满意

E. 非常不满意

3. 您认为传统的排列式的座位分布对于大学英语学习中哪方面的提高效果最为显著？

A. 听　　B. 说

C. 读　　D. 写

4. 您认为小组式座位分布对于大学英语学习中哪方面的提高效果最为显著？

A. 听　　B. 说

C. 读　　D. 写

5. 您认为哪一种教室座位分布能够相对较好地促进大学英语课堂学习中学生与教师之间的互动与交流？

A. 传统的排列式座位　　B. 小组式座位

6. 你认为哪一种教室座位分布更能增强你在大学英语课堂中的参与度？

A. 传统的排列式座位　　B. 小组式座位

7. 你认为哪一种教室座位分布更能调动你在大学英语课堂上的积极性？

A. 传统的排列式座位　　B. 小组式座位

8. 你认为哪一种教室座位分布更容易塑造良好的课堂学习氛围？

A. 传统的排列式座位　　B. 小组式座位

9. 就传统的排列式和小组式的座位分布来说，您个人更希望大学英语课程的教室座位安排是哪一种？

A. 传统的排列式座位　　B. 小组式座位

10. 就大学英语课程来说，您对教室座位分布有什么建议和意见？（您的宝贵意见对我们的研究有着重要的意义，因此请尽量填写）

____

____

____

附录二

一、访谈问题

1. 你认为教室的座位分布在大学英语学习中发挥着怎样的作用?

2. 你认为大学英语课程的座位分布对你的大学英语学习的课堂效率方面产生了怎样的影响?

3. 两种座位安排，哪一个能更好地在大学英语课堂上促进学生与老师之间的互动？为什么?

4. 两种座位安排，哪一个能更好地在大学英语课堂上增强你的参与度？为什么?

5. 两种座位相比，哪一个能更好地在大学英语课堂上调动你的积极性？为什么?

6. 两种座位相比，哪一种能更好地塑造良好的课堂学习氛围？为什么?

7. 你认为哪种座位安排能更好地促进大学英语课堂的整体课堂效率?

8. 就大学英语学习来说，你觉得小组式座位安排和传统的排列式座位安排分别有什么优点和弊端?

9. 你对大学英语课程的座位安排或者未来的座位安排有什么建议?

二、班级随堂观察侧重点

1. 不同教室座位安排中学生整体活跃的区域（包括：经常主动回答问题学生的位置）及班级氛围;

2. 学生与教师之间的互动;

3. 学生在课堂上的参与度、积极性、融入度、专注度等。

附录三:

两种不同的教室座位安排

1. TC

2. PC

An Empirical Study on the Effect of Classroom Seating Arrangement on Class Efficiency of College English Course from Students' Perspective

Abstract: Classroom seating, as an important physical entity as well as an indispensable teaching resource, performs a crucial role in English teaching. With the development of the education, various kinds of classroom seating arrangements (CSA) have emerged. This paper concentrates on two kinds of seating arrangements and explores the effect of seating arrangements on class efficiency in the College English course from students' perspective. Taking two kinds of CSA, traditional rows-and-columns seating arrangement classroom (TC) and panel seating arrangement classroom (PC), as research subjects, the paper aims to put forward some instructive suggestions towards CSA regarding College English course in China. The paper adopts both qualitative and quantitative methods, including questionnaires, interviews, and class observations. Results reveal that: 1) Satisfaction degree: the overall satisfaction degree of the students who study College English in PC is higher than those studying in TC; 2) The four components of College English: from students' perspective (students studying in TC or in PC), PC can improve speaking skills far more effectively than TC; 3) Class efficiency: the class efficiency of PC arrangement is much higher than that of TC arrangement; 4) Expectations of CSA: Most of the students studying in PC expect to continue to study College English in PC; as for students studying in TC, nearly half of them expect to study College English in PC, while the other half in TC. For Chinese students especially those who study in TC early from their childhood, they actually do not like changes, such as switching from TC to PC to have College English course. For the students who have already studied in PC, most of them prefer to continue to study in PC and meanwhile raise higher requirements for the improvement of PC.

Key words: classroom seating arrangements (CSA) traditional rows-and-columns seating arrangement classroom (TC) panel seating arrangement classroom (PC) College English class efficiency

（本文于2014年10月23—26日在南京召开的第七届中国英语教学国际研讨会（The 7th International Conference on English Teaching in China）上用英文宣读。）

第四章 观察法

第五章 实验法

第一节 实验法简介

实验研究起源于自然科学领域。在教育研究中，实验研究是研究者运用科学实验的原理和方法，基于一定的教育理论及假设，有目的地操纵某些因素或条件，通过对教学措施与教学效果之间因果关系的观察，以探索有效的教学方法和规律。

Johnson et al.（2014）对experiment（实验）的定义是：An experiment is defined as the development of an environment in which the researcher, typically called the experimenter, attempts to objectively observe "phenomena which are made to occur in strictly controlled situations in which one or more variables are varied and the others are kept constant"（Zimney，1961）.

The Oxford Dictionary of English（Pearsall，2001）对experiment（实验）的定义是：a scientific procedure undertaken to make a discovery, test a hypothesis, or demonstrate a known fact。

Charles et al.（2004）对experimental research（实验研究）的定义是：a type of research used to explore possible cause-effect relationships. The independent variable is systematically varied to determine the resultant effects on a dependent variable.

Richards et al.（2000）对experimental method（实验法）的定义是：an approach to educational research in which an idea or HYPOTHESIS is tested or verified by setting up situations in which the relationship between different subjects or variables can be determined. The description of the purpose of the research, its plan, the statistical procedures used, etc. in an experimental study is called the experimental design.（实验法是）教育研究的一种方法。通过设立一个能鉴定出不同实验对象或变量之间关系的情景来测试或证实一个观点或假设。实验法研究中对研究的目的、计划及所使用的统计方法等的描述称为实验设计。

裴娣娜（1995）认为，“教育实验法”是指按照研究目的，合理地控制或者创设一定条件，人为地变革研究对象，从而验证假设，探讨教育现象因果关系的一种研究方法。

Cook（1986）在谈到实验法时指出：The experimenter sets up a task in which the structure of the task is explicit, the nature of the performance being studied is explicit, and the question that is being asked is precise.

Seliger et al.（1999）提到实验研究的三个组成部分时指出：All experimental approaches involve the control or manipulation of the three basic components of the experiment: the population, the treatment, and the measurement of the treatment.

在谈到问卷调查法和实验法的最本质的区别时，文秋芳等（2004）指出，问卷调查的环境没有人为加工，而实验研究的环境接受了人工调控。典型的调控是让研究对象在规定的条件下接受某种实验处理。研究者所进行的调控越多，所推出的因果关系就越有说服力。

实验法具有如下特点。

1）可控制性：实验研究是在人为控制的条件下进行的，变量可以由研究者调控。但如果是在真实的社会环境和学校环境中进行，研究者要注意各种其他变量对实验的影响。

2）可重复性：不同的研究者可以在同样的条件下重复进行有关实验，因此具有一定的可重复性，从而可以保证所得材料的可靠性。

3）可验证性：在相同条件下重复进行的实验可以验证前期的实验结果。

4）可推广性：多次重复实验得到的结果如果一致，就可以作为示范推广使用。

5）真实性：实验可以提供在自然状态下难以观测甚至无法观测到的感性材料。

6）长期性：实验通常要延续较长时间，对此研究人员要有充分的思想准备。

相比其他方法，实验是收集数据的最佳方法。

根据使用目的，实验可以分为探索性实验和推广性实验，根据实验变化的数量，实验可以分为单项实验、综合实验和整体实验（朱德全，2006）。根据实验方式，实验还可以分为现场实验（field experiment，在自然环境中进行）、实验室实验（laboratory experiment，在实验室中进行）和网络实验（Internet experiment，在网络上进行）（Johnson et al.，2014)。

按实验的控制程度，实验研究可以分为三种类型：前实验研究、准实验研究和真实验研究。前实验研究对无关变量缺乏控制，误差较大，难以推广。真实验研究要求随机选择和分配被试，需要系统有序地控制自变量，完全控制无关变量和误差来源。教育实验中要对诸如教师水平、学生特征、班级环境等变量实行完全相同的控制非常困难，因此真实验在教育研究中很难进行。教育活动本身非常复杂，完全控制变量和精确计算因变量几乎难以达到，因此通常认为，教育实验研究通常为准实验研究（徐丽华，2013）。

准实验研究通常采用实验组和对照组对照进行的方式，不需随机抽样（文秋芳等，2004），以现有的教学对象作为被试，不需打乱教育活动的秩序，只能尽可能地控制无关变量，无法完全控制误差来源，因此实验结论可能存在一定误差（徐丽华，2013）。

采用实验法通常应进行前测，前测的目的是了解被试在实验前的差异，测试工具最好是标准化测验。后测是指在施加变量后，测定因变量变化后产生的情况（徐丽华，2013）。前测不一定必须进行，但后测是采用实验法必不可少的环节。

实验法的实施步骤如下。

1）发现问题并确定实验问题。

2）建立自己的实验假设。

3）进行实验的总体设计。编制出合适的测量工具，确定恰当的统计方法。

4）根据实验设计进行实验。

5）统计实验结果并进行分析，根据分析结果得出结论。

6）撰写实验研究报告，并浓缩为实验研究论文。

实验研究需要注意以下几个问题。

1）事先要做出实验设计，提出明确的问题或假设，理论假设要有创新性。

2）实验设计要注意做到客观，即理论假设要客观，所需要的材料信息要真实可靠。

3）实验设计要具有可操作性和可行性。

4）实验组和对照组的每组人数都不能低于30人。

5）实验组和对照组被试的总体水平应大致相同。

6）尽量控制无关变量，如前测和后测所进行的环境要保持一致。

7）随时观察和收集被试和因变量的数据，客观、全面地记录实验数据。

8）必要时，应对参与实验的人员进行相关培训。

9）教育实验对象主要是学生，因此研究者要特别注意尊重实验对象的意愿，要保证实验不影响他们身心健康的发展。

10）由于实验可能经历较长的时间，研究人员对实验过程的数据要详细记录，保存完整，以备最后做实验报告时用。

11）实验报告应提供实验依据、实验过程和实验结果。

第二节　论文实例

The Influence of L2 Proficiency on L3 Acquisition of the Uygur College Students in Xinjiang—From the Perspective of English Writing Ability

Yao Xiaoling（姚小玲）

Abstract: Based on the transfer theory in third language acquisition, the researchers organized a teaching experiment on some bilingual Uygur students in Tarim University, aiming at investigating the influence of L2 proficiency on the Uygur college students' L3 acquisition, concentrating on their English writing ability. It was expected to answer the following question: How will bilingual Uygur college students'

Chinese proficiency influence their English writing performance? The analysis of the statistics got from the questionnaires, the interviews and the tests shows that the subjects' English writing performance is highly correlated with their Chinese listening, reading and writing proficiency; the subjects who got higher scores in the Chinese language assessment also scored high in their English writing tests. The findings and experience obtained form the study would guide minority students' English learning in the future.

Key words: language transfer third language acquisition (TLA) English writing Chinese proficiency Uygur students

1 Introduction

China is traditionally a multi-national country and Xinjiang Uygur Autonomous Region is well-known for its multitudes of ethnic minorities. Minority English learners in Xinjiang belong to a special group of English language learners since most of them have had an experience of bilingual education, and so most of them have gone through a trilingual learning process which starts from their mother tongue via Chinese to English. They use the languages alternatively, which has brought to them rich experience as well as some obstacles in language learning. While making a general survey of the current situation of trilingual researches at home and abroad, we could find that few studies were carried out to concentrate on the language learning process of this special group of language learners in perspective of third language acquisition, which definitely hindered the progress and development of English teaching in minority areas in China. Also, third language acquisition is relatively a new area in China, with few studies made in this field and even fewer studies focusing on how the second language competence influences the third language acquisition of ethnic minority students.

Among the many different minorities in Xinjiang, Uygur is the main ethnic group and the Uygur language is the main language among the many different languages used by the minorities in Xinjiang, so Uygur students' language learning experiences can be representative of the basic situation of language learning among the different ethnic groups in Xinjiang. Under the horizon of third language acquisition, the present study concentrates on the investigation of the associations between Uygur students' L2 Chinese abilities and L3 English writing production for the purpose of probing into the role of L2 in the process of L3 learning, aiming to answer the following question: How will bilingual Uygur college students' Chinese proficiency influence their English writing performance? It is expected to find out the correlation between the second language skills and the third language learning among Uygur college students so as to improve the teaching syllabus and teaching materials, making them fitter for minority students in Xinjiang.

2 Literature Review

2.1 Studies on TLA

Third language acquisition (TLA) is a new subject beginning in the late 1960s and the early 1970s, originating from the deepening of researches on second language acquisition, especially the appearance and development of transfer theory. In *The Role of the First Language in Foreign Language Learning* (1987), the first monograph in the field of TLA, Ringbom analyzed the influence of language learners' L1 Finnish, L2 Swedish upon their L3 English, which symbolized the beginning of the studies on TLA. Also in this book, Ringbom pointed out that the bilingual learners may have an edge over those monolingual learners in learning another new language. During the past 20 years, studies on TLA developed rapidly abroad, especially in Europe and North America, touching upon all aspects of this field, such as the difference between SLA and TLA (Klein, 1995; Cenoz, 2001; Cenoz, 2006), the impact upon TLA of the existing language (Zobl, 1992; Jessner, 1999; Leung, 2005), cross-linguistic influence and interaction in TLA (Williams et al., 1998; Hufeisen, 2000; Hammarberg, 2003; De Angelis, 2007; Leung, 2009), the advantages of bilingual learners over monolingual learners in TLA (Bild et al., 1989; Cenoz et al., 1998) and trilingual pragmatic production and awareness (Jorda, 2005), etc.

2.2 Studies on Language Transfer

The discussion about language transfer began among American linguists, for example, Fries et al. (1985), who believed that learners' mother tongue influences their second language acquisition to the utmost. In the 1980s, transfer developed into an important strategy in language learning, a complicated cognitive process influenced and constrained by various factors; people explored comprehensively the function of transfer in foreign language learning from the perspectives of psychology, language and society. Meanwhile, a large number of works on transfer were published, such as Gass et al. (1983), Kellerman et al. (1986), Ringbom (1987) and Odlin (1989), etc. Odlin reviewed and summarized transfer studies at different levels in language learning in his *Language Transfer: Cross-linguistic Influence in Language Learning*, a milestone in language transfer studies, which was published in 1989 and was one of the most cited works across the world in this filed. Jarvis proposed the term "conceptual transfer" in his doctoral thesis and his *Cross-linguistic Influence in Language and Cognition* co-edited with Pavlenkon in 2008 symbolized the further development of language transfer studies. Today, more and more scholars are trying to elaborate on the complexities of language transfer from the aspect of language processing mechanism. Pienemann put forward "the processability theory" in 1998, in which he pointed out that learners could only analyze the language forms being currently processed by language processing mechanism at different stages of TLA. In 2005, Pienemann and some other scholars further explored the problems and essence of language transfer in the system of language processing theories, and discovered the characteristic that mother tongue transfer is constrained strongly by language processing capacity.

2.3 Role of L2 Proficiency in Intra-lingual Transfer

In the research field of intra-lingual transfer, language proficiency usually refers to linguistic competence of both the target language and the source language. Studies show that the occurrence of transfer may derive from the learners' nonnative language, whether it is well-developed or not. This indicates that the proficiency threshold level is relatively low, which means one/two-year formal learning of the language would be enough to influence the production and development of the target language. If learners have learned several foreign languages, the most proficient one would have the greatest impact upon the target language. Ringbom (2001) pointed out that learners' high proficient L2 would influence the target language learning at the semantic level and become the source language of transfer even if it has no formal resemblance to the target language. Williams et al. (1998) found out that L3 learners use different source languages in conscious and unconscious language transformations, and with different objectives. In conscious language transformation, L1 is the main source language, which makes metalinguistic comments on the communicative process; while in unconscious language transformation, L2 is the main source language, which is mainly used to substitute vocabulary in the target language. Thus it can be seen that language learners exposed to two or more languages are often subject to the influence of multiple languages, and their L2 proficiency would certainly have an effect on the acquisition and production of L3. Jarvis et al. (2008) believed that multilingual learners have access to a richer fund of linguistic knowledge, making it easier to conduct interlingual identification between the target language and the existing languages. Therefore, the higher the learners' L2 proficiency is, the easier it will be to transfer from one or more languages, producing positive impact upon learners' L3 or multilingual learning.

3 Methodology

3.1 Instruments and Procedure

Several research methods were applied in the present study: teaching experiment, testing, questionnaire survey and interview.

The teaching experiment was conducted in the form of English writing course, which lasted for an academic term. Cummins (1976) pointed out in his linguistic threshold hypothesis that language learners' knowledge of their mother tongue could only be transferred to their second or foreign language when their L2 or foreign language proficiency reached a certain level, which also applies to the transfer between L2 & L3, L3 & L5 or Ln and so on. According to this hypothesis, it is necessary to carry on an intensive and formal English training among the students to improve their English proficiency and to transform their existing language knowledge into properties during the process of L3 learning. Meanwhile, the intensive teaching would be beneficial to the implementation of the tests, questionnaire survey and interview.

The questionnaire survey was conducted before the initiation of all the tasks related, concerned with the students' demographic information (such as name, gender, age, etc.), language learning background (initial language learning environment, L2/L3 learning experiences and L2/L3 proficiency) and their academic motivation, etc. It also covered questions related to students' writing skills both in Chinese and English. The main purpose of the survey was to obtain information about the respondents' Chinese and English proficiency, paradigm shift and difficulties in English writing. Through the investigation, the researchers could learn about the students' linguistic background and find out if they would like to be enrolled in the teaching experiment or not, thus finalizing the participants of the study.

The interviews were designed to: 1) obtain information about the students' Chinese proficiency, especially in aspects of listening and oral expression; 2) learn about the difficulties in students' English learning, especially problems in writing; 3) collect the students' opinions about the influence of their Chinese proficiency upon their English performance.

A Chinese language proficiency test was conducted before the teaching experiment in this study, using simulation test papers for MHK Level III. The students were divided into two groups on the basis of the testing scores combined with the information about the students' Chinese language level obtained from the questionnaire survey. During the whole process of the one-semester teaching experiment, the teacher (one of the researchers) organized four English writing tests successively to evaluate students' writing ability: one before the experiment, two during the course of the experiment and one at the end of the experiment. The testing was suitable for the students' current English level, and the topics of the compositions centered on their learning, daily life and social activities.

3.2 Subjects

In the first stage of the study, 300 bilingual Uygur non-English majors, who had finished their preparatory courses and got a certificate at or beyond the lower level of Level III in MHK tests, were chosen from various colleges and departments of Tarim University to participate in the questionnaire survey. According to the results of the questionnaire survey, 125 students were selected to participate in the teaching experiment. After the Chinese language assessment and the four English writing tests, 116 subjects' testing scores were collected and analyzed.

4 Description and Data Analysis

4.1 Description and Data Analysis of the Questionnaires

The questionnaire includes twenty questions, which involves three aspects: 1) the demographic information of the students, including name, gender, age, minority and birthplace, etc; 2) information related to students' language learning background and the current language proficiency; 3) whether the students wanted to participate in the following teaching experiment or not.

300 Uygur students, who had finished their preparatory courses, were selected from various colleges and departments of Tarim University by the researchers to participate in the questionnaire survey and 294 questionnaires were returned as valid. According to the collected statistics, all of the students had taken part in the MHK tests, with 185 (about 63%) had got a certificate in the lower rank of Level III (Level III A in the following thesis), 97 (about 33%) in the higher rank of Level III (Level III B in the following thesis) and 12 (about 4%) in or beyond Level IV. With respect to their Chinese writing competence, 167 (about 57%) were reported to be moderate in Chinese writing capability,

112 (about 38%) believed that they were pretty proficient in Chinese writing, only 8 (about 2.7%) considered that their Chinese writing was terrible and 7 (about 2.3%) held that their Chinese writing was specially excellent.

Besides, most of the participants replied that they could understand the teachers' lectures in Chinese, and only 56 said that they could only catch half or a mall part of the lectures. As for the participants' English learning experiences, only 9 (about 3.1%) of them had received formal English education in high schools, 126 (about 43%) had selected English as electives at college since English is not a compulsory course in most universities in Xinjiang, especially in South Xinjiang, 16 (about 5.4%) had obtained some English knowledge through self-study and the rest 143 (about 48.5%) had no experience of English learning at all. Though the participants had little experience of English learning, over two thirds of them were willing to take part in the teaching experiment. Based on the information obtained from the questionnaires, the teacher selected 125 students who were superior both in Chinese and English proficiency.

4.2 Description and Assessment of the Interviews

The interviews had no fixed form, which were carried out randomly after each test to obtain feedback from the students. The information collected from the interviews was recorded and systemized by the teacher afterwards. The results of the interviews verified the assessment of the questionnaire survey in the previous part. Firstly, it was confirmed that there are differences between the thinking patterns of the Uygur students and that of the Han students. Compared with the

Han students who acquired English as the second or foreign language, the thinking transformation of bilingual Uygur students showed more complexities and diversities in English writing. Besides, another characteristic of Uygur students' thinking patterns was discovered: It is known to all that the Han students tend to think in English or in Chinese and then translate to English when writing in English; while for Uygur students with high proficiency in Chinese, they would either follow the process of Chinese to English or from Uygur to Chinese to English in their earlier stages of English writing; as to those Uygur subjects with relatively low Chinese abilities, they would generally choose to think in Uygur and then translate it into English directly. However, most Uygur students would develop a Uygur–Chinese–English pattern of thinking in English writing after a period of formal English learning since most teachers of English belong to Han nationality and the English classes are conducted both in English and Chinese. What is more, the participants in this study mentioned that some mistakes in their Chinese language would be transferred into their English expressions. From the above all we could conclude that the Chinese language plays a very important role in Uygur students' English writing, functioning as a bridge to connect the three languages together.

4.3 Data Analysis and Assessment of the Tests

Five assessments were designed in the whole process of the teaching experiment, including one Chinese language assessment and four English writing tests. This section would focus on these five tests, analyzing the statistics and evaluating the results of each test. For convenience of statistical calculation, the analyses only covered the data collected from the 116 students who participated in the whole process of experiment. And the statistical analyses were conducted through SPSS 16.0 (Statistical Package for Social Sciences 16.0).

4.3.1 Description and Analysis of the Chinese Language Assessment

Based on the participants' Chinese language proficiency collected in the first questionnaire survey, the researchers conducted a Chinese language assessment to get more authentic and intuitional statistics reflecting their Chinese proficiency, especially their capabilities in Chinese listening, reading and writing practices. The test paper used in the assessment was developed from the written section of several model tests on MKH Level II and MHK Level III, including three parts: listening comprehension, reading comprehension and written communication. For listening and reading comprehension, the

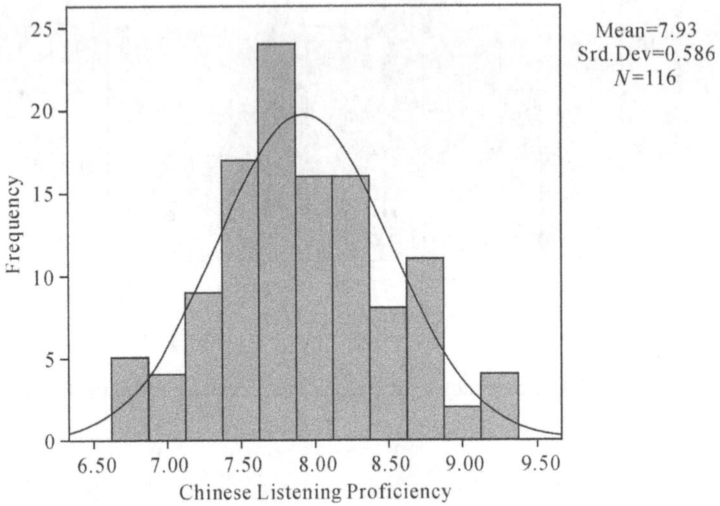

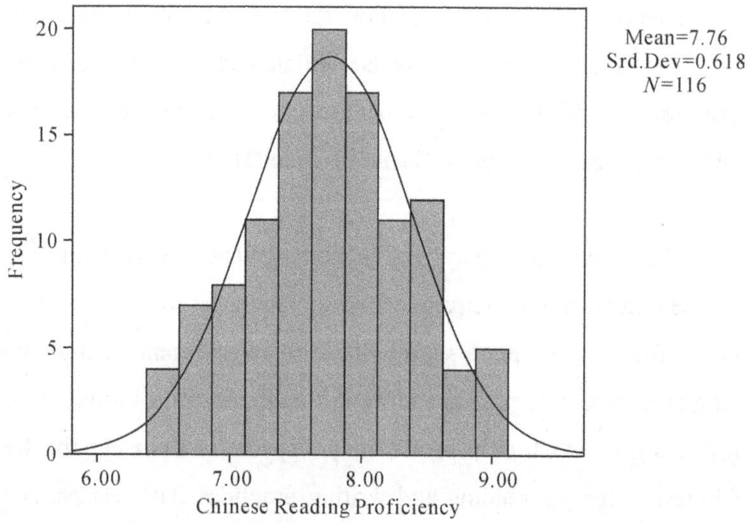

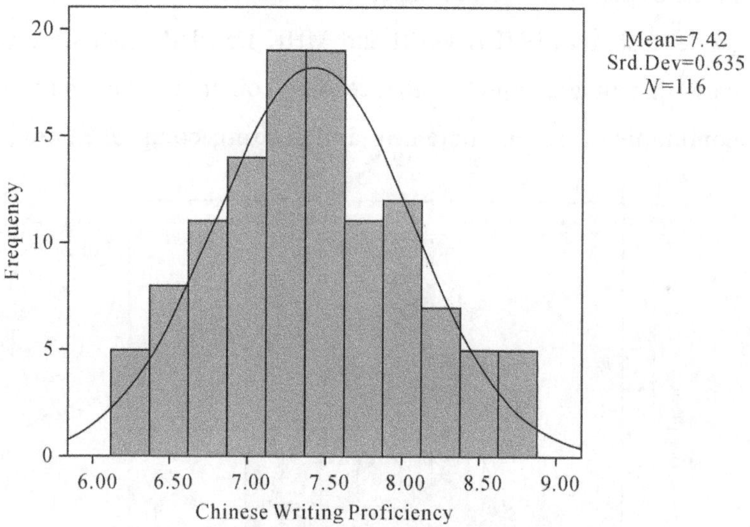

Figure 4.3.1 Frequency Distribution of Participants' Listening, Reading and Writing Performance

examination questions were all presented in the form of objective items, while both objective items and subjective items were applied in the part of written communication.

Firstly, the researchers used SPSS 16.0 to analyze the frequency distribution of the participants' scores of the listening, reading and writing part respectively, in order to find out whether the test structure was reasonable or not. (See Figure 4.3.1.)

From these histograms we could see that the participants' scores on listening, reading and writing in the Chinese assessment were normally distributed. It could be concluded that the test paper was properly structured, which could reflect the participants' general proficiency in these different aspects of the Chinese language. Besides, it could be proved that the following research on these participants was valid since the samples used in the study could be representative of the overall situation of the Uygur students' Chinese language proficiency in Tarim University.

Subsequently, the researchers divided the 116 participants into two groups (58 in each group) based on the testing results and the self-reported ranks of the participants' previous MHK tests collected from the questionnaires. Table 4.3.1 reveals the respective performance of the two groups in the Chinese language assessment.

Table 4.3.1 Chinese Language Testing Performance of the Participants in Group I & Group II

Tasks		Number of Subjects	Minimum	Maximum	Mean	Std. Deviation
Listening	G I	58	6.75	8.75	7.7974	0.52661
Comprehension	G II	58	6.75	9.25	8.0603	0.61650

Continued

Tasks		Number of Subjects	Minimum	Maximum	Mean	Std. Deviation
Reading	G I	58	6.50	9.00	7.6250	0.55261
Comprehension	G II	58	6.50	9.00	7.9052	0.54778
Written	G I	58	6.00	8.75	7.1767	0.54814
Communication	G II	58	6.75	8.75	7.7069	0.54840

Table 4.3.1 displays the differences between the two groups of their listening, reading and writing performance in the assessment. In order to determine whether significant differences exited in the listening, reading and writing performance between the two groups, the researchers applied the independent sample mean-value t-test to compare the means of the scores in each aspect. Through comparative analysis of the statistics of the two groups' test-scores, it could be seen that there is a statistical significant difference between the two groups' scores in their Chinese listening, reading and writing tests. Thus, the researchers could make comparative analyses of the participants' performance in the teaching experiment and the four English writing tests of the two groups and to discover whether the participants' English writing ability is connected with their Chinese writing skills or not.

4.3.2 Description and Data Analysis of English Writing Tests

The English writing tests of the participants were scored according to the following detailed regulations and rules on a ten-point scale.

1st level (9–10 points): The composition sticks to the topic, with clear thoughts, fluent wording, coherent sentences and few linguistic errors;

2nd level (8–8.5 points): The composition sticks to the topic, with clear thoughts, fluent wording, coherent sentences and a few linguistic errors;

3rd level (6.5–7 points): The composition keeps roughly to the topic, with obscure expressions in some parts, jerky sentences and composition coherence, some linguistic errors and even a few serious mistakes;

4th level (5–6.5 points): The composition keeps roughly to the topic, with obscure expressions through the whole article, jerky sentences and composition coherence and many serious mistakes;

5th level (4.5 points and below): The composition lacks clarity, and is disordered in thoughts, with fragmented wording and many wrong sentences with severe mistakes.

Table 4.3.2 demonstrates the means, standard deviations and other related aspects of the test-scores between the two groups in the four English writing tests.

Table 4.3.2 English Writing Tests

	Grouping	N	Mean	Std. Deviation	Maximum	Minimum
English Writing Test 1	Group I	58	6.983	0.7373	8.5	5.5
	Group II	58	7.147	0.7493	8.5	5.5
English Writing Test 2	Group I	58	7.155	0.7446	8.5	5.5
	Group II	58	7.414	0.8172	9.0	6.0
English Writing Test 3	Group I	58	7.345	0.7146	8.5	5.5
	Group II	58	7.759	0.5867	9.0	7.0
English Writing Test 4	Group I	58	7.612	0.5777	9.0	6.5
	Group II	58	7.905	0.6030	9.5	7.0

From Table 4.3.2, it can be seen that differences exist in the means and standard deviations of the participants' test-scores corresponding to the two levels of the variety Group. However, the scores need to be further analyzed in independent sample t-test to see whether significant differences exist in the test-scores between the two groups in each test. (See Table 4.3.3.)

Table 4.3.3 Independent Sample T-test of the English Writing Tests

	Levene's Test for Equality of Variances	T-test for Equality of Means							
		F	Sig.	t	df	Sig. (2-tailed)	Mean Difference	Std. Error Difference	95% Confidence Interval of the Difference	
									Lower	Upper
English Writing Test 1	Equal variances assumed	0.346	0.558	–1.187	114	0.238	–0.1638	0.1380	–0.4372	0.1096
	Equal variances not assumed			–1.187	113.970	0.238	–0.1638	0.1380	–0.4372	0.1096
English Writing Test 2	Equal variances assumed	0.474	0.493	–1.781	114	0.077	–0.2586	0.1452	–0.5462	0.0290
	Equal variances not assumed			–1.781	113.027	0.078	–0.2586	0.1452	–0.5462	0.0290
English Writing Test 3	Equal variances assumed	1.401	0.239	–3.408	114	0.001	–0.4138	0.1214	–0.6543	–0.1733
	Equal variances not assumed			–3.408	109.840	0.001	–0.4138	0.1214	–0.6544	–0.1732
English Writing Test 4	Equal variances assumed	0.574	0.450	–2.673	114	0.009	–0.2931	0.1097	–0.5103	–0.0759
	Equal variances not assumed			–2.673	113.790	0.009	–0.2931	0.1097	–0.5103	–0.0759

Through analyzing the results of the independent sample t-test of the two groups' scores in each test, it can be confirmed that no significant difference exists in the test-scores of the first two tests between the two groups while in the last two tests there is a significant difference in the test-scores of the two groups. The results prove that participants in Group II displayed their advantages in the development of their English writing skills.

4.3.3 Correlation Analysis

In order to find out whether the participants' English testing result is correlated with their Chinese writing proficiency or not, a correlation analysis between the participants' English writing tests and their Chinese listening, reading and writing performance in the Chinese language assessment was applied here. (See Table 4.3.4.)

Table 4.3.4 Correlation Analysis Between ETLW & Chinese Listening, Reading and Writing

		Chinese Proficiency	English Writing Test 1	English Writing Test 2	English Writing Test 3	English Writing Test 4
Chinese Listening Proficiency	Person Correlation	1	0.392**	0.383**	0.460**	0.426**
	Sig. (2-tailed)		0.000	0.000	0.000	0.000
	N	116	116	116	116	116
Chinese Reading Proficiency	Person Correlation	1	0.417**	0.346**	0.400**	0.451**
	Sig. (2-tailed)		0.000	0.000	0.000	0.000
	N	116	116	116	116	116
Chinese Writing Proficiency	Person Correlation	1	0.631**	0.515**	0.407**	0.448**
	Sig. (2-tailed)		0.000	0.000	0.000	0.000
	N	116	116	116	116	116

**: Correlation is significant at the 0.01 level (2-tailed).

Table 4.3.4 indicates that the participants', English writing performance is highly correlated with their Chinese listening, reading and writing proficiency: The person correlation between the participants' Chinese listening proficiency and the four English writing tests is 0.393, 0.383, 0.460 and 0.426 respectively, and the sig. (2-tailed) is 0.000 while the correlation is significant at the 0.01 level (2-tailed); the person correlation between the participants' Chinese reading proficiency and the four English writing tests is 0.417, 0.346, 0.400 and 0.451 respectively and the sig. (2-tailed) is 0.000; and the person correlation between the subjects' Chinese writing proficiency and the four English writing tests is 0.631, 0.515, 0.407 and 0.448 respectively and the sig. (2-tailed) is 0.000.

4.3.4 Simple Linear Regression Analysis

In this part, a simple linear regression analysis would be applied to find out whether there is a significant linear functional relation between the subjects' English writing test-scores and their Chinese listening, reading and writing proficiency as shown in the Chinese language assessment.

Table 4.3.5 shows the results of the simple linear regression analysis between the participants' test-scores of the four English writing tests and their Chinese listening, reading and writing test-scores got from the Chinese language assessment.

Table 4.3.5 Results of Simple Linear Regression Analysis

	English Writing Test 1	English Writing Test 2	English Writing Test 3	English Writing Test 4
Chinese Listening	R=0.392 R Square=0.154 Adjusted R Square=0.146 F=20.676 Sig.=0.000	R=0.383 R Square=0.146 Adjusted R Square=0.139 F=19.560 Sig.=0.000	R=0.460 R Square=0.212 Adjusted R Square=0.205 F=30.595 Sig.=0.000	R=0.426 R Square=0.181 Adjusted R Square=0.174 F=25.232 Sig.=0.000
Chinese Reading	R=0.417 R Square=0.174 Adjusted R Square=0.166 F=23.931 Sig.=0.000	R=0.346 R Square=0.120 Adjusted R Square=0.112 F=15.484 Sig.=0.000	R=0.400 R Square=0.160 Adjusted R Square=0.153 F=21.742 Sig.=0.000	R=0.451 R Square=0.203 Adjusted R Square=0.196 F=29.109 Sig.=0.000
Chinese Writing	R=0.631 R Square=0.398 Adjusted R Square=0.393 F=75.415 Sig.=0.000	R=0.515 R Square=0.265 Adjusted R Square=0.259 F=41.113 Sig.=0.000	R=0.407 R Square=0.166 Adjusted R Square=0.159 F=22.688 Sig.=0.000	R=0.448 R Square=0.200 Adjusted R Square=0.193 F=28.582 Sig.=0.000

The simple linear regression analysis shows that there is a significant linear functional relation between the participants' test-scores in each English writing test and their test-scores of the Chinese listening, reading and writing test in the Chinese language assessment; the participants who got higher scores in the Chinese language assessment also scored high in the English writing tests.

5 Conclusions

5.1 Discussion and Analysis of the Main Findings

Through the analysis and assessment of the questionnaires, the interviews and the test scores, some major findings were concluded.

5.1.1 Main Findings of the Questionnaires

The statistical analysis of the questionnaire survey demonstrates the language learning background of Uygur college students and their current levels of Chinese and English proficiency: Almost all the subjects have passed the Level III test of MHK after one year of preparatory courses, so most of the students (81%) could understand completely (or largely) the teachers' courses in Chinese; while in the aspect of English learning, only half (51.5%) of the students have acquired some knowledge of English through formal education at high school, English electives at college or self-study and essentially nobody have taken part in any kind of English language level tests.

5.1.2 Main Findings of the Interviews

Through the interviews, the researchers confirmed the related information collected from the questionnaires and discovered the special characteristics of Uygur students' thinking transformation in English writing: Uygur students' thinking shift would be influenced by their Chinese language proficiency since the Chinese language plays a very important role in Uygur students' thinking transformation, functioning as a bridge to connect the three languages together. Besides, some errors in their Chinese language would also be transferred into their English expressions.

5.1.3 Main Findings of the Tests

Several conclusions could be drawn from the four English writing tests during the whole process of teaching experiment.

1) Contrasted to Han students who usually find great difficulty in improving their English listening, Uygur participants performed best in the listening part of the Chinese language assessment, which indicates that they may benefit from their superior language environment; and similar to Han students' performance in English writing, the students got comparatively the lowest score in the Chinese writing task since the ability to write is the supreme test of linguistic competence, involving the participants' comprehensive capabilities of vocabulary, grammar and discourse, etc.

2) Through the data analyses of the test-scores in the four English writing tests, the researchers noted that no significant difference exists in the test-scores of the first two tests between the two groups while in the third and forth tests, the test-scores between the two groups differentiated significantly. It shows that the participants' English writing proficiency obviously improved after one term's learning, and the students with higher Chinese competence progressed faster than those with lower Chinese competence.

3) Through the correlation analysis and simple linear regression analysis of the statistics got from the Chinese language assessment and the four English writing tests, it can be concluded that the participants'

English writing performance is highly correlated with their Chinese listening, reading and writing proficiency, and that the participants who got higher scores in the Chinese listening, reading and writing test also scored high in the English writing tests. Since the linguistic transfer from Uygur students' L2 to L3 does take place, Cummins' linguistic interdependence theory is supported in this study.

5.2 Pedagogical Implications

Based on the findings of the present study, several instructive pedagogical implications can be drawn to accelerate English teaching and learning among ethnic minorities in Xinjiang Uygur Autonomous Region.

1) The study shows that Uygur students' Chinese language proficiency can have an impact on their English learning. Language transfer between students' L2 and L3 runs through the whole process of their Chinese and English learning. Students' language proficiency varies from time to time with different characteristics at different stages. Uygur students can firstly accumulate their Chinese knowledge through intensive training in their Chinese listening, reading and speaking so as to improve their Chinese writing skills, eventually improving their English writing ability. On the other side, both L2 and L3 teachers should take into consideration the cognitive factors that influence students' bi-foreign languages acquisition and help them adjust to the situation of concentrated linguistic interaction by organizing teaching activities according to their learning characteristics, learning psychology and linguistic requirements.

2) Teachers play a dominating role in the essential factors of teaching, controlling the teaching qualities and achievements. The current academic situation is on the low side and most of the teachers are not so competent at teaching minority students English since very few of them are proficient in the languages and cultures of ethnic minorities. Teachers generally use Chinese and English in English classes. However, it is reported in the questionnaires and interviews that students prefer teachers of their own minorities when their Chinese language proficiency is at a relatively low level; the minority teachers need to help students avoid the interruption of their mother-tongue interference under the circumstances. Therefore, whether it is Han teachers or minority teachers who are teaching English, English should be the predominant language for instruction and communication; only through sufficient language practice can students improve their English capability.

3) Teaching materials and instructional programs are needed. Studies on bilingual minorities' L3 teaching lag seriously even when L3 acquisition and L3 teaching prevails today. It is hard to design a qualified teaching syllabus which is in line with the laws and regularities of minority students' L3 learning and qualified teaching materials which are appropriate for bilingual minorities' English teaching and learning. As a consequence, the compiling of textbooks and the relative syllabus is becoming one of the most compelling problems in creating a teaching system and environment based on the characteristics of minority students, giving full play to the superiority and potential of bilingual minorities' multi-language learning.

References

[1] Bild, E. R. & Swain, M. Minority Language Students in a French Immersion Programme: Their French Proficiency[J]. *Journal of Multilingual and Multicultural Development*, 1989, 10: 255-274.

[2] Cenoz, J. The Effect of Linguistic Distance, L2 Status and Age on Cross-linguistic Influence in Third Language Acquisition[G]. In J. Cenoz, B. Hufeisen & U. Jessner (eds.). *Crosslinguistic Influence in Third Language Acquisition: Psycholinguistic Perspectives*. Clevedon: Multilingual Matters, 2001: 8-20.

[3] Cenoz, J. Bilingual and Multilingual Education: Overview[J]. *The Encyclopedia of Applied Linguistics*. Wiley-Blackwell, 2006.

[4] Cenoz, J. & Genesee,F. Psycholinguistic Perspectives on Multilingualism and Multilingual Education[G]. In J. Cenoz & F. Genesee (eds.). *Beyond Bilingualism: Multilingualism and Multilingual Education*. Clevedon: Multilingual Matters, 1998: 16-32.

[5] Cummins, J. The Influence of Bilingualism on Cognitive Growth: A Synthesis of Research Findings and Explanatory Hypotheses[J]. *Working Papers on Bilingualism*, 1976, 9: 1-43.

[6] De Angelis, G. *Third or Additional Language Acquisition*[M]. Clevedon: Multilingual Matters, 2007.

[7] Fries, P. H. & Fries, N. M. *Towards an Understanding of Language: Charles Carpenter Fries in Perspective* [M]. Amsterdam: John Benjamins, 1985.

[8] Gass, S. M. & Selinker, L. *Language Transfer in Language Learning*[M]. Rowley, MA: Newbury House, 1983.

[9] Hammarberg, Björn. Adnominal Possession: Combining Typological and Second Language Perspectives[J]. *Typology and Second Language Acquisition*, 2003: 125-180.

[10] Hufeisen, B. Tertiary Languages with a Focus on German as a Foreign Language[G]. In J. Rosenthal (ed.). *Handbook of Undergraduate Second Language Education: English as a Second Language, Bilingual, and Foreign Language Instruction for a Multilingual World.* Malhwah, NJ: Lawrence Erlbaum, 2000: 209-229.

[11] Jarvis, S. & Pavlenkon, A. *Cross-linguistic Influence in Language and Cognition* [M]. New York and London: Routledge, 2008.

[12] Jessner, U. Metalinguistic Awareness in Multilinguals: Cognitive Aspects of Third Language Learning[J]. *Language Awareness*, 1999, 8: 201-209.

[13] Jordá, M. P. S. Pragmatic Production of Third Language Learners of English: A Focus on Request Acts Modifiers[J]. *International Journal of Multilingualism*, 2005, 2: 84-104.

[14] Kellerman, E. & Sharwood, M. S. *Crosslinguistic Influence in Second Language Acquisition*[M]. New York: Pergamon Press, 1986.

[15] Klein, E. Second Versus Third Language Acquisition[J]. *Language Learning*, 1995, 45: 419-65.

[16] Leung, Yan-kit Ingrid. *Third Language Acquisition and Universal Grammar*[M]. Clevedon: Multilingual Matters, 2009.

[17] Odlin, T. *Language Transfer: Cross-linguistic Influence in Language Learning*[M]. Cambridge, UK: Cambridge University Press, 1989.

[18] Pienemann, M. *Language Processing and Second Language Development: Processability Theory*[M]. Amsterdam: Benjamins, 1998.

[19] Pienemann, M. An Introduction to Processability Theory[G]. In M. Pienemann (ed.). *Cross-linguistic Aspects of Processability Theory.* Amsterdam: Benjamins, 2005.

[20] Ringbom, H. *The Role of the First Language in Foreign Language*

Learning[M]. Clevedon, Avon: Multilingual Matters, 1987.

[21] Ringbom, H. Lexical Transfer in L3 Production[G]. In J. Cenoz, B. Hufeisen & U. Jessner (eds.). *Cross-linguistic Influence in Third Language Acquisition: Psycholinguistic Perspectives*. Clevedon, UK: Multilingual Matters, 2001: 59-68.

[22] Williams, S. & Hammarberg, B. Language Switches in L3 Production: Implications for a Polyglot Speaking Model[J]. *Applied Linguistics*, 1998, 19: 295-333.

[23] Zobl, H. Sources of Linguistic Knowledge and the Uniformity of Non-native Performance[J]. *Studies in Second Language Acquisition*, 1992, 14: 387-402.

[24] Xinjiang Statistical Information Net. http://www.xjtj.gov.cn/stats_data/zgxj2012/pages/mzzj.htm.

Appendix I

(Questionnaire)

This questionnaire is only used for personal research purpose and will be strictly confidential. Please write down the answers according to your own practical situation. Thank you very much for your cooperation.

I Investigation of Demographic Information

1. Name:____________________

2. Minority: ____________________

3. Age： ____________________

4. Gender： ____________________

5. Class： ____________________

II Investigation of Chinese Learning Background

6. You usually speak _______ at home.

A. Chinese

B. Uygur

C. both Chinese and Uygur, mainly Chinese

D. both Chinese and Uygur, mainly Uygur

7. When did you begin to learn Chinese? _______.

A. Before primary school　　B. In primary school

C. In middle school　　D. In high school

E. At college

8. Your current Chinese language proficiency： _______.

A. MHK Level I　　B. MHK Level II

C. MHK Level III B　　D. MHK Level III A

E. MHK Level IV B　　F. MHK Level IV

G. HSK Level

9. Can you understand the teachers' lectures when presented in Chinese?_______.

A. Fully　　B. Mostly

C. Half　　D. Partly

E. Hardly

III Investigation of English Learning Background

10. When did you begin to learn English? _______.

A. Before primary school　　B. In primary school

C. In middle school　　D. In high school

E. At college

F. No formal English learning experience

11. Your current English language proficiency: _______

A. Unclear, with no certificate

B. CET Band II

C. CET Band III

D. CET Band IV

E. CET Band VI

F. __________

12. Can you understand the teachers' lectures when presented in English?_______.

A. Fully

B. Mostly

C. Half

D. Partly

E. Hardly

IV Investigation of Writing Ability Both in Chinese and English

13. What do you think of your Chinese writing ability? _______.

A. Excellent

B. Good

C. Ordinary

D. Poor

14. What do you think is the most difficult part in Chinese writing? ______.

A. Vocabulary

B. Grammar

C. Text structure

D. Thinking mode

E. The others: ____________________

15. What do you think of your English writing ability? _______.

A. Excellent

B. Good

C. Ordinary

D. Poor

16. What do you think is the most difficult part in English writing? ______.

A. Vocabulary B. Grammar

C. Text structure D.Thinking mode

E. The others: ____________________

17.What do you think of the impact of your Chinese proficiency upon your English writing? _________.

A. Great impact： a) positive b) negative

B. Little impact

18. What's your thinking pattern in English writing? _______.

A. In English directly

B. In Uygur, then translated into English

C. In Uygur, then translated into Chinese and finally to English

D. In Chinese, then translated into English

V Investigation of Academic Motivation

19. Why do you learn English? (You may choose more than one options.) __________________.

A. I'm interested in this language

B. I'm interested in the culture and life-style of the English-speaking countries

C. I'd like to communicate with foreigners in English

D. I like singing English songs and watching English movies

E. I want to study abroad

F. Learning English will help me find a good job in the future

G. To meet my parents' expectations

H. My friends are learning English

I. Other reasons: ___________________________

20. Would you like to participate in the teaching experiment on English writing this term? ___________.

    A. Yes B. No

Appendix II

(Outline of Interviews)

1. Do you like learning English? Why?
4. What do you think of your current Chinese language proficiency?
5. What do you think of the impact of your Chinese proficiency upon your English learning?
6. How does your Chinese language knowledge influence your English writing?
5. Do you think in Uygur, Chinese or English in English writing?
6. How do you make thinking transformation in the process of English writing?
7. What should teachers do to help you improve your English learning, especially in English writing?

（本文为作者姚小玲的硕士毕业论文的一部分）

第六章 比较法

第一节 比较法简介

《辞海》（夏征农，1989）对“比较”的定义是：确定事物间同异关系的思维过程及方法。根据一定的标准把彼此有某种联系的事物加以对照，从而确定其相同与相异之点，便可以对事物做初步的分类。但只有在对各个事物的内部矛盾的各个方面进行比较后，才能把握事物间的内在联系，认识事物的本质。

《现代汉语词典》（中国社会科学院语言研究所语典编辑室，2012）对“比较”的解释是：就两种或两种以上同类的事物辨别异同或高下。

古罗马著名学者塔西佗曾说：“要想认识自己，就要把自己同别人进行比较。”

马克思和恩格斯在他们合著的《神圣家族》（马克思等，1972）中指出：科学是实验的科学，科学就在于用理性方法去整理材料。归纳、分析、比较、观察和实验是理性方法的主要条件。这表明，他们对比较法的运用十分重视。

李秉德（1986）对“比较法”的定义是：比较法是人们认识客观事物的重要方法，也是从事教育科学研究的基本方法之一。所谓比较法，是根据一定的标准，对某类教育现象在不同情况下的不同表现，进行比较研究，找出教育的普遍规律及其特殊本质，力求得出符合客观实际结论的方法。

袁振国（2000）对“比较研究法”的定义是：教育中的比较研究法是根据一定的标准，对两个或两个以上有联系的事物进行考察，寻找其异同，探求教育之普遍规律与特殊规律的方法。

比较研究具有悠久的历史。但成为教育研究中的一种重要方法是19世纪以后的事了。乔治·贝雷迪（George Bereday）在对历史法、因素分析法进行研究、吸收、批判的基础上创建了四阶段比较研究法，从而使比较法进一步具体化、科学化。这四阶段分别是描述、解释、并列、比较（袁振国，2000）。

比较是人类认识、区别和确定事物异同关系的最常用的思维方法。只有比较，才有鉴别；只有鉴别，才有认识。比较是人们实际生活与工作中认识事物本质的最基本的、最重要的方法之一。比较也是一种具体的研究方法。比较研究法已被广泛运用于科学研究的各个领域。比较研究也是教育科学研究的一个重要研究方法。

比较法在教育研究中的意义体现在以下几点（马云鹏，2001；李秉德，1986；袁振国，2000）。

1）比较法是人们认识教育现象的基本手段。

2）比较法可以开阔人们的视野，帮助人们更加清楚地认识教育问题。

3）比较法可以帮助人们历史地看待教育现象。

4）比较法有助于克服教育研究过程中的狭隘性。

5）比较法有助于促成教育领域里的新发现。

6）比较法可以为有关部门教育政策的制定提供依据。

比较法可以分为不同的种类。根据比较的属性的数量，可以分为单向比较和综合比较；根据比较时空的区别，可以分为横向比较和纵向比较；根据比较对象的逻辑归属，可以分为同类和异类比较；根据比较目标的指向，可以分为求同比较和求异比较；根据比较的性质，可以分为定性比较和定量比较（袁振国，2000；马云鹏，2001）。

比较法在教育研究中的实施步骤如下。

1）确定选题，包括要比较的主题、比较的内容、比较的范围。

2）制定比较的标准，标准要明确，有可操作性。

3）收集尽可能多的资料并对之加以归类整理。

4）比较分析，描述比较对象间的异同并对其存在异同的原因及决定因素进行合理的解释。

5）综合分析并得出结论，对结论进行理论和实践的验证。

这些步骤是相互联系的。确定问题是比较的前提，制定标准是比较的依据，材料分类是基础，比较分析是重点，结论是进行比较的目的（袁振国，2000）。

运用比较法应注意的几个问题如下。

1）注意比较对象的可比性，不能乱比。

2）比较研究要具有同一性和对等性，以保证比较研究的有效性。

3）要选择最具代表性的材料和所选用材料的真实性。

4）要注意比较事物的本质，而不能仅仅停留在对事物表面现象的对比上。

5）要注意在比较中避免片面性，而应全方位和多角度地进行比较。同时也不应贪大求全，而应有选择地对某些事物的某些方面或一个方面进行全方位的考察，而暂时有条件地撇开其他方面。

6）比较中要“同中求异”“异中求同”。即要发现表面上相同或相似的事物在本质上的区别，或表面上有明显差别的事物在本质上的相同之处。

7）比较可以是一对一的比较，也可以是多个事物间的比较。

8）单项比较是综合比较的基础，只有综合比较才能达到真正把握事物本质的目的，因此采用比较法，最终还是要对研究对象进行综合比较。

9）在推论过程中，要做到有理有据。

10）谨慎看待比较的结论，比较研究得出的结论通常是相对而言的，因此不能孤立和绝对地看待比较的结论。

第二节　论文实例

少儿英语教材对比研究

——以剑桥少儿英语和人教社少儿英语为例

黄建滨　徐建余

摘要：本文从四项语言技能、语音和词汇、课堂活动设计、教材结构等四个方面对比分析剑桥少儿英语和人教社少儿英语两套教材，并对少儿英语教材编写提出了一些有益的建议。

关键词：剑桥少儿英语　人教社少儿英语　教材　比较

英语教材是英语课程的核心教学材料，是英语课程实施的重要组成部分，是贯彻实施英语教学大纲/标准所确定的教学目标的重要保证。英语教材既是教师组织语言教学活动的主要依据，又是学生学习语言，开展语言活动的中心内容。英语教材必须坚持“以人为本，让教学适应自然过程，让教材适应学习者，满足学习者”的原则。少儿英语教材是专门为青少年儿童编写的，因此就必须充分考虑少儿学习英语的特点,考虑少儿的心理、智力、情感需求，确确实实为学习英语的少儿着想，使之区别与为成人或青年人编写的英语教材，这样才能实实在在地帮助少儿取得良好的学习效果，使学习者打下一定的语言学习基础，提高其语言运用能力。《剑桥少儿英语》共4册，是英国剑桥大学考试委员会专门为非英语母语国家7到12岁的少年儿童设计的、让学生快速掌握英语实际运用能力的英语教材。人教版《小学英语》教材共8册，由人民教育出版社出版。它们在编写上各具特色，在我国各地广泛使用。本文拟从四项语言技能、语音和词汇、课堂活动设计、教材结构等四个方面对这两套教材进行对比分析，以期有助于今后少儿英语教材的编写，并为教师使用提供一些有益的建议。

1 四项技能（听、说、读、写）

《剑桥少儿英语》教材每个单元的活动都是按照一定的顺序安排的。通常，顺序为“听、看、说”“听、看、圈和说”“一起说”“一起玩”“一起唱”“看、读、写”。这在一定程度上很好地融合了四项语言技能并各有侧重。另外，教材还使用了生动有趣的图片。

人教版《小学英语》教材的活动包括“一起学”“动手做”“讨论”“一起玩”“一起唱”“阅读与写作”。这一教材首先集中教授新词汇和新词组，再教对话。教材要求学生背诵这些对话，然后分角色表演这些对话。接下来的活动是读一篇小对话，从中选出并写下日常生活中会用到的典型句型。虽然安排了大量的活动训练四项技能，但是教材的活动类型趋于单一。每一单元的活动安排都一样，顺序也没有变化——先词，再词组，然后对话，最后以长对话或歌曲结束。需要指出的是，该教材中的对话不够真实。例如：

A: Are these tomatoes?

B: Yes, they are.

A: What are these?

B: They are carrots.

A: Look! Are they potatoes?

B: No, they aren't.

A: What are these?

B: They're onions.

这一类型的对话只是为了课堂教学之用，在现实生活中很少使用。即使学生能够背诵这些对话，也很难将其用于现实环境中的语言交流。

2 语音和词汇

《剑桥少儿英语》特别设有语音练习部分。这部分列出了拥有相同发音字母的不同单词，词旁配有图片解释单词的含义，以使练习变得简单。以字母"u"为例，教材罗列了"mute""cute""duke""mule""lute"这些单词。还有另外一个类似的"造词"练习。比如：有一个字母"a"以及两行如"b""h""g""t"的字母，要求学习用这些字母造出如"bag"和"hat"这样的单词来。这些练习能让学生明白这些词之间的联系。

人教版《小学英语》教材有一部分专门学习国际音标和练习发音。这种强化练习能帮助学生练就一口流畅标准的发音。人教版第一册教授所有的音标，第二册至第四册每一单元还对这些音标进行了巩固练习。通过这种练习，学生能够正确识别音标和读出单词。这种安排有助于培养学生主动查字典的意识，有助于他们课后自学英语词汇，从而提供提高学生的自学能力，扩展学习内容。

3 课堂活动设计

《剑桥少儿英语》的课堂活动设计丰富多彩，花样繁多，充分考虑了少儿的心理特征。例如，第一册第七单元“Fruit and vegetable party”，给学生呈现了一幅生趣的派对场景。派对司仪Miss Tomato介绍完到场宾客后致了欢迎辞。摄影师Mr. Banana忙于为到场的女士小姐拍照。Mr. Orange正在邀请Miss Apple一起跳舞。另一边，Mr. Cheese想进入派对，可是被两个保安拦在门外了。旁边Miss Hamburger正在哭泣，因为她既不是水果也不是蔬菜，所以无缘参加派对。这样的场景在给了学生想象空间的同时也让学生了解到应当如何用英语致欢迎辞，如何邀舞等。场景中各卡通人物可爱的表情能够激发学生的好奇心，去了解中西方聚会等活动的差异。第一册第十五单元中有一个活动是“听并学着说”。教材列出了“新年快乐”的六种不同说法。有英语、法语、德语、日语、西班牙语和俄罗斯语。旁边是来自这六个国家的人，穿着各自的传统服装，站在各国著名的景点前的插画。这一内容呈现给学生的是不同的文化，能够帮助他们形成跨文化意识。在第一册第十单元“An easy maths”中有一个游戏叫“Word total puzzles”。在这个游戏中，每个字母有一个值。如A=1,

B=2，…，Z=26。这样一来，ANT 就是1+14+20=35等。之后教材还列出了几个问题如：“Can you find an animal worth less than ANT?” 这一游戏把本单元主题数学和英语很好地结合在一起，目的性强，简单易行，能有效地激发学生的兴趣。这一教材的另一特色是“看读写”。这部分要求学生完形填空，但又不是传统意义上的完形。而是在填空的部分使用一些卡通动画提示学生要填的词——这一过程使得练习简单有趣，很受学生欢迎。

人教版《小学英语》教材也有不少丰富有趣的语言活动。“Good to know”是这一教材的特色所在，这部分教授给学生一些常识。如：在 “Our school”这一单元中，“Good to know”告诉学生应当“Be quiet in the library”，“Don’t drink or eat in the computer room”，“Don’t waste food in the canteen” 和“Don’t push in the hallway”。由此可以看出，本教材通过潜移默化的方式教导学生，不应当只学会语言，更应该学会怎样做好一个人。“Good to know”中还有许多有用的小提示，这些知识都有助于学生更好地认识他们的生活和世界。

4 教材的结构安排

《剑桥少儿英语》这一教材的目录就像是一个迷宫，迷宫中有各种提示和小楼梯供小男孩从迷宫的入口顺利走到出口，象征着《剑桥少儿英语》用学习技巧和指引帮助学习者，使他们有一个愉快的学习过程和一个满意的学习成果。同时，“迷宫”目录也可以在少儿学习者第一眼看到教材时就吸引他们的注意力。另外，该教材对有些知识点做了巧妙的循环安排。例如：第一册第七单元教各种蔬菜水果的名称，而早在第四单元的“Read and color”活动中，教材已经安排学生给不同的水果着色，旁边还写着“Mr. Potato with a blue bag, Miss Carrot with a pink dress, Mr. Orange with green shoes, etc.”。猜猜下个单元的主题是什么？是“Colors around us!”。由于这种循环，学生能够自然而然地掌握教材内容。

人教版《小学英语》教材每一单元都有一个“动手时间”。如第三单元“Is This Your Skirt?”中的任务是：1）设计一件衣服；2）跟小伙伴介绍你设计的衣服。这样一来，学生就可以充分运用他们的想象力，并且有机会在欢乐的气氛中和伙伴们交流。另外，整套教材的每一册书都有六个单元，每三个单元设置一个循环以复习前面单元的学习内容。因此，学生能够及时检查自己是否掌握教材内容，而且通过复习循环也能够更好地记住学习重点。

5　结论与讨论

通过对比，我们看到，这两种教材各有千秋，各有特色。

《剑桥少儿英语》把学习者的认知水平和认知结构作为出发点，教材中的活动安排和练习比较适合少儿学习者。通过循环语言点创造交流机会，学习者能够有效学习和掌握语言点。此外，教材中活泼可亲的彩色插图也使得学习者的学习经历变得愉快有趣。对比之下，人教版《小学英语》教材的活动安排就显得有些单调，不够丰富多样。

人教版《小学英语》教材以教授词汇、词组和对话为主。除此之外，教材中安排了动手活动，让学生亲手设计东西，然后和小伙伴们谈论自己设计的东西。该教材的一大特色在于“Good to know”部分，每单元的这个部分都列出与单元主题有关的常识和有趣的小提示。人教版《小学英语》教材极少涉及跨文化方面。虽然教材中诸多对话都要求学生表演出来，然而这些对话从某种程度上来说只是为了课堂教学，在实际生活中并不具有代表性。

通过以上分析和对比，我们认为，在小学英语教材的编写中，应该注意以下几个方面的问题。

1）小学英语教材必须体现儿童学习外语的特殊情况。对于大多数中国小学生来说，英语不是第二语言而是外语，因此教材应尽量多地提供在课堂中使用英语的活动和在课外学生自己学习时的活动方式。教材中的对话、练习、任务和活动都应当真实，尽量选用社会生活交际中普遍使用的语言素材，这样才能够激励学习者作为交流主体，在课外的实际场景中更多地使用英语。

2）教材应从多方面最大限度地激发学生学习英语的兴趣，小学英语教材的活动设计要符合少儿的认知水平和他们的年龄特点。超出他们认知水平的活动无法很好地开展，过于低于他们的认知水平的活动会使他们失去学习的兴趣。教材中的活动应多样化，例如：调查、小组讨论、猜谜、采访、游戏等。这些活动能充分激发学生在听、说、唱、跳、画的轻松氛围中调动各种感官，使他们在不知不觉中学习英语。

3）教材所提供的活动应具有目的性和可操作性，尽量与儿童的生活经历相似，反映他们的生活和学习实际，从而有利于学生学习英语知识和发展语言技能，充分调动学习者的积极性，使学习者从“我必须学”转变为“我想学”，从而提高教学效率。教材还可提供有趣的小提示、漂亮的插图、可爱的卡通以及好听的歌曲来加强其艺术效果。

4）对于我国大多数的小学英语教师来说，教材是教学活动的主要资料，因此教材编写者应尽量在教材和教参中提供足够的材料和活动指导，以有利于他们进行教学。这对边远地区和农村地区的小学英语教师尤为关键。

5）应当充分考虑交际和文化因素。教材编写者要注意选取不同主题、不同体裁的阅读和活动材料。这些材料应当反映出文化差异，帮助学习者形成跨文化意识。文化的学习不仅仅指的是学习西方文化。实际上，孩子们在学习过程中，经常会想要表达一些基本的中国文化元素。教材对此也应有所体现，例如在介绍西方节日的教学中，可以安排介绍中国节日的活动，在教参中为老师们提供有关的词语和活动安排。

6）教材是学生获取知识的主要来源，小学英语教材也可以为此做出一定贡献。教材可以通过文字、图片以及配套的音像资料提供适合他们认知水平的知识，同时也可以用英语向他们提供适量的小学其他学科的词汇和基本知识。这将使他们在学习英语的时候，有可能用英语表达这些他们正在学习的其他学科的内容，从而将有助于提高他们学习的兴趣。

7）现在我们的小学大多都是从三年级开始学英语，小学期间将有四年学英语的时间，这是令我们的邻国日本、韩国等国家的英语教学工作者十分羡慕的。我们的教材编写要充分利用这样的机会，发挥我们的优势，注意四年的教材应充分体现不同年龄阶段少儿的认知水平和语言表达的需要，坚持整体性和连贯性的原则，保证各年级教材的难度衔接，适应少儿语言学习的规律，进一步提高我国少儿英语教材的编写质量。

参考文献

[1] 程晓堂．英语教材分析与设计[M]．北京：外语教学与研究出版社，2002.

[2] 王蔷．英语教学法教程[M]．北京：高等教育出版社，2000.

[3] 谢贵华. 外语课堂游戏—设计与应用[M]. 广州：中山大学出版社，2006.
[4] 朱纯. 外语教学心理学[M]. 上海：上海外语教育出版社，2000.
[5] Cunningsworth, Alan. *Choosing Your Coursebook*[M]. 上海：上海外语教育出版社，2002.
[6] Johnson, Keith. *An Introduction to Foreign Language Learning and Teaching*[M]. 北京：外语教学与研究出版社，2002.
[7] McDonough, Jo & Shaw, Christopher. *Materials and methods in ELT*[M]. 北京：北京大学出版社，2001.
[8] Yalden，Janice. *Principles of Course Design for Language Teaching*[M]. 北京：外语教学与研究出版社，2000.

（本文发表在《教育测量与评价》（理论版），2010年第6期，作者：黄建滨、徐建余）

第七章　内容分析法

第一节　内容分析法简介

Richard et al.（2000）对content analysis（内容分析法）的定义是：(in research) a method used for analyzing and tabulating the frequency of occurrence of topics, ideas, opinions and other aspects of the content of written or spoken communication. For example, content analysis could be used to determine the frequency occurrence of references to males, females, adults, children, caucasians, non-caucasians, etc. in a set of language teaching materials, in order to discover if any particular attitudes or themes were unintentionally being communicated in the materials.（研究中）对写作或说话内容的主题、思想、观点及其他方面的出现频率进行分析，并把它们列成表格的一种方法。例如，通过内容分析可以测定某一套语言教学材料中男性、女性、成人、儿童、白种人、非白种人等指示关系的出现频率，以揭示该材料是否无意识地流露了某种态度或主题。

Best et al.（2003）对document or content analysis（文献分析法或内容分析法）及其目的的描述如下：Documents are an important source of data in areas of investigation, and the methods of analysis are similar to those used by historians. The major difference between this type of research and historical research is that, whereas historical research often uses document analysis, it deals solely with past events. When document analysis is used as descriptive research, current documents and issues are the foci. The analysis is concerned with the explanation of the status of some phenomenon at a particular time or its development over a period of time. It serves a useful purpose in adding knowledge to fields of inquiry and in explaining certain social events.

In documentary analysis the following may be used as sources of data: records, reports, printed forms, letters, autobiographies, diaries, compositions, theses or other academic work, books, periodicals, bulletins or catalogues, syllabi, court decisions, pictures, films, and cartoons.

The following purposes may be served through documentary analysis.

1）To describe prevailing practices or conditions.

2）To discover the relative importance of, or interest in, certain topics or problems.

3）To discover the level of difficulty of presentation in textbooks or in other publication.

4）To evaluate bias, prejudices, or propaganda in textbook presentation.

5）To analyze types of errors in students' work.

Content or document analysis should serve a useful purpose in yielding information helpful in evaluating or explaining social or educational practices.

李秉德（1986）是国内较早将内容分析法引入教育研究领域的学者。他的定义是：内容分析法就是对于明显的传播内容，做客观而有系统的量化，并加以描述的一种研究方法。

内容分析法最初起源于社会科学家采用自然科学的定量分析方法对历史文献进行内容分析。后来传播学研究者将这种方法扩大到分析报纸的内容，研究材料的范围也不断扩大，电视、广播、杂志、书籍、信件、演讲、传单、日记、传记、访谈记录，甚至音乐、手势、姿态、地图、艺术作品等都可以采用内容分析法开展研究。教育和教学活动也是一种信息传播的过程，因此这一研究方法也被引入了教育研究。教育文献、教科书、参考资料、录音磁带、录像带、课堂讲授、视听材料、直观教具、学生反应、学生作业、考试试卷等都成为研究者运用内容分析法的研究对象（李秉德，1986；杨晓萍，2006）。

归纳李秉德（1986）和王文科（1986）的观点，内容分析法具有如下特点。

1）内容分析法具有明显的传播内容：任何形态的、可以记录的、可以保存的并具有传播价值的内容，都可以成为内容分析法的研究对象。

2）内容分析法具有客观性，内容分析法研究的传播内容是客观的，而且研究者进行内容分析的标准也是客观而非主观的。

3）内容分析法具有系统性，即，分析过程是按一定的程序进行的系统过程。

4）内容分析法具有量化性。内容分析的过程通常采用量化方式进行，即，可以用百分数、比率、相关系数、统计图表等对被分析的材料进行描述。

5）采用内容分析法相比进行大规模的调查，具有成本低、省时、材料易于获取的优势。

6）互联网的普及有助于进行大规模的电子文献的查阅。

7）内容分析法适合于长期进行的纵向研究。

8）内容分析的文献是早已存在的，因此内容分析不会对既有的内容、主题造成影响。

9）内容分析法在教育研究中可以用于现状分析、趋势分析、特征分析、比较分析、意向分析等。

根据王文科（1986）的观点，内容分析的不足之处有以下几点。

1）文献因为由不同的人基于不同的目的而写，因此可能会有夸张、偏见的内容等。

2）文献的撰写不是为了研究而做，含有隐私成分，因此可能不够全面。

3）文献撰写者的受教育程度的高低会影响抽样偏差。

4）文献大多缺乏标准格式，因此对个人文献进行对比非常困难。

5）对以陈述为主、缺乏数据的文献进行量化比较困难。

内容分析法的实施步骤如下（李秉德，1986；杨晓萍，2006）。

1）文献抽样，确定抽样范围和进行内容样本的选择，可以按文献来源、日期或者单元进行抽样。

2）确定类目和分析单元。类目根据研究假设的需要而定。分析单元是判定分析时的最小判定单位，如文章段落、词数、电视节目的镜头等。

3）量化处理，可以采用统计频数、空间或时间频数等。

4）信度分析，以保证内容分析的结果可靠。

5）统计分析推论，得出关于研究对象的特征、趋势或异同等的结论。

在内容分析中应注意的几个问题如下。

1）抽样时可以采用随机抽样或间隔抽样方式进行。

2）抽样量根据研究目的、材料性质和人力物力条件而定。

3）类目必须事先制定，不能边分析边修改补充。

4）评判时通常由研究人员本人作为主要评判员，同时还需要另外一人以上的其他人作为评判员，对评判员需要进行培训。

5）内容分析法具有量化性，但这并不是说，内容分析法只能采用定量研究，内容分析法同样可以采用质性研究，或者质性研究和定量研究相结合的方式进行。

第二节　论文实例

A Study of Expatriate Teachers' Adjustment to Teaching Large EFL Classes in China

Zhao Hongqin（赵宏琴）　Huang Jianbin（黄建滨）　Trevor Grimshaw

Abstract: This study is concerned with expatriate teachers' adjustment to teaching large EFL classes in China. A mixed method of content analysis and field observation was employed. The content analysis was used to analyze the correspondence that expatriate teachers contributed to an Email discussion listserv-TEFLChina (teaching English as a foreign language in China), and the field observation was used to study two expatriate teachers teaching in a Chinese school. It studied the cultural issues and pedagogical tensions such as different beliefs of language learning, manifested in their responses to the large classes, the strategies and techniques they use to manage and teach the class, and the effects of their efforts. The implication of this study is that administrators at the school and the relevant educational authority need to be informed about the relationship between class sizes and effective language learning in order to make better use of expatriate teachers, and to optimize individual learning. Expatriate teachers may find it helpful when preparing for teaching English in countries such as China.

Key words: large EFL classes expatriate teachers content analysis field observation classroom adjustment

1 Introduction

With the rapid development and globalization of the economy, the number of English learners in China has mushroomed in recent years. The development has attracted more and more native English-speakers to teach in the country. However, expatriate teachers encounter difficulties transferring and practicing Western educational culture and teaching methods to the Chinese classroom (Li, 1999; Jin et al., 1998; Holliday, 1996).

As the majority of the English-speaking teachers have been trained for, and taught, in smaller classes than the classes they face in China, the problem emerges as to how they can adjust to teaching large classes. This study aims to achieve a better understanding of the difficulty and rigor that expatriate teachers face in teaching EFL in China. This has implications for class size administration for EFL classes in the Chinese educational system, for the purpose of effective use of expatriate teachers and EFL learning.

In this study, "expatriate teacher" mainly refers to teachers from Western native English-speaking counties, like the US, the UK, Canada, Australia and New Zealand, who have taught and are teaching English as a foreign language (EFL) in China, using approaches derived from their own culture, including those who have received no formal English language teaching training, and therefore teaching in an intuitive manner. ESL means English as a second language; while EFL refers to English as a foreign language.

2 Relevant Literature

In the literature, a large class size issue in EFL/ESL teaching and learning is concerned with questions: How large is too large? How does large class size affect language learning and teaching? It is also recognized in the literature that class size is part of a collection of essentially socio-cultural variables that underlie a culture's educational system (Locastro, 2001; Jin et al., 1998).

2.1 How Large is Too Large?

Coleman (1989) has researched into large classes and EFL learning and raised a question: What is a large or problematic size? This question cannot be simplistically answered. It depends to a great extent on the context and individual experiences and cultural perceptions. As Locastro (2001) points out teachers who have taught classes of 6-12 students complain when suddenly faced with a group of 22. Those who have coped with 40 in language learning classes ceased to find that number large. As is well known, language classes in some countries, such as in China and India, are bigger. It might be up to 150-300 or more (Locastro, 2001). It is widely recognized that the answer to this question is country-specific. On the other hand, it raises questions: How do the native English-speaking teachers who have been trained to teach classes of 15–25 students teach larger classes in a different system, for instance in an Asian country, China, where the normal school class size is 40 plus?

2.2 Some Ways in Which Class Sizes Influence Classroom Teaching and Learning

Class size affects teaching and learning, which has concerned educators. Questions, such as "Do small classes in and of themselves affect student learning?" or "Is small class better?" have drawn attention.

Research is, on one side, clear to show that class sizes below about 20 can facilitate more effective learning outcomes for children (Word, 1989; Hattie, 2005). Pattie (2005, 387) summarized from a literature review that "reducing class size leads to more individualized instruction, higher-quality instruction, greater scope for innovation and student-centered teaching, increased teacher morale, fewer disruptions, less student misbehavior, and greater ease in engaging students in academic activities". For example, a series of research has been done on class size and general learning in education in the USA. According to a long-term research carried out in the State of Tennessee in the USA in 1985, which involved 7,000 students, strong evidence was found of improved learning among students in a class size of 15 compared to those in a "standard class of 25" (Word, 1989). The research findings suggest that, on one side, the smaller the class is, the more individual attention the students will get, and the more they will achieve, which have led to policies of class size reduction in the USA (Word, 1989; US Department of Education, 2003; Hattie, 2005).

On the other side, research findings resulted from Western educational context often lack cross-cultural validity. There is a voluminous literature that does not support the claim that learning outcomes are enhanced when class sizes are reduced (e.g. Pattie, 2005; Cottazi et al., 2001). For instance, research in China indicates that effective learning-centered teaching is possible in large classes. Jin et al. (1998) explained why classes are kept large, commonly 50 or 60, and how talk and culture mediate learning in big classes in China, where Chinese teachers do not regard class size as a major problem. They accept it as a given factor within which teachers must work.

In ESL/EFL, the debate concerning large class and second language teaching and learning has been raised to a theoretical position. It concerns issues like how much learning can take place in a large class, e.g. a class of more than 100. A few studies have explored in what ways class size affect language teaching (Coleman, 2002; Locastro, 2001; Kipp et al., 1999; Sarwar, 2001; Xiao, 1997; Habeshaw et al., 1992).

Locastro (2001) synthesizes views, concluding that large class sizes affect language teaching and learning in three main dimensions:

Pedagogical

• More difficulty in carrying out speaking, reading, and writing tasks

• Difficulties in monitoring work and giving feedback

• Problems with individualizing work

• Difficulties in setting up communicative tasks

• Tendency to avoid activities that are demanding to implement

Management-related

• Correction of large numbers of essays virtually impossible

• Pair and group work often cumbersome to execute

• Noise level high, affecting neighbouring classes

• Difficulties in attending to all students during class time

• Discipline problems more acute

Affective

• Difficulties in learning students' names

• Impossibility of establishing good rapport with students

• Concerns for weaker students who may get lost

• Crowd phenomenon: students' not listening to the teacher and other students

• Problems in assessing students' interest and moods

Though it is widely perceived that class sizes have an impact on teaching and learning, in most cases, large class sizes have a negative impact. However, no research has been done on how Western teachers trained and educated in small classes adjust to teaching English to large classes. As China is typical for having large classes due to a large student population, a study on expatriate teachers' adjustment might be able to gain better understanding of the difficulties expatriate teachers have in teaching EFL in China. It is the intention of this study, as well, to inform other expatriate teachers' preparation for teaching English to large classes in Asian countries. It has implications for class size administration and better use of expatriate teachers in China. Thus, the research question has been developed for this study: How do expatriate teachers adjust to teaching large EFL classes in China?

3 Methodology

This study applies a mixed methodology to investigate the research question raised above, which combines a content analysis and field observation. The content analysis was used to analyze the correspondence that expatriate teachers contributed to an Email discussion listserv-TEFLChina (teaching English as a foreign language in China), and the field observation was used to study two expatriate teachers teaching in a Chinese school.

The Content Analysis

Content analysis is a technique for gathering and analyzing the content of text. The content refers to words, meanings, pictures, symbols, ideas, themes or any message that can be communicated. It is often used for explanatory and descriptive research (Neuman, 1999).

As Klaus (1980) points out, every research technique has its own empirical domain. It can be misused and applied where other methods may be more efficient. In order that content analysis is used at its highest potential, he also has identified the distinctions of content analysis as:

1) Content analysis is an unobtrusive technique.

2) Content analysis accepts unstructured material.

3) Content analysis is context sensitive and thereby able to process symbolic forms.

4) Content analysis can cope with large volumes of data.

Content analysis as a method to obtain data for research involves a minimum degree of researcher intervention and is suitable to study the issues that might not be directly observed. However, there is no indication that content analysis is perfect as a research technique. Some of the limitations of using content analysis in this study will be discussed later. More recently, as Silverman (2001:136) describes, the Internet has been a "crucial medium for large text-based communication…and opened up a whole new field investigation of textual data, including homepages, chat rooms and email correspondence".

The nearly thirteen hundred existing emails archived in the listserv with the focused topic–teaching English as a foreign language in China (TEFLChina), dated from 1997 till now, are a wealth of research data and an impetus for the intended study motivated by the desire to know and to better understand the expatriate teachers' adaptation to teaching English to large classes in China.

4 Introduction to the Data Source for Content Analysis

4.1 TEFLChina Email Listserv

Data for content analysis must be known to have something to do with what the researcher wants to infer. Anything connected with the phenomena of interest qualifies as data for content analysis (Klaus, 2004).

We chose to obtain data from the email correspondence contributed to an email discussion listserv by expatriate teachers who have taught, are teaching, or are going to teach in China. This email listserv–Yahoo Groups TEFLChina, was set-up in 1996 by a native English speaker who had taught EFL in China. The correspondence in the archive keeps all the emails posted from 1997 till now. It is a forum for communication among English teachers teaching in China, along with two other listservs concerned with living and working in China. The majority of contributors are native English speakers. We decided to analyze the correspondence posted in TEFLChina listserv on teaching, which revolves around teaching-related issues and is the most relevant to the study. The correspondents are teaching or have taught English in various parts of China. Its participants exchange ideas, opinions and experiences using this email listserv. The correspondence is concerned with their English teaching matters in China and is connected with the phenomena under study.

4.2 Procedure for Obtaining the Corpus of Data for the Study

After defining the topic and research approach for the study–

expatriate teachers' adjustment to teaching large classes in China–to identify the body of material or text to analyze and from which to collect data, we used the search tool on the web, accompanying the listserv, and conducted a search with the key words respectively–class size, large class size and big classes. The criterion is the relevance of the content to the large class issue addressed in the study. The earliest Email was posted in 1999 and the most recent one was posted September 2007. The email contents were all extracted, and put in a Word file.

4.3 Analysis

In the content analysis research, qualitative researchers conceptualize or form concepts as they read through the text and ask critical questions of the data (e.g. historical documents or secondary sources). In qualitative research, ideas and evidence are mutually interdependent. Conceptualization occurs after data collection rather than prior to data collection; it is largely determined by the data (Neuman, 2005). The emergence of categories solves the problems of fit, relevance, forcing and richness and will not be contaminated by concepts more suited to different areas. Similarities and convergences with literature can be established after the analytic core of categories has emerged (Glaser et al., 1967). This reflects our approach and process of analysis of the text. We did not establish categorization or concepts beforehand and then count the number of occurrences of certain words or instances. Instead of frequency, we studied for existence of certain words or sentences that attribute to the categories. Our primary intent was to find out the true picture of the process of the adjustment in the study. In the analysis, after the initial reading of the body of the text on the computer, we used qualitative data analysis software NVivo (2.0) for coding. We coded the corpus with categories. We had some general categories before the close examination, like sizes (of the classes), responses, and strategies adopted for adjustment. The further reading and coding created some instances related to the broad categories, which could serve as a category; we extended the category or subcategorized them. For instance, associated with class sizes, the fixed seating and other physical conditions of the classroom were constantly mentioned. We extended the category of sizes as class sizes and related physical classroom conditions. Sub-categorizations occurred during the analysis as well, as indicated in the section on findings. In NVivo, we used the function "make coding report". The coded text under different categorizations could be reported separately for further analysis and pattern formation. Four major categories and their attributes are reported in the findings section.

5 The Field Observation

This content analysis is triangulated with qualitative field observation of two expatriate teachers teaching in a Chinese secondary school. One is from America whose name is Margarita, who has taught in a Chinese school for two months and left the teaching position without fulfilling the contract, and the other is from South Africa who also has a British passport, whose name is Benjamine, and has been teaching in the same Chinese school for three months at the time of writing. We followed these two expatriate teachers from the beginning of their teaching in the school, and observed their teaching in classrooms, keeping notes of the conversations with them for their response to teaching English to primary school students in the Chinese school.

Credibility

What might be criteria that are meaningful within an interpretive or qualitative inquiry? Some writers, such as Guba et al. (1989), Silverman (2001) and Agar (1986) believe that the criteria for the quality and power to elicit belief in qualitative analysis should be different from that in quantitative analysis. Following a similar line, Silverman (2001) addresses the credibility for qualitative studies instead of validity or reliability due to the distinctiveness of qualitative research. Silverman (2001) proposes three criteria for measuring the credibility in qualitative research instead of the standard criteria for validity available in methodology textbooks:

- The impact of the research on setting
- The value of the researcher
- The truth status of a respondents' account

According to Silverman (2001), in content analysis, the materials used for research data in content analysis are largely free from researcher intervention. As the textual data are already available, unfiltered through researchers' field-notes, they are reliable in principle, given that there is no forgery in the text. However, categories might be a factor that may affect the degree of credibility. In this study, aspects assuring the credibility and dependability are self-evident. For instance, there is no researchers' impact on the raw data, nor forgery or deception in the obtained emails. They are still available on the Internet. The main categories are confirmed by the literature, and subcategories reflect the true phenomena in China. It is the researchers' value to present a real picture of the phenomenon under study.

One of the limitations of content analysis is related to the way of searching for suitable data. Though the data resource is connected to the interest and phenomena of the intended study, it was not designed for the study. This is compensated with the field observation conducted for this study with a mixed research methodology. The researchers searched in the email archives for the most relevant emails as data for the study as described earlier, instead of using any sampling techniques for obtaining data. In addition, the 18 email contributors as participants in the study could not be clearly identified as to which part of China or what level of English they are teaching without any follow-up interviews, while two cases were followed up through field research. The extent to which the findings are to be inferred is limited. No generalizations of the findings are claimed.

6 Findings

6.1 Class Sizes and Related Physical Classroom Conditions

Prior to coming to teach EFL in China, expatriate teachers under study had taught or were taught in classes of 12 or under 30 in their home countries. As one of them said in his email:

"I was used to teaching 12 students a class and most of them were self-conscious students who were AFTER learning."

The English class sizes in China taught or being taught by the expatriate teachers range from 40 to over 100. The largest one is 225 derived from the examination of the email correspondence. In addition, the levels of the learners in the class are different, which can be called multi-level large classes. According to one correspondent, the condition of some classrooms is not suitable for language learning. The fixed seating, desks and chairs in the classroom mentioned by an expatriate teacher are "bolted to the ground" (E1, S10-11), and both students and teachers have little room to move around.

One of the expatriate teachers posted an email with the subject:

"LARGE CLASS SIZE - DIFFERENT LEVELS - NO MATERIALS" (E2, S12)

Another email mentioned the biggest class size as 225:

"This semester I was asked to give a bi-weekly lecture to freshman English majors–about 225 students–on American culture. Big lecture hall, using microphone..." (E 5, S151)

Another teacher described his class as:

"...Over 100 in a tiered theatre, with a huge range of levels" (E3, S19)

Other comments on class sizes include:

"I had to teach 70+ per class" (E5, S151)

"Grade 2: 10 classes HS senior oral English, 45 minutes, once per week. 46, 50, 52, 52, 53, 54, 56, 66, 67" (E8, S238-239)

This is also the case that the two expatriate teachers in the field study experienced. Benjamine was teaching in Korea in a private training company where the class was about 25 students before he came to teach in the Chinese school. Once he came to teach in China in the state school, the number of students in each class is about 50 which is one of difficulties he had to face.

6.2 Initial Responses: The Tension Between the Class Size and Their Beliefs of Learning

Many expatriate teachers have taught and are teaching large classes as described above. Their initial responses to teaching classes of large sizes among the members on the listserv, particularly to those classes above 100, take two forms of attitudes. Some were at a loss about what to do with the given class and some teachers were totally shocked. Some strongly believe it impossible to be effective in language learning with such a class and they are pedagogically concerned, while the two expatriate teachers in field study were physically affected, feeling their voice was ill at ease teaching in classes of about 50 students.

Two of the email authors were told they were to teach classes above 50 even before they left for teaching in China. Their immediate response was that they had no idea about what to do with such a class at first thought. They immediately turned for help. One email posted on December 16, 2002 had the subject "*What am I supposed to do?"(E13, S462)*, and the other was a response to another email entitled "*Is oral English with 58 students per class possible"(E17, S573)* posted on November 2002. This showed they were faced with classes above 50 for the first time and had no idea about how to deal with it. Part of the content in one of the two emails illustrated the author's worry. It said:

"While still in the US I learned just before coming that my classes (oral English) would be 50+. It has turned out that the classes are 55 to 68 students. I was very worried about the class size and that the lessons I had thought about would be impossible." (E16, S521-524)

Another extract from one of the emails suggesting ideas of dealing with big classes indicated the feeling of desperation with large classes. It said:

"...Show them by doing question and response round the class and getting each student to repeat the response with attention to pronunciation, intonation and stress. After 10 raise your hands in despair and give up, saying 'I want to help you but I can't help all of you this way'. Then tell them that the class is too large and you cannot

do what you want and what is necessary to teach spoken English..." (E3, S39-50)

The majority of the correspondence showed overarching concerns about the effectiveness of learning a foreign language in large classes. It was pointed out that *"It is impossible to effectively teach 120 students under those conditions" (E2, S14)*.

One of the obvious concerns is classroom management. They felt there was lack of experience managing large classes. It might be just a *"crowd control" (E3, S22)*. As is said in the emails:

"These are hard to organise in a large group, especially if they are teenagers (trying to herd cats comes to mind). You will really be lecturing these students, I think, as there are too many to teach."(E18, S600)

"...What I find overwhelming about the large classes is simply the number of individuals I'm trying to get to know..." (E22, S681-682)

The overwhelming concern is about how it could be possible for individual students to get attention, feedback and learning opportunities in such a large class, as shown in the following extracts:

"David, you cannot effectively deal with 60-odd students in an oral lesson in a 45-minute class. The personal time is less than 45 seconds per student, if you don't instruct them first. So you are down to group activities." (E18, S600)

"...Whatever methodology the instructor cares to use it's not going to stand much of a chance of working unless there is one-to-one teaching for a major part of the course..." (E6, S200-202)

The majority of expatriate teachers come with a belief that the aim of any language learning is to enable the speaker to communicate as effectively as possible. It works best in one to one or small groups because then the learner has more chance to interact and test the language hypotheses that they are making as they listen. However, they find it is not so effective with large classes or with listening to tapes or watching movies etc. because the learner has little chance to negotiate meaning in a big class.

6.3 Main Strategies of Adjustment

Faced with large classes some of which are mixed levels, some of them feel helpless; some desperate as they find many exercise they used to use do not work in the Chinese context. Most of them have to learn to adjust themselves to the given situation. The thought of an action plan can be seen in the following extract:

"I could not just let the environment get the better of me. I devised a plan and found out that effective group work was the best thing to use here." (E5, S151)

6.4 Talking to the Class Administrators and Requests to Reduce Class Size

The techniques and strategies found through the study of the email correspondence are various. Talking to the class administrators, letting them know that large classes are not effective and suggesting they should reduce classes to smaller ones as shown in the correspondence.

"Grade 3, Evening classes, first scheduled to be 6 sections of 60, 1 hour. We meet twice a week so rotate through every three weeks. These classes are to prep the Grade 3's for their April English university placement exam. These classes require readings and talking from pictures so the size was impossible to work in one-hour classes. These have been reduced to 24 to 30 per." (E8, S241)

When the class size is not open to be reduced, some expatriate teachers had to seek other ways. The American teacher Margaret in field study asked for a teaching assistant to help with classroom management, while Benjamine had to use a microphone speaker to help his voice heard by all the students in the classroom.

6.5 Seeking Pedagogical Strategies

It is evident that expatriate teachers in this study made various efforts to teach large classes effectively and adjust to the Chinese educational context. They tried differing ways to understand the students' expectations of them and communicated with their Chinese colleagues and students to explore the Chinese student-foreign teacher relationship.

"Well, I just talked to my college about the big classes...I asked them what the goals were...I asked what I was expected to lecture on and they said American culture. I told them I thought the English level was too low for the students to simply listen to a lecture. They said I should use simpler language." (E12, S315-320)

A teacher used a survey to gather information about what the students wanted to learn in the class.

"So on my survey forms are lots of comments. Can we sing more English songs? Can we play more games? Can we speak English more to improve our oral English..." (E9, S256-258)

Some of the expatriate teachers were aware that the teaching methodologies developed within their home cultures with class sizes of about 12 to 30 might not be applicable directly to the classes they face in China. They critically adapt what they learned from books and practice in their own culture to teach Chinese students. It is evident in the correspondence that these expatriate teachers had strong pedagogical belief in teaching language involving interaction, communication and participation in the process. However, they are open to other possibilities. They took risks trying out appropriate methods for a large class to maximize the teacher and students direct interaction. Group work, role-play and games were widely adopted.

"...I've just finished a TEFL course where all the practice teaching involved optimal class sizes of sixteen or less. Methods for those class sizes don't automatically transform into handles for classes of fifty or

more..." (E14, S502)

"...I decided to take a chance and do group lessons with the larger classes and see what happened. It works and is a bit tougher but works. The larger classes just take a bit longer."(E9, S263)

"...Start a class with the 'What's in my pocket?' game. Everyone has to show one thing from their pocket, book-bag, etc. and say a sentence or 2 about it, like, this is my watch. My father gave it to me" (E13, S481-483)

They also adopt and suggest Chinese ways of classroom management and teaching.

"...teach them that when you say, '1-2-3' loudly and firmly, that they are to respond by stopping what they're doing and say, 'Sit-Up-Straight' and then have them fold their arms in front of them on the desk." (E21, S651)

"Give them vocabulary and phrases and do choral repetition." (E3, S30)

6.7 Effect

The efforts they made led to various effects. Some are adjusted to the new educational community, while some felt they would never teach a large class of Chinese school students again, which can be seen in the following correspondence:

"I started in Nov. and have learned quite a bit about management and types of lessons, so things are better this term with the Grade 2's but still difficult."(E8, S247-248)

"The 40-student classes now seem like a piece of cake and I can do anything with them. The large classes now seem to be manageable." (E16, S 562-563)

"I'll never do it again with Middle School children-with or without a Chinese teacher present." (E28, S93)

They think that to be effective they need a class size of around "20"(E3 S51).

The American teacher Margaret eventually gave up after two months of teaching.

7 Discussion

The expatriate teacher's adjustment to teaching large classes emerges as a process, when faced with a class of more than 40 students, sometimes of more than 100 in China, they are shocked and then

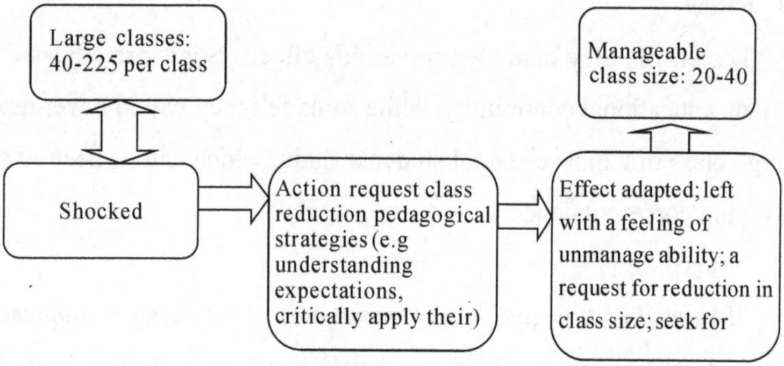

Figure1 The Process of The Expatriate Teacher's Adjustment to Teaching Large Classes

concerned with individual learning; some of them react with various strategies, from requesting a class reduction to adopting Chinese ways of teaching and asking for assistance. As a result, some expatriate teachers can adapt to teaching a class of about 40, while some may quit teaching large classes. The process is further illustrated in the Figure 1:

The evidence that expatriate teachers struggled with big classes and tried to make them work in China is ubiquitous in the correspondence. Still, it is obvious there is distance between the class sizes of 40-200 in many classrooms in China and class sizes of 20-40 that expatriate teachers believe to be effective and manageable. This is exemplified in the following correspondence:

"...to be effective you need a class size of around 20..." (E3 S51)

"The 40-student classes now seem like a piece of cake and I can do anything with them. The large classes now seem to be manageable." (E16, S 562-563)

Even though they made various efforts and struggled to adjust to teaching large classes, the effect on the results of learning they perceive was far from efficacious. As one of the teachers said in the email: *"Even though the students may say, 'We just played games', with such an explanation the administration will know better. Sometimes we have to not only teach our students but teach our bosses." (E4, S64)* This concords with the literature that large class sizes affect classroom teaching and learning in both classroom management and the amount of learning that can take place. Habeshaw et al. (1992) identify that there are 53 problems with large classes. For instance, students may not be able to listen to the teacher clearly; the teacher cannot give adequate feedback to individual needs and so on, which is consistent with the concerns the expatriate teachers have in the study. What is behind the large class issue? Probably China still has a shortage of English teachers and classroom facilities. However, we would like to argue that it is more a question of a gap between language learning beliefs in the language learning process. As Locastro (2001) asserts, class size, as a socio-cultural variable is equally important with regard to effective language learning. The teaching approaches that expatriate teachers value, individual participation and communication, may not be understood by the class administrators and learners in China, because they believe language is transmitted to students rather than acquired through practice and use of it. This is also indicated in the following email correspondence: *"...Communicative activities like games or pair work often seem ineffective to Chinese administration, teachers and even students..." (E4, S62)* If the expatriate teachers believe it is impossible to be effective for large classes above 40, the questions remain for class size administrators in China:

• Are the expatriate teachers right in their belief in effective class size?

• Can language be learned through big lectures?

• What is a proper size for language learning, and can expatriate teachers feel they can manage?

These questions invite further research.

8 Conclusion

Classrooms have social ecology where a teacher, learners, certain dimensions of the local educational philosophy, and more general social-cultural values, beliefs, and expectations all meet (Locastro, 2001; Jin et al. 1998). When expatriate teachers are employed to teach and improve EFL learning in China, it is important for us to be aware that class size has impact on learning, which is a major concern for expatriate teachers, and in many cases, it requires a process of difficult adjustment, as shown in this study. For expatriate teachers to better adjust to teaching big classes in a different culture, such as in China, they should be prepared with techniques to teach big classes and informed about the different value systems or culture of leaning. It would be more cost-effective if administrators responsible for class size make an effort to understand expatriate teachers' expectations and beliefs in effective language learning regarding class size, and communicate with them in order to negotiate better solutions rather than simply giving them a large class to teach. All in all, as Coleman (2006) perceives, class size is not an issue which is amenable simply to the application of techniques. It is a highly complex matter which can be approached and understood only through careful analysis and comparison.

References

[1] Agar, M. *Speaking of Ethnography*[M]. London: Sage, 1986.

[2] Coleman, H. How Large are Large Classes? Lancaster-Leeds Language Learning in Large Classes Research Project, Report No. 4,1989.

[3] Coleman, H. Learning & Teaching in Large Classes [Online Coleman's Home Page] URL: http://www.hywelcoleman.com/learning.htm [Retrieved, Nov. 2006]

[4] Cortazzi, M. & Jin, L. Large Classes in China: "Good" Teachers and Interactions [G]. In D. A. Watkins & J. B. Biggs (eds.). *Teaching the Chinese Learner: Psychological and Pedagogical Perspectives*. Hong Kong: Hong Kong Comparative Educational Research Center, 2001.

[5] Glaser B. G. & Straus A. L. *The Discovery of Grounded Theory: Strategies for Qualitative Research*[M]. Aldine Publishing Company, 1967.

[6] Guba, E. G. & Lincoln, Y. S. *Fourth Generation Evaluation*[M]. Newbury Park, CA: Sage, 1989.

[7] Habeshaw, S., Gibbs, G. & Habeshaw, T. *Problems with Large Classes, Making the Best out of a Bad Job*[M]. Bristol: Technical and Educational Services Ltd, 1992.

[8] Holliday, A. R. Large and Small Class Cultures in Egyptian University Classrooms: A Cultural Justification for Curriculum Change[G]. In H. Coleman (ed.). *Society and the Language Classroom,* Cambridge, UK: Cambridge University Press, 1996.

[9] Jin, L. & Cortazzi, M. Dimensions of Dialogue: Large Classes in China[J], *International Journal of Educational Research*, 1998, 19 (8): 739-761.

[10] Kipp, P. & Jackson, A. Making Large Classes Communicative. Proceedings of the 1998 Korea TESOL Conference, March 1999.

[11] Klaus, K. *Content Analysis: An Introduction to Its Methodology* (2nd edition) [M]. Sage Publications, 2004.

[12] Li, M. S. Conflicts in Teacher-Student Role Beliefs and Expectations: A Study of Expatriate Teachers Teaching English in China[J]. *The Weaver: A Forum for*

New Ideas in Education, No. ISSN 1329 – 881X, 1999.

[13] Locastro, V. Teaching English to Large Classes[J]. *TESOL Quarterly*, 2001, 35(3).

[14] Neuman, W. L. *Social Research Methods: Quantitative and Qualitative approaches*[M]. Allyn and Bacon, 1999.

[15] Pattie, J. The Paradox of Reducing Class Size and Improving Learning Outcomes[J]. *International Journal of Educational Research*, 2005,43(6): 387-425.

[16] Sarwar, Z. Innovations in Large Classes in Pakistan[J]. *TESOL Quarterly*, 2001, 35(3).

[17] Silverman, D. *Interpreting Qualitative Data, Methods for Analysing Talk, Text and Interaction*[M]. London/Thousand Oaks/New Delhi: Sage Publications, 2001.

[18] Xiao, H. Tape Recorders, Role-Plays, and Turn-Taking in Large EFL Listening and Speaking Classes[J]. *FORUM*, 1997, 35(3).

[19] US Education Department. Class Size Reduction Update Archives [Online Resources] URL: http://www.wested.org/policy/hot_top/csr/ht_tp_csr_archives.htm [Last Retrieved, Nov. 2003]

[20] Word, E. et al. The State of Tennessee's Student/Teacher Achievement Ratio (STAR) Project: Technical Report (1985–1990)[R]. Tennessee State Department of Education, 1989.

（本文发表在*Asia Pacific World*, 2012年第2期，作者：Zhao Hongqin、Huang Jianbin、Trevor Grimshaw）

第八章　个案研究

第一节　个案研究简介

The Oxford Dictionary of English（Pearsall，2001）对case study（个案研究）的定义是：a process or record or research in which detailed consideration is given to the development of a particular person, group, or situation over a period of time。

Best et al.（2003）的定义是：The case study is a way of organizing social data for the purpose of viewing social reality. It examines a social unit as a whole. The unit may be a person, a family, a social group, a social institution, or a community. The purpose is to understand the life cycle or an important part of the life cycle of the unit. The case study probes deeply and analyzes interactions between the factors that explain present status or that influence change or growth. It is a longitudinal approach, showing development over a period of time.

Johnson et al.（2014）的定义是：a form of qualitative research that focuses on providing a detailed account of one or more cases. Although case study research usually relies on qualitative data, multiple methods are also used. Case study can be used to address exploratory, descriptive, and explanatory research questions.

Creswell（2007）的定义是：A case study is an exploration of

a "bounded system" or a case (or multiple cases) over time through detailed, in-depth data collection involving multiple sources of information rich in context.

Merriam–Webster（1998）的定义是：The qualitative case study can be defined as an intensive, holistic description and analysis of a single entity, phenomenon, or social unit. Case studies are particularistic, descriptive, and heuristic, and rely heavily on inductive reasoning in handling multiple data sources.

Yin（2003）的定义是：

1）A case study is an empirical inquiry that investigates a contemporary phenomenon within its real-life context, especially when the boundaries between phenomenon and context are not clearly evident.

2）The case study inquiry copes with the technically distinctive situation in which there will be many more variables of interest than data points, and as one result relies on multiple sources of evidence, with data needing to converge in a triangulating fashion, and as another result benefits from the prior development of theoretical proposition to guide data collection and analysis.

Richard et al.（2000）的定义是：the intensive study of an aspect of behavior, either at one period in time or over a long period of time, e.g. the language development of a child over one year. The case study method provides an opportunity to collect detailed information which may not be observable using other research techniques and is usually based on the assumption that the information gathered on a particular individual, group, community, etc., will also be true of the other individuals, groups, or communities. 指长时期或短时期内对某一行为进行的集中研究，如对儿童一年内语言发展的研究。个案研究法能够收集其他研究方法所不能观察到的详细资料，它通常以这样一个假设为基础，即从某一个特定个人、小组、群体等中收集而来的资料，对于其他个人、小组、群体也同样适用。

殷（2004）的定义是：对某个现象或事件及其承载环境的整个系统进行整体的、全面的、专门的研究。案例研究方法适合于研究发生在当代但无法对相关因素进行控制的事件。

McDonough et al.（2000）认为：A case study is not a research method nor the equivalent of one: It employs methods and techniques in the investigation of an object of interest. 他们的意思是说，个案研究不是一种研究方法，而是采用多种方法进行研究的一种形式。

Charles et al.（2004）认为，个案研究的目的是：

Case studies are usually done for one of the following three reasons:

To Provide Vivid Descriptions. It is often helpful to obtain vividly descriptive pictures of a particular person or instance such as what happens to student James within the program for gifted and talented students, or...

To Provide Explanations. At times, descriptions, however vivid, are not sufficient in themselves. Instead of merely knowing about someone or something, one wishes to know why the situation is as it is, or why the individual behaves as observed. A case study can help provide such understanding by seeking out identifiable patterns in behavior and procedures, or...

To Provide Evaluations. A third purpose of a case study is to evaluate programs, individuals, and setting. In studying James's behaviors as a student in the gifted program, one makes judgments concerning how well the program serves his interests. Such research will probably identify program strengths and shortcomings, and will lead to suggested modifications. It may also make evaluations of James himself, as regards his efforts, behavior, attitude, and self-control.

Lichtman（2013）指出，在确定了特定的个案后，研究者还需要考虑以下几个因素。

1）A case study can target a particular aspect of the whole (e.g. forming friendships, getting the job done) or it can look at many dimensions.

2）It can cover many years or be limited to a short time.

3）It can look at many individuals connected with the case or at just a few or even one individual.

“case”一词源自医学研究，是“病例”(a person suffering from disease or injury; a person or his particular problem requiring or receiving medical or welfare attention) (《新牛津英语词典》，2001)的意思。在法律上，称为“案例”或“判例”(a legal action, especially one to be decided in a court of law; a legal action that has been decided and may be cited as a precedent) (《新牛津英语词典》，2001)。用于社会科学研究，构成词组case study，可以称为“个案研究”或“案例研究”。

从上面的定义中，我们可以知道，个案研究通常以单一、典型的对象作为具体的研究对象，经过对其深入、具体、细致的考察和分析，了解其发展、变化的规律和特点，并提出相应的对策，采取相应的措施。

个案研究有不同的分类方法。按最后的结果来分，可有探索性研究、描写性研究和解释性研究。有人按研究的初衷将其分成：纯粹个案研究、工具性个案研究和集体个案研究（McDonough et al.，2000）。

个案研究有如下一些特点。

1）个案研究是一种实证研究。

2）个案研究的研究对象具有个别性，研究对象可以是一个人或若干人，也可以是一个或若干个小组、机构、项目、事件或现象。

3）个案研究的基础是多元视角和数据，注重从整体角度了解事件或现象的活动脉络（Duff，2011）。

4）个案研究具有针对性，所关注的是个案的特殊性、复杂性和启发性。

5）个案研究的渐进性和全面性体现在，研究者可以对研究对象进行一段较长时间的跟踪调查并进行客观的描述，可以研究其现在、过去，也可以追踪其未来的发展。

6）个案研究的深入性体现在，研究者要对个案进行多维度、多层面的深入研究。

7）由于个案研究的典型性，因此教育研究中的个案研究有利于因材施教。

8）个案研究的研究方法多样，可以采用追踪法、追因法、临床法、教育会诊法、活动产品分析法等。

个案研究是社会科学研究中常用的研究方法之一，在社会学、管理学、教育学、应用语言学、语言教学中广为使用。

个案研究的不足表现在：代表性不足，结论的主观性较强，较为费时费力。

Charles et al.（2004）还具体地提出了组织和实施个案研究的七个任务：

A case study is organized and conducted as indicated in the following steps:

1）The purpose of the study is clearly stated...

2）The case is selected. The case may be a person, a group of people, a procedure, a document, or the like—any individual element or phenomenon that figures importantly in a program or setting.

3）Access is obtained to the case and the site...

4）The research begins and data are obtained. In case studies, most of the data are gathered directly by the researcher through close contact with the case individual. Testing, questioning, and analysis may be involved, but much of the data are obtained from direct observations made by the researcher. These data are usually taken in the form of notations and recordings...

5）Data are analyzed. Some data obtained in case studies are quantitative in nature and can be analyzed statistically or merely reported. Most data, however, are qualitative in nature—statements describing observations, judgments, interpretations, and so on—and are therefore analyzed logically...

6）Findings are listed and interpretations are made. Once data have been analyzed, factual findings are stated...

7）Conclusions are stated. Here the investigator states the conclusions that seem warranted by the findings. The list of conclusions might be extensive...

个案研究的步骤如下。

1）确定个案研究的对象并对个案现状加以评定。

2）收集个案的相关资料，尽量详尽广泛。研究者可以采用观察、问卷、访谈、查阅、测量等方法获取个案的相关资料。

3）整理和分析收集到的个案资料。

4）如果需要，还应对个案进行追踪调查。

5）列出发现并做出合理的解释。

6）撰写研究报告或论文。

个案研究中需要注意如下几个问题。

1）研究者要保证个案资料的客观性，要如实记录观察到的情况，确保材料真实客观。

2）要确保个案资料的准确性，研究者要做到事实过程的明晰性和所记录数字的准确性。

3）研究者要注意个案资料的一贯性，不要出现前后矛盾的现象。

4）由于个案研究的对象数量少，因此在选择个案的研究对象时，要尽量考虑其应具有一定的代表性。

5）研究者一定要特别注意在个案研究的过程中和个案的分析中都不要掺杂进研究者个人的偏见。

6）研究者要注意保护被研究者的秘密和隐私不被泄露。

第二节 论文实例

来华留学生间的跨文化适应调查与对策研究

——以泰国留学生和其他国家留学生间的跨文化适应为例

杜可芸 黄建滨

摘要：许多在中国留学的学生，初到这个陌生的国度，往往要经历很长时间才能适应这里的生活。他们要适应的不仅是中国的文化、习俗和生活方式，同时他们还要适应和他们朝夕相处的来自不同国家的留学生的文化、习俗和生活方式。本文通过对在浙江大学留学的泰国留学生的访谈，指出并分析了泰国留学生在中国学习生活期间和其他国家留学生间的跨文化适应问题，这些问题主要表现在：文化冲击问题、语言交际问题、不够了解文化问题和日常生活问题等方面，调查中泰国留学生们提出的一些应对之策对解决各国留学生之间的跨文化适应问题是很有启发意义的。

关键词：外国留学生　文化冲击　跨文化交流　跨文化适应问题

1 引 言

跨文化交流指的是不同文化背景的人与人之间的交流，包括国与国、团体与团体和个人间的交流。跨文化适应是“一种综合现象，指的是初居一种生疏的社会文化环境中的人，努力在自己与新文化环境之间建立起并维持一种相对稳定的、互动的和有功效的关系”。这一定义的核心是：适应的目的是达到个人心理对外在新环境的全面适应。阿克顿（Acton）和德·费利克斯（De Felix）将文化适应定义为“逐渐适应目的语文化但不必抛弃母语文化的身份”（Acton et al., 1986）。布朗（Brown）则认为，文化适应是“对一新文化适应的过程。要实现文化适应，不仅需要进行交际行为的调整，还需要重新调整思维和感情的导向”（Brown, 1986）。毕继万（2009）将“跨文化适应”定义为：跨文化适应是一个对新文化环境适应的过程，指的是初居一个新文化环境的人，不断克服文化休克的负面影响，从交际行为、生活习惯到思维方式与价值观念做出相应的调整或改变，最终形成适应新的文化环境和学会在新文化环境中进行有效交际的能力。

2 研究方法

2.1 研究对象

本研究访谈对象为在浙江大学就读的泰国留学生21名，其中男性4名，女性17名；博士生7名，汉语进修生2名，硕士生12名；年龄在23岁到29岁之间。他们的专业分别为：汉语国际教育（8名，硕士生）、语言学及应用语言学（2名，博士生）、汉语言文学（1名，博士生）、中国学（3名，其中博士1名，硕士2名）、汉语（2名，进修生）、管理学（1名，硕士生）、中西医结合临床（1名，博士生）、公共管理学（1名，博士生）、农业经济管理（1名，硕士生）、汉语言文字学（1名，博士生）。

2.2 访谈题目

1）留学期间你跟其他国家的留学生沟通的时候有困难吗？

2）留学期间你在日常生活方面与其他国家的留学生的关系

怎样？

3）留学期间你和其他国家的留学生之间有问题吗？如果有，是什么问题？

4）你对这些问题采取了怎样的解决办法？或者你认为可以怎样解决这些问题？

3 泰国留学生和其他留学生跨文化适应存在的主要问题

通过对访谈记录的整理，笔者发现，泰国留学生和其他国家的留学生（主要来自韩国、马来西亚、美国、英国、意大利、波兰、捷克、巴基斯坦等国）之间在跨文化适应方面主要存在如下问题。

3.1 文化冲击问题

“文化冲击”是很多留学生初来到中国时遇到的问题。一下子进入完全陌生的文化环境，从周围的语言环境以至于生活习惯完全不一样，没有亲人，没有朋友，再加上语言上的障碍，寂寞感、孤独感会非常强烈，也会非常没有安全感，所以人往往表现出失落、失望、不知所措，以至于生病。留学生们不但遇到和中国文化间的跨文化问题，而且还会遇到和其他国家留学生的跨文化适应问题。在学校里，他们大部分的生活都是跟留学生住在一起。不同的地方、不同的风俗、不同的习惯的人住在一起，因为不同的文化和生活背景，他们之间经常会遇到跨文化交流问题。

一个泰国的管理学专业男留学生有一个室友是来自美国的留学生，这个美国学生经常带一个女生到他的房间，很晚还不离开。一个泰国的中国学专业女留学生有一个波兰室友，常常带男朋友来房间，白天来，晚上十一二点才回去。这两个泰国学生都无法接受美国和波兰同学如此的行为，因为在男女关系方面，泰国的文化比较保守，而欧美则开放得多。

又如，一个泰国的汉语专业女留学生有一个喀麦隆室友，她在房间不开灯、不开窗户、不拉开窗帘、不开空调，这个泰国女生感到很热，无法忍受这种做法，住了一个月就换了宿舍。

3.2 语言交际问题

语言是交际的工具，不同地方的人用不同的语言来交际。在中国的泰国留学生大部分都是用汉语来交际，有时候他们也用英语来交际。据笔者的调查，浙江大学泰国留学生的汉语水平普遍比较高，有过半的留学生处于高级水平，约五分之一处于中级，只有少数人处于初级水平。泰国留学生不仅是汉语说得很好，他们的英语也说得不错。其他留学生尤其是韩国和欧美留学生的汉语发音不太准，结果，泰国留学生在和这些留学生交流时经常会遇到语言障碍。例如：

一个泰国汉语国际教育专业女留学生跟她的韩国室友交谈的时候常常碰到一些语言问题。她说："我在房间跟室友聊天的时候，她常常听不懂我说话的。我用中文跟她说，有时候她听不懂我在说什么，我就用英语跟她沟通，可是她也听不懂英文的。我们沟通的时候很难的。"

有时候泰国留学生常常不明白一些马来西亚华人留学生的用词。例如：一个马来西亚华人留学生问一个泰国留学生"你冲凉了吗？"这个泰国学生第一次听到"冲凉"这个说法，当时无法明白这是什么意思。后来才知道它是"洗澡"的意思。还有一个马来西亚留学生问一个泰国学生"你可不可以帮我把菜放进去冰橱？”泰国学生一时也不明白“冰厨”其实就是“冰箱”的意思。此外，马来西亚华人留学生用“不懂”和“不知道”表示一样的意思，这也让泰国留学生感到难以理解。例如，一个泰国留学生问马来西亚留学生“你知道老师的名字吗？”得到的答复是“我不懂”（实际应该是“我不知道”）。这种语言上的障碍在留学生间很常见，往往阻碍了他们的学习过程和社会文化交际。

3.3 习俗问题

不同的文化有不同的习俗。各民族有各自不同的仪式和礼节。例如：

韩国女留学生往往把内衣和内裤放在水箱上面晒，但泰国留学生觉得这样的动作不好，因为在泰国，内衣和袜子被看作是低下的东西，不可以放在比头高的地方。

一个泰国女留学生的一个捷克朋友常常玩她的头发，碰她的头。这一做法在泰国是不允许的，因为头或头发在泰国是崇高的人体器官，晚辈是不可以碰长辈的头或头发的。如果无意中碰及他人的头部，是应立即诚恳地道歉的。又如，一个泰国汉语言文字学专业女留学生提到，她的英国朋友见面时常常触摸她的肩膀，让她感觉很不自在。泰国女性通常比较保守，是不允许他人在未经她们同意的情况下触摸她们的身体的。

一个泰国语言学及应用语言学专业女留学生的韩国室友经常用脚开风扇，这在泰国是不礼貌的做法，因为泰国人认为脚部是卑贱的，只能用来走路，不能干其他事情。

一个泰国语言学及应用语言学博士专业的女留学生提到，一次她在和几个硕士留学生一起吃饭时，有个马来西亚男生让她帮他添饭，这个泰国女博士生认为他的座位也靠近饭锅，为什么还要人帮？为什么他不自己加？因此她觉得他没有尊重她，因为一般泰国人不请长辈做这样的事。

大部分的泰国人信仰佛教，当他们遇到宗教信仰不同的民族的学生时就会碰到一些问题。一个泰国的汉语专业留学生的巴基斯坦室友每天都要做伊斯兰教的礼拜达5次。按他们的宗教仪式，做这种礼拜的时候要一个人做的，因此他每次都要求泰国室友出去。他们吃饭的时候也不可以一起吃，因为信仰伊斯兰教的人不吃猪肉，他们可以吃鸡肉，但是鸡肉必须是按照伊斯兰教规定方式宰杀的。这些让泰国留学生难以理解。

3.4 日常生活问题

很多马来西亚华人，不管男女，吃饭的时候喝汤的声音很大。他们喝汤大声表示汤好，可是泰国人是不可以这样做的，因为这样做意味着这个人没有礼貌。

泰国气候很热，因此泰国留学生习惯每天洗两次澡，夏天甚至洗三次。而其他国家的留学生往往不是每天都洗澡，因此在泰国留学生看来，他们身上经常有味道，因而感觉很难跟他们住在一起。

冬天的时候下雪，一个泰国留学生的韩国室友不让泰国室友开暖气，因为她怕皮肤干。但是泰国学生来自热带地区，那里最低温度是十多度，而在杭州零下几度时他们当然感觉很冷，因此对这样的要求很不理解。

4 对 策

在访谈中，泰国留学生就应对这些跨文化适应问题提出了一些他们的做法和建议。

1）尽量理解和其他国家留学生在文化等方面的差异，对于一般的差异，可以适应的尽量适应。对于宗教，他们表示要尊重其他国家留学生的宗教信仰和宗教仪式，同时也要利用合适的机会向其他国家留学生介绍自己国家的宗教和文化等方面的习俗。例如利用课堂报告和演示的机会，介绍自己国家的文化和宗教，让其他国家留学生明白各自的不同，争取达到相互理解和尊重。例如，饮食方面的差异，由于宗教和长期养成的习惯往往很难改变，因此必须采取理解和尊重的方式。

2）大家都讲中文，不用英文，既然到中国来是为了学习中文，学习中国的科学、管理、经济等，那么和其他留学生交谈时就应该尽量用中文，这样既能提高中文水平，也可以避免不必要的误解，因为大家的英文都不是第一语言，所以无论怎样都有失误的可能。如果发现其他国家留学生的中文不好，泰国留学生就尽量用简单一些的中文和他们交流。此外，在多个泰国留学生和其他国家留学生在一起的时候，泰国留学生之间不说泰语，以此避免其他国家留学生因为听不懂而产生不安情绪。

3）在确实影响自己的良好习惯时，直接向其他国家的留学生说明情况，以取得他们的理解。例如冬天要开空调时，必须明白无误地向室友说明，温度过低，感到受不了，因此不得不开空调。又如，如果其他国家的室友的异性朋友在宿舍待的时间过久，可以向他们明确说明，时间很晚了，自己要休息了。

4）争取达到求同存异。单方面的理解无法真正达到跨文化交际的目的，只有双方互相理解才能使得交往能长久下去。在和其他国家留学生的交往中，既不强求他人接受自己的习俗，也不一味迁就自己完全无法接受的一些习俗和做法。

5）争取中国老师和同学的理解和支持。组织一下既有泰国留学生，也有其他国家留学生，还有中国师生参与的活动，如中国文化讲座、对外汉语教育专业的读书报告会、野餐、文化考察，在这些活动中，参加活动的中国师生往往会不失时机地介绍一些跨文化差异的内容，自己可以从中学到很多东西，同时这样的介绍对其他国家的留学生也是很有启发作用的。

5 结 论

来自不同的国家、不同的地方、不同的文化的人用不同的语言交际的时候，往往会发生问题。本文通过访谈和对访谈结果的分析，发现在华留学生之间在跨文化适应方面存在着几个方面的问题：文化冲击、语言交际、习俗以及日常生活等问题。这些问题如果没有得到适度的解决，将对他们的生活产生重大的影响，有的甚至导致严重的心理疾病，造成悲剧。同时，本文也提出了一些具体的应对之策。这些应对之策对在华留学生适应在华的学习和生活是很有助益的。笔者认为，我们还有必要进行更深入的研究，帮助留学生了解自己的行为方式和情感倾向，提高他们对其他国家文化的认知，以调整自己在异文化环境下的学习和生活，促进各国留学生间的交流和友谊，帮助他们克服跨文化适应障碍，在异国他乡完成学业。

参考文献

[1] 毕继万. 跨文化与第二语言教学[M]. 北京：北京语言大学出版社，2009.

[2] Acton, William R. & De Felix, Judith Walker. Acculturation and Mind[G]. In Joyce Merrill Valdes(ed.). *Culture Bound: Bridging the Cultural Gap in*

Language Teaching. Cambridge, UK: Cambridge University Press, 1986.

[3] Brown, H. Douglas. Learning a Second Culture[G]. In Joyce Merill Valdes(ed.). *Culture Bound: Bridging the Cultural Gap in Language Teaching*. Cambridge, UK: Cambridge University Press, 1986.

（本文采用了访谈方式调查在华泰国留学生这个特殊的群体与其他来华留学生之间的跨文化适应现象。）

Study of the Cross-cultural Adaptability Between International Students Studying in China—A Case Study of Thai Students with Other International Students

Abstract: It usually takes international students a long time to adapt themselves to the new environment when they are studying in China. They have to adapt themselves not only to Chinese culture, customs and lifestyle but also to those of other international students who are studying and living with them. This paper analyzes the interview with Thai students and points out that the proldems of cross-cultural adaptability between international students studying in China lie in cultural shock, language communication, lack of understanding of cultural matters, and daily matters. The ways to solve such matters Thai students mentioned in the interview are of great help to the international students studying in China.

Key words: international students cultural shock cross-cultural communication cross-cultural adaptability

（本文发表在《语言与文化研究》，2013年第2期，作者：杜可芸、黄建滨）

第九章　定量研究

第一节　定量研究简介

Johnson et al.（2014）对quantitative research（定量研究）的定义是：research that relies primarily on the collection of quantitative data (i.e. numerical data). ...the quantitative research approach primarily follows the confirmatory scientific method because its focus is on hypothesis testing and theory testing. Quantitative researchers consider it to be of primary importance to state one's hypotheses and then test those hypotheses with empirical data to see if they are supported.

The Oxford Dictionary of English（Pearsall，2001）对quantitative study（定量研究）的定义是：relating to, measuring, or measured by the quantity of something rather than its quality。

维尔斯马等（2010）指出：定量研究与演绎法更相近，是从一般的原理推广到特殊的情境中去。……定量研究强调的是事实、关系和原因，定量研究者对结果和产品予以极大的重视……定量研究者更多的是寻求“不受情境影响的”可推广性；他们宁愿更多注意个别的变量和因素，而不是关心集体的作用，定量研究者的最大特色是将事实和价值分离。……定量研究的结果通常是由大量的数据来表示的，研究设计是为了使研究者通过对这些数据的比较和分析做出有效的解释。

韩延伦（2011）的定义是：定量研究是对事物量的分析和研

究。……定量研究是通过对复杂教育问题做出数字的描述，来反映研究对象的特征，揭示教育现象的数量关系，掌握教育现象的数量特征和数量变化，从量的关系上发现教育活动的本质联系及其发展的内在规律。

维基百科对quantitative research（定量研究）的定义是：In natural sciences and social sciences, quantitative research is the systematic empirical investigation of observable phenomena via statistical, mathematical or computational techniques. The objective of quantitative research is to develop and employ mathematical models, theories and/or hypotheses pertaining to phenomena. The process of measurement is central to quantitative research because it provides the fundamental connection between empirical observation and mathematical expression of quantitative relationships. Quantitative data is any data that is in numerical form such as statistics, percentages, etc. In layman's terms, this means that the quantitative researcher asks a specific, narrow question and collects a sample of numerical data from observable phenomena or from study participants to answer the question. The researcher analyzes the data with the help of statistics. The researcher is hoping the numbers will yield an unbiased result that can be generalized to some larger population. Qualitative research, on the other hand, asks broad questions and collects word data from phenomena or participants. The researcher looks for themes and describes the information in themes and patterns exclusive to that set of participants. ... Qualitative methods produce information only on the particular cases studied, and any more general conclusions are only hypotheses. Quantitative methods can be used to verify which of such hypotheses are true.

裴娣娜（1995）指出：定量分析（quantitative analysis）是教育研究中一个基本的分析方法。它赋予研究对象一种纯形式化的符号以反映事物的特征。分析的对象是具有数量关系的资料，包括数学、文字、图形或声音等，而方法则主要是数学分析的方法。对大量的可能是杂乱无章的数据进行算术或逻辑运算，抽取并推导出对某些特定问题具有价值、有意义的数据，经过解释并赋予一定意义便成为教育研究的重要结论。

肖自明等（2012）在谈到“定量分析”时指出：定量分析是指研究者借助于数学手段，对所搜集到的数据资料进行统计分析，揭示事物数量特征的过程。定量分析的主要手段是统计分析，即利用多种统计技术手段对所收集到的数据资料进行描述、解释，并在一定条件下由样本特性推断相应总体特征。

麦克米伦（McMillan，2003，引自：维尔斯马等，2010）认为：在定量研究中，非实验研究设计和实验研究设计之间有一个主要区别。在非实验研究中，或者因为已经产生，或者因为不能被影响……研究者对被选中要研究的东西没有直接影响，这通常意味着研究仅仅能被概述的事物或揭示两个及以上因素之间的关系。在实验研究者，研究者控制一个或者更多的影响被试行为的因素（变量）……而操纵一个因素的目的是考虑它和另一个因素的因果关系。

李克东（2003）在谈到“量的研究”时指出：教育技术学研究中量的研究方法是一种运用数学工具收集、处理研究资料的方法。它是开展教育技术研究活动的重要方法之一。……合理的、先进的量的研究方法可以全面、客观、准确地描述教育技术现象与规律；可以最大程度地发挥数据、资料的效能；可以深入挖掘隐藏在复杂现象后面的带有规律性的东西。

定量研究又称“量化研究”，还有一些研究者称其为“定量分析”。定量研究根源于实证主义。实证主义的基本特征是将哲学的任务归结为现象研究，以现象论观点为出发点，拒绝通过理性把握感觉材料，认为通过对现象的归纳就可以得到科学定律。它把处理哲学与科学的关系作为其理论的中心问题，并力图将这些融于科学之中（张志伟，2002）。

浏览西方主流教育学术期刊、我国近年来的教育类和英语研究类核心期刊所发表的教学研究论文，可以发现，定量研究一直是这些领域研究者所采用的主要方法。这是因为，定量研究具有一些有别于其他研究方法的优势。

1）定量研究具有抽象性。定量研究的基本工具是数学方法，数学方法具有高度的抽象性。

2）定量研究科学、可靠。定量研究通常是在严格的控制条件下进行的，其测量所得的结果可以重复验证，因此结果科学可靠。

3）定量研究客观公正。定量研究对所观察的对象进行数理化的描述，定量化的过程不依赖研究者，因此客观公正。

4）定量研究的呈现方式直观清晰。定量研究对数据多采用各种统计表和统计图的方式进行研究，这些图表直观形象，通俗易懂，对比鲜明。

作为一线教师，要努力掌握定量研究的方法，提高科研水平。当然，不是所有的教育变量都能够量化，教育是人与人交流的过程，教育科学规律不可能完全由数量关系表达和描述。因此定量研究也有其局限性，在使用中要尽量避免。

定量研究的过程大致如下。

1）确定研究题目，进行方案设计。

2）进行数据采集。研究者可以采用问卷法、测验法和实验法等方法进行。

3）整理和处理收集到的数据，研究者可以采用描述统计、推断统计以及实验设计的方式进行。研究者必须以科学的态度对统计数据进行检查和统计分组，通过统计表（如单式统计表、复式统计表）和统计图（如直方图、长条图、圆形图、曲线图、散点图等）对数据进行整理，以代替冗长的文字叙述，说明所研究事物的特征以及事物之间的数量关系。

4）对分析结果给出合理的解释，如果需要，还应对两个样本的统计量进行假设检验；对数据进行综合分析，可以采用方差分析、回归分析、因素分析和聚类分析等。

5）撰写研究报告或论文。

在对数据进行统计时，研究者可以使用各种统计软件，例如，SPSS统计软件系统、SAS统计分析系统、EXCEL软件等。SPSS是Statistics Package for Social Sciences（社会科学统计软件包）的缩写，这一软件包经过多年的开发，已经广泛应用于社会科学研究中，是目前世界上最广为使用的统计软件之一，一线教师涉足科研，必须对此有所了解并能学会其使用方法。

第二节 论文实例

Assessing Reading Materials and Activities in Two Sets of Senior High School English Textbooks

Zhou Yahong（周亚红） Huang Jianbin（黄建滨）

Abstract: This paper attempted to evaluate the reading materials and activities in English textbooks for senior high school students in China. A customized evaluation framework was designed to evaluate the reading materials and activities. Internal and external evaluations were included in the evaluation framework. Hutchinson et al.(1987) suggested that materials evaluation was a process of matching. In this study, internal evaluation was a matching process between the New English Curriculum Standard and reading materials and activities in the textbooks from the perspectives of topic, cultural awareness, readability, activity content and forms. In the external evaluation, a questionnaire was employed to elicit feedback from students. This paper ended with pedagogical implications for teachers and researchers.

Key words: textbook evaluation reading materials reading activities

1 Research Background

Since the practice of the reform and opening policy, China has made great achievements in the field of ELT, but the status quo of ELT cannot satisfy the demands of social development. To eliminate the gap between the demands of the time and the reality, a new round of English Curriculum Reform has commenced.

on June 8th, 2001, the promulgation of the "Outline of Elementary Education Curriculum Reform (implementation)" by the Ministry of Education marked the beginning of the curriculum reform. To meet the requirements of the curriculum reform, the New English Curriculum Standards (NECS) was designed and trialed in Shandong, Ningxia, Guangdong and Hainan in 2003. The New English Curriculum Standards proposes a new concept and new command for elementary English education. It determines to fundamentally change the mode of teaching and learning English and advance quality education roundly, which is of far-reaching importance to enhance students' English proficiency and foster their self-study ability and innovative spirit.

In order to realize the objectives claimed in the NECS, dozens of publishing houses began to revise old textbooks or design new ones, which resulted in a thriving market of textbooks. Choosing a proper textbook from the thriving market of textbooks becomes a challenge for English teachers and education administrators.

Reading comprehension is generally considered one of the most important part in language textbooks because all the other parts, listening, speaking, writing are based upon the input from reading. Reading ability has always been the focus of English language teaching in China.

The textbook is a resource of achieving aims and objectives which are set in line with the needs of learners and the society (Cunningsworth, 2002). The textbook is indispensable in foreign language teaching because textbooks are based on systematic, balanced syllabuses in a way a teacher's photocopies are not, since the latter are for the most part produced week by week rather than as part of an overall course plan (Harwood, 2005). In other words, the textbook is a sophisticated way of conveying and matching the aims and objectives of the language learning program rather than the main determiner of them. So it is vitally important to include students' opinion in evaluating textbooks.

McDonough et al. (1993) examined criteria in two stages, namely, the stage of external evaluation, which offers a brief overview of the materials from the outside (cover, introduction, table of contents), and that of internal evaluation, which is a closer and more detailed evaluation.

In external evaluation, the purpose is to measure the suitability between the textbook and its targeted users, so not only the users but also the learning context is taken into consideration in designing the criteria.

In internal evaluation, the purpose is to discern how the criteria posed in the external stage are matched up with the internal consistency. The internal evaluation is carried out from the perspective of the materials, language skills and language learning practice.

An overall assessment is designed to evaluate the value of the textbook from the whole by considering the parameters such as usability, generalizability, adaptability and flexibility.

In view of the importance of the reading part in textbooks, this paper is intended to evaluate the reading materials and reading activities in senior high school English textbooks by means of self-constructed evaluation framework, including internal and external evaluation.

It is clear that textbook assessment is fundamentally a subjective, rule-of-thumb activity, and no neat formula, grid, or system will ever provide a definitive yardstick (Sheldon, 1987). Textbooks should be assessed by customized criteria for their specific purposes in the unique context where they are used.

In this paper, reading texts and activities in the two sets of senior high school English textbook will be discussed and scrutinized by giving prominence to the following parameters: English textbooks, senior high school English, China's context. Therefore, the evaluation framework for the reading texts and activities in English textbook for senior high school students is constructed based on the previous theoretical review and is explained in the following figure (See Figure1).

2 Research Methodology

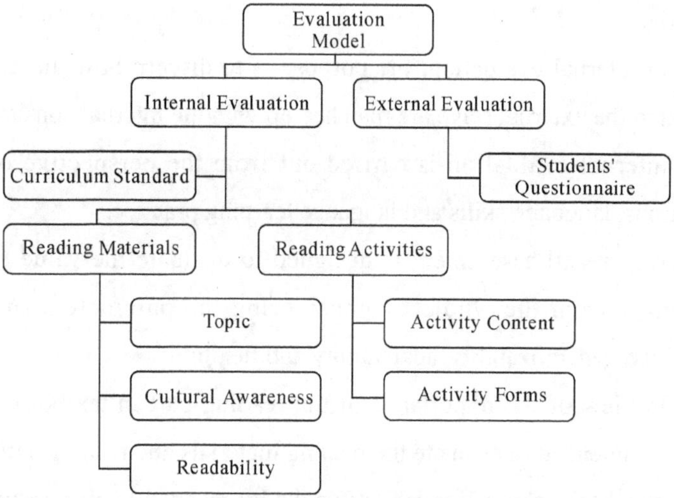

Figure 1 Evaluation Model

2.1 Research Questions

The research questions pursued in this paper are:

Are the reading materials in English textbooks interesting and appropriate for high school students?

Does the content and presentation of reading activities comply with the principles of textbook design and facilitate students' reading comprehension?

How do the participants think of the reading materials and activities in the textbooks they have been using in class?

2.2 Research Design

This study is composed of two parts. In the first part, an internal evaluation of the textbooks is conducted to have a detailed analysis of the reading materials and activities. Three readability formulae and a self-designed checklist of reading activities are carried out to find out whether the readability of reading materials is proper for students and whether the reading activities in current textbooks meet the requirement of the activity design. In the second part, an external evaluation of the textbook is conducted through a questionnaire which was administrated to a group of 202 students who have been using the English textbook New Senior English (NSE) and another group of 200 students who have been using New Senior English for China (NSEFC) respectively.

2.3 Participants

In order to learn students' attitudes towards the reading materials in NSEFC and NSE while using them, a survey was conducted among students from two senior high schools. 200 students who have been using NSEFC in Ningxia Yucai Senior High School and another 202 students who have been using NSE in Ningxia Muslim Senior High School participated in the questionnaire. Grade Two students were chosen because they have finished or almost finished the study of eight books, so that they could give a comprehensive response for the two sets of textbooks.

2.4 Data Collection and Analysis

The questionnaire was conducted by English teachers to 402 high school students in class at the end of the semester. The questionnaire was anonymous but the students were required to respond to the questionnaire with their real thoughts about the textbooks they were using. Descriptive statistics were obtained by using the Statistical Package for the Social Science (SPSS 16.0). Reliability analysis showed that the statistics were reliable for further analysis. Factor analysis was conducted to find out factors affecting students' attitudes towards the textbooks.

2.5 Instrument

In this study, questionnaire, readability formulae and self-developed evaluation checklists were used in the external and internal evaluation of the textbooks.

2.5.1 Questionnaire

The questionnaire was employed for collecting information

in external evaluation, and a Chinese version was used to avoid misunderstanding due to the respondents' language competency. The questionnaire was designed according to the checklists of Evaluating EFL Teaching Materials (Cunningsworth, 1984) and Materials Evaluation (Hutchinson et al., 1987). Twenty questions are included in the questionnaire by adopting the form of five-point Likert Scale. These 20 questions are concerned with difficulty, interest, topic coverage and helpfulness of reading materials and activities. 402 copies of questionnaire were administrated to the students and 384 effective copies were returned.

2.5.2 Three Readability Formulae and a Self-developed Evaluation Checklist of Reading Activities

Three readability formulae tried by many other researchers and a self-developed evaluation checklist of reading activities designed on the basis of the literature review were used in the internal evaluation. The three readability formulae were used to measure the readability of the chosen texts from NSEFC and NSE. They are the Dale and Chall Formula, the Fry Graph and the Flesch Reading Ease Formula, all of which enjoy high reputation for the practice of readability measurement. The self-developed evaluation checklist is devised to analyze the reading strategies covered in reading activities and the forms in which they are carried out.

2.5.3 The Two Sets of Textbooks

1) NSEFC

According to the syllabus for Senior High School English published in 1993, Senior English for China (SEFC) 1993 was published by People's Education Press in cooperation with Longman Press. It was edited under the notion of Notional-functional Syllabus, which was more a way of organizing a language learning curriculum than a method or an approach of teaching. While learning to perform communicative activities (functions), students practice language structures which refer to certain situations and ideas (notions). Under the guidance of 2001's National English Curriculum Standards (NECS), SEFC 2003 was produced on the basis of 1993's edition and it was referred to as NSEFC hereafter. NSEFC has 10 books: The first 5 books are compulsory and the other 5 books are elective. Each book has 5 units and each unit is composed of warming up, pre-reading, reading, comprehending, learning about language, using language and sum up. Pre-reading, reading, comprehending and using language are the focus of this study.

2) NSE

NSE is designed under the notion of multi-syllabus, which includes a variety of elements, such as structures, functions and notions, situations and topics. NSE consists of 11 books: The first 5 books are compulsory and the other 6 books are elective. Book 1 to Book 5 focus on basic knowledge; Book 6 to Book 8 focus on expanding the coverage of topics and integrating the training of skills; Book 9 to Book 11 appropriately increase literary, historical and ideological content, and introduce some classic masterpieces, major events in English culture, history and customs. Each book includes 6 units, but different from NSEFC, NSE does not have a fixed arrangement. For example, the pronunciation part is added in Book 1 to help students foster correct pronunciation at the beginning of the new semester. Although each book has different parts in each unit, NSE is mainly composed of introduction, reading and vocabulary, function, reading and listening, grammar, reading and writing, reading and speaking, everyday English, reading practice and cultural corner.

Books from 1 to 8 in both sets of textbooks contain an integrated and characteristic system of knowledge points in line with the NECS. The rest books are designed for students who have spare capacity.

3 Results and Discussion

The results of this study will be presented in two parts. The first part is the internal evaluation of the two sets of textbooks; the second part presents the results of external evaluation by analyzing students' questionnaire about the two sets of textbooks.

3.1 Internal Evaluation

The internal evaluation is composed of the evaluation of reading materials and reading activities. The reading materials evaluation is carried out from the perspective of topic, cultural awareness and readability; the reading activities evaluation is conducted by analyzing the coverage of reading strategies and forms of the activities.

3.1.1 The Evaluation of Reading Materials

Topic

The New English Curriculum Standards is attached with a Topic Appendix which includes 24 categories of topics for textbook editors to choose from. As we can see in Table 1, 14 categories of topics in Topic Appendix are covered in NSEFC's 40 units from Book 1 to Book 8. Nature, popular science and modern technology are the most popular topics in NSEFC followed by the topic of society. Topics like literature and art, entertainment and sports which students are usually interested in are also covered in many units of NSEFC. Other topics such as health, history and geography, the world and environment, language learning, travel and transport, food and drink, festivals, holidays and celebrations, interpersonal relationships, and family, friends and people around are shown in one or two units, which enrich the content of the textbooks and serve to meet the interests of different students in various regions.

Table 1 Topics in NSEFC and NSE

Topic	NSEFC	NSE
Family, friends and people around	1	1
School life	0	3
Interpersonal relationships	1	2
Plans and intentions	0	1
Festivals, holidays and celebrations	2	2
Food and drink	1	1
Health	2	2
Entertainment and sports	4	6
Travel and transport	2	3
Language learning	2	3

Continued

Topic	NSEFC	NSE
Nature	6	5
The world and environment	2	3
Popular science and modern technology	6	3
History and geography	2	4
Society	5	5
Literature and art	4	4

As for NSE, 16 categories of the topics in Topic Appendix are covered in 48 units from Book 1 to Book 8. From the table we can see that the distribution of the topic categories in NSE. To be more attractive, topics different from students' ordinary life are chosen, like high school prom, foreign food, carnival, countries in Europe, mysteries of the world. Most of the topics chosen in NSE are new and relevant to daily life, like astronauts Yang Liwei, hot sport star Yao Ming, sandstorms in Asia, the film *Hidden Dragons and Crouching Tigers*, *Harry Potter* and its author J. K. Rowling. The external evaluation proved that these novel and diversified topics attracted students' attention. They were more interested in NSE's reading materials than those of NSEFC.

Cultural awareness

Cultural awareness has been initially put forward in New English Curriculum Standards for national elementary education in China. It is one of the five reference dimensions measuring integrated language use ability. Liu Changjiang (2003) has put forward that culture teaching is made up of target culture (culture related to English-speaking countries, mainly America and Britain) and native culture (Chinese culture). Table

2 and Table 3 are the distribution of culture in these two sets of English textbooks. NSEFC has 47% of the texts on target culture like Canada, the United Kingdom, the United States, festivals around the world, a taste of English humor, cultural relics and so on. As for NSE, besides the cultural corner at the end of each unit, there are also 53% of the texts on topics on foreign countries and culture like Europe, developing and developed countries, music born in America and carnival. And compared to the 31% of the texts on native cultures in NSE, there are only 14% of the texts on native culture in NSEFC. As Yan Yilun (2002) pointed out, whenever communicating with foreigners, one is inevitable to talk about ways of his own life. A conversation only involving target culture all the time might never be real cross-cultural communication in a certain sense. What is more, the senior high school stage is an important period for the cultivation of nationalistic mentality. Therefore, native culture should be attached importance to in textbook compiling.

Table 2 The Percentage of Two Categories of Culture in NSEFC

NSEFC	Frequency	Percentage
Native culture	11	14%
Target culture	38	47 %
Others	31	39%
Total	80	100%

Table 3 The Percentage of Two Categories of Culture in NSE

NSE	Frequency	Percentage
Native culture	27	31%
Target culture	46	53%
Others	14	16%
Total	87	100%

For senior high school students, the stage of senior high school might also be their critical period of personality development and perfection. Apart from helping students acquire knowledge and master language skills, English teaching should also involve fostering learners' personality. To help students develop sound emotion, attitude and value towards the world, which is demanded by the New English Curriculum Standards, NSEFC selects many texts on topics of great people and instructive deeds like heroes, great women, great scientists, helping others, voluntary work and so on. As for NSE, there are also many texts on the similar topics for the same reason, such as the great people and great inventions of ancient China, great scientists, a job worth doing, the great sports personality and so on.

Readability

Tomlinson (1998) stated that it was useful to analyze about 10% to 15% of a total material, ideally chosen around the middle part to get a quick impression of the general nature of the whole set of materials. Each book of NSEFC is composed of 5 units and NSE is composed of 6 units, so it is decided that the reading materials in Unit 3 will be selected from each book. Thus, there are eight texts from each set of textbooks. The three well-known readability formulae: the Dale and Chall Formula, the Fry Graph and the Flesch Reading Ease Formula are used to test the readability of the texts chosen from the two sets of textbooks, and the results will be reviewed as an index of the readability of the whole textbooks(see Table 4).

Table 4 A Comparison of the Readability of NSE and NSEFC

	The Dale & Chall		The Fry Graph		The Flesch Reading Ease Formula	
	NSEFC	NSE	NSEFC	NSE	NSEFC	NSE
Book 1	10	11	11	10	12	12
Book 2	11	11	12	11	12	12
Book 3	11	9	12	9	13	11
Book 4	12	11	11	10	12	11
Book 5	10	11	8	10	11	11
Book 6	11	11	9	12	11	12
Book 7	11	11	12	10	12	11
Book 8	13	12	13	11	14	12
Average	11.125	10.875	11	10.375	12.125	11.5

The readability of each book is presented in Table 4 according to the three readability formulae. According to Lü Zhongshe (2003), students who are 17 to 19 years old in China should have a level of English reading ability equal to children of 11 to 13 years old in Britain. High school students in China are 17 to 19 years old. So their English reading ability is similar to children of 11 to 13 years old in Britain. According to the three readability formulae, the reading materials in NSEFC are appropriate in readability, while NSE is comparatively much easier than NSEFC in readability, which is also approved by the questionnaire.

What needs to be noted here is that the formulae are created for English native speakers, mainly for children, who are quite different from students learning English as a foreign language in China. Yet, although the results above cannot entirely reflect the readability of the reading materials in textbooks, they indeed have great reference value. What needs to be noticed is that, though NSEPC is appropriate in readability, yet the students are satisfied with NSE, which is comparatively lower than NSEFC in readability.

3.1.2 The Evaluation of Reading Activities

Reading activity content

Table 5 and 6 present the evaluation result of the cortent of reading strategies couered in each book of NSEFC and NSE again the self designed checklist based on the literature review.

Table 5 The Content of Reading Strategies in NSEFC

Word attack skills	Book1	Book2	Book3	Book4	Book5	Book6	Book7	Book8
Automatic recognition skills								
Using structural information (grammatical function and morphology) to assign meaning to a word								
Deducing meaning through contextual clues	√	√						
Deducing meaning through word formation	√							
Text attack skills								
Structural knowledge								
Recognizing and interpreting cohesive devices	√	√						
Interpreting discourse markers	√							
Recognizing rhetorical organization	√	√	√	√	√		√	√

Continued

	Book1	Book2	Book3	Book4	Book5	Book6	Book7	Book8
Metacognitive knowledge								
Identifying the main idea		√		√	√		√	√
Skimming: to recognize the key sentences of a passage	√		√					
Previewing	√	√						
Scanning: to train the students to locate specific information	√	√	√	√	√	√	√	√
Taking notes	√	√	√	√	√	√	√	√
Summarizing	√	√		√	√	√	√	
Synthesis and evaluation strategies								
Prediction	√	√	√					
Recognizing implications and making inferences	√	√	√	√			√	√
Recognizing writer's tone	√		√					
Content/world background knowledge								
Relating to personal experience	√	√	√	√	√	√	√	√
Relating to background knowledge	√	√	√	√	√	√	√	√

Table 6 The Content of Reading Strategies in NSE

Word attack skills	Book1	Book2	Book3	Book4	Book5	Book6	Book7	Book8
Automatic recognition skills								
Using structural information (grammatical function and morphology) to assign								
meaning to a word								

Continued

Text attack skills	Book1	Book2	Book3	Book4	Book5	Book6	Book7	Book8
Deducing meaning through contextual clues	√	√	√	√				
Deducing meaning through word formation								
Structural knowledge								
Recognizing and interpreting cohesive devices	√			√	√			
Interpreting discourse markers						√		
Recognizing rhetorical organization	√	√	√	√	√	√	√	√
Metacognitive knowledge								
Identifying the main idea	√	√		√		√	√	√
Skimming: to recognize the key sentences of a passage								
Scanning: to train the students to locate specific information	√	√	√			√	√	√
Taking notes	√		√					
Summarizing	√	√				√	√	√
Synthesis and evaluation strategies								
Prediction		√		√	√	√	√	√
Recognizing implications and making inferences	√	√	√	√	√	√	√	√
Recognizing writer's tone		√	√	√				
Content/world background knowledge								
Relating to personal experience	√	√	√	√	√	√	√	√

Continued

Text attack skills	Book1	Book2	Book3	Book4	Book5	Book6	Book7	Book8
Relating to background knowledge	√	√	√	√	√	√	√	√

Reading activity form

Based on the literature review, a self-doveloped checklist of the reading activities forms is designed. Table 7 and 8 are the forms of reading activities in NSEFC and NSE.

Table 7 Forms of Reading Activities in NSEFC

Forms of questions	Book1	Book2	Book3	Book4	Book5	Book6	Book7	Book8
True or false	√	√	√	√	√	√		
Wh-question	√	√	√	√	√	√	√	√
Multiple choice	√	√	√	√	√	√		
Filling in blanks		√	√		√			
Filling in the table/chart	√	√	√	√	√	√	√	√
Filling the list								
Yes/no questions				√		√		
Matching	√	√					√	
Summarizing	√			√	√	√		
Sentence completion			√		√			√
Alternative question	√	√	√	√	√	√	√	√
Group discussion				√	√	√	√	√
Pair work	√	√	√	√	√	√	√	√
Application questions			√	√	√	√	√	√
Making a new order	√				√		√	
Making a list	√		√	√	√	√	√	√
Questions with visual presentation	√				√	√	√	√
Sentence correction			√					√

Table 8 Forms of Reading Activities in NSE

Forms of questions	Book1	Book2	Book3	Book4	Book5	Book6	Book7	Book8
True or false	√	√	√	√	√	√	√	√
Wh-question	√	√	√	√	√	√	√	√
Multiple choice	√	√	√	√	√	√	√	√
Filling in blanks								
Filling in the table/chart	√		√				√	
Filling the list		√						
Yes/no questions	√	√	√		√	√	√	√
Matching		√	√	√	√	√	√	√
Summarizing								√
Sentence completion		√	√		√	√	√	√
Alternative question	√	√	√	√		√	√	√
Group discussion	√	√	√	√	√	√	√	√
Pair work	√	√	√	√	√	√	√	√
Application questions								
Making a new order				√	√	√		
Making a list	√							
Questions with visual presentation		√	√		√			
Sentence correction								

From Table 7 and Table 8 we can see that, nearly all the forms are covered in both textbooks. However, some activity forms have low frequency. 11 forms are frequently used in NSEFC and 9 in NSE. Among the frequently used presentation forms in NSEFC, the forms of table, chart or map are found few in NSE. Activities designed in the forms of charts, tables and maps will make it easier for students to understand the text organization and identify important information from the text. Research has shown that effective teachers and teachers in more effective schools are more frequently observed asking varied questions that go beyond a literal understanding of a text, than less effective teachers and teachers in less effective schools (Knapp, 1997;). This provides a rational reason for teachers to engage their students in activities with verified forms.

3.2 External Evaluation

3.2.1 The Reliability and Validity Analysis of the Questionnaires

Reliability is the consistency of a set of measurements. Cronbach alpha is a reliability test technique that measures how closely a set of items are related as a group (Wang Baojin, 2007). The alpha coefficient normally ranges between 0 and 1 and it is considered "acceptable" when a>0.7 and excellent when it is over 0.9. Table 9 shows the reliability of the evaluation questionnaire for the two sets of textbooks respectively and the total reliability of the whole questionnaire. As can be seen in the table, the alpha coefficient for the 20 items is 0.846, suggesting that the items have relatively high internal consistency. Thus, the questionnaire is proved to obtain a quite high reliability.

As for the validity of the questionnaire, it can be proved by the following successful factor analysis.

Table 9 Reliability Analysis of Evaluation Questionnaire

Questionnaires	Reliability Statistics		
	N of Cases	N of Items	Cronbach's Alpha
NSEFC	192	20	0.819
NSE	192	20	0.861
Total	384	20	0.846

3.2.2 Factor Analysis

Factor analysis was conducted to see what would affect students' satisfaction towards the textbooks. Five factors were extracted in principal component analysis. They are usefulness, difficulty, interest, illustration and warm-up activities.

1) Usefulness

The result showed that the students gave prominence to the usefulness of reading activities. Reading activities should not only be useful for understanding the text but also be helpful for training students to master reading skills and apply them in reading other materials. In this study, nearly 90% of the students agreed that the reading activities in NSEFC were useful for improving reading skills and understanding the text; and for NSE over 90% of the students were positive about the usefulness of reading activities. The result showed that reading activities played an important role in language study and students were quite satisfied with them in both textbooks.

2) Difficulty

It was another important factor valued highly by the students in the evaluation of the textbook. The results showed that 89% the students agreed that reading materials in NSE were appropriate in difficulty, and for NSEFC, the number was 83%. However, a big difference was spotted in the difficulty of reading activities. 92% of the students agreed that reading activities in NSE were proper in difficulty, while only 79% of the students agreed that activities in NSEFC could be accepted in difficulty. Caution should be taken about it because knowledge can be absorbed only when it is understood. One possible reason is that NSEFC has a higher request on students' comprehensive English language ability. For example, in NSEFC, students are often required to write down the main idea or make a summary of a paragraph or the whole text, whereas in NSE, activities like that are usually designed in the form of multiple choices, which is easier for students.

3) Interest

Numerous researches have proved the importance of interest in language study, especially the interest of materials, because all the other studies are based on or around the material. If they lose interest in materials at first, it would be hard to keep their attention on the rest of study. The result showed that NSEFC could be improved in the aspect of interest. Only 79% of the students agreed that the reading materials in NSEFC were interesting, while the situation in NSE was better, with 88% of the students showing interest in the reading materials.

4) Illustration

Illustration in this study refers to pictures, graphs, maps, photos and any other thing that are printed in the textbook to help students understand the text and stimulate their imagination and interest in it. The result showed that 85% of the students agreed that the illustration in the textbook could help them understand the text in the two textbooks, but nearly 40% of the students expressed their disappointment in the creativity and interest of the illustration in both textbooks. Improvement should be made in this aspect.

5) Warm-up activities

Each unit has warm-up activities like lead-ins in the two textbooks. Different from NSEFC, warm-up activities in NSE are named as introduction. The result showed that 93% of the students agreed that warm-up activities help them understand the texts in both textbooks. 82% of the students agreed that warm-up activities were interesting in NSEFC, and the number for NSE was 87%. From the results we can see that the students were satisfied with the warm-up activities on the whole.

4. Conclusion

The present study was conducted to explore the suitability of reading materials and activities in English textbooks for senior high school students in China and whether they were consistent with the New English Curriculum Standards and satisfy students' needs by means of the evaluation framework constructed for this paper. Internal and external evaluations were administrated to students in senior high schools. They were instructed by experienced teachers so as to minimize the influence of teachers and teaching methodologies on students' views of the textbooks.

The internal evaluation was conducted in two aspects: reading materials and reading activities. As for the reading materials, NSE was found to have more topic categories and the topics were more diversified and up-dated. Based on the analysis of three well-known readability formulae, NSE was found to be easier than NSEFC. These findings corresponded with external evaluation results of the textbooks, according to which the students were more satisfied with the interest and difficulty of the reading materials in NSE. The readability analysis showed that the reading materials in both textbooks were above the students' English reading ability, especially NSEFC.

As for the reading activities, the result showed that nearly all the text attack skills have been covered in the content of the subjects, but few word attack skills have been paid attention to in both textbooks. Word attack skills like deducing meaning through contextual clues and word formation can help to enlarge students' vocabulary and make the reading more fluently. As for the presentation of reading activities, the result showed that literal comprehension questions were found most in both textbooks followed by reorganization and personal response questions, while evaluation questions were seldom found in both textbooks. Different from NSEFC, NSE provided many inference questions for students. As for the forms of reading activities, nearly all the forms were covered in both textbooks. However, some activity forms had low frequency. 11 forms of activities were frequently used in NSEFC and 9 forms for NSE. NSEFC had more activities designed in the forms of charts, tables and maps than NSE. Activities like filling in the table/chart, filling in the list, application questions were found few in NSE.

External evaluation was conducted through a questionnaire, and the data were analyzed through factor analysis. The results showed that five factors are given prominence to when the reading materials and activities were evaluated. The factors were named as usefulness, difficulty, interest, illustration and warm-up activities. Reading activities should not only be useful for understanding the text but also be helpful for training students to master reading skills and apply them in reading other materials. It was revealed that students gave prominence to the usefulness of reading activities and they were quite satisfied with them in both textbooks. Students had similar attitudes towards the difficulty of reading materials, but a big difference was spotted in the difficulty of reading activities. Activities in NSEFC were found more difficult than those in NSE. One possible reason was that NSEFC had a higher request on students' comprehensive English language ability. As mentioned before, NSE was thought to be more interesting in reading materials and activities, which corresponded with the internal evaluation. Nearly 40% of the students showed their disappointment in the creativity and interest of the illustration in both textbooks. Improvement should be made in this aspect.

The present study is an in-depth and comprehensive investigation of the reading materials and activities in English textbook for senior high school students in China through a self-conducted evaluation framework. Tomlinson (1998) suggested that material evaluation criteria should be adapted in different evaluation situations. The findings discovered in this paper prove the success of the customized evaluation framework for the reading materials and activities.

The aim of this study is not only to gain profound insights into the nature of reading materials and activities but also to generalize some implications for making better use of the series of English textbooks. In order to make students interested in the reading materials, textbooks should have up-dated and diversified topics which are close to students' daily life. The purpose of reading activities is to help students master reading skills and apply them in reading other materials automatically. Therefore, there should be more reading activities on training reading skills rather than just facilitating to the understanding of the text. Apart from the text attack skills, word attack skill should also be emphasized in designing reading activities. Features such as usefulness, difficulty, interest, illustration and warm-up activities should be paid more attention to in compiling reading materials and activities, especially the illustration because great disappointment has been revealed in its creativity and diversification.

References

[1] 刘长江. 谈外语教育中目的语文化和本族语文化的兼容并举[J]. 外语界, 2003（4）: 14-18.

[2] 吕中舌. 可读性理论与英语教材[M]. 北京：世界知识出版社, 2003: 57.

[3] 王保进. 英文视窗版SPSS与行为科学研究[M]. 北京：北京大学出版社, 2007.

[4] 严轶伦. 全球化浪潮下英语教学中的本土化意识[J]. 四川外语学院学报, 2002, 18(4)：159-160.

[5] Cunningsworth, A. *Evaluating and Selecting EFL Teaching Materials*[M]. Oxford: Heinemann International, 1984.

[6] Cunningsworth, A. *Choosing Your Coursebook*[M]. Shanghai: Shanghai Foreign Language Education Press, 2002.

[7] Harwood, N. What Do We Want EAP Teaching Materials For?[J]. *Journal of English for Academic Purposes*, 2005, 4(2): 149-161.

[8] Hutchinson, T. & Waters, A. *English for Specific Purpose: A Learning-Centered Approach*[M]. Cambridge: Cambridge University Press, 1987.

[9] Knapp, M.S. Between Systematic Reforms and the Mathematics and Science Classroom: The Dynamics of Innovation, Implementation, and Prfessional Learning [J]. *Review of Educationel Research*, 1997(67): 227-266.

[10] McDonough, J. & Shaw, C. *Materials and Methods in ELT: A Teacher's Guide*[M]. Beijing: Peking University Press, 1993.

[11] Sheldon, L. E. *ELT Textbooks and Materials Problems in Evaluation and Development*[Z]. ELT Document 126. Modern English publications in association with the British Council, 1987.

[12] Tomlinson, B. *Materials Development in Language Teaching*[M]. Cambridge, UK: Cambridge University Press, 1998: 1-24.

第十章　质性研究

第一节　质性研究简介

Johnson et al.（2014）对qualitative research（质性研究）的定义是：research that relies primarily on the collection of qualitative data. ...qualitative research primarily follows the exploratory scientific method. ...Qualitative research is used to describe what is seen locally and sometimes to come up with or generate new hypotheses and theories. Qualitative research is used when little is known about a topic or phenomenon and when one wants to discover or learn more about it. It is commonly used to understand people's experiences and to express their perspectives.

The Oxford Dictionary of English（Pearsall，2001）对qualitative（质性）的定义是：relating to, measuring, or measured by the quality of something rather than its quantity。

杨鲁新等（2013）对质性研究（qualitative research）的定义是：质性研究旨在探索人类如何理解他们的世界以及他们在这个世界中的经历。质性研究关注人们经历过的、感觉到的社会体验，努力理解某个环境下某个事件或现象的前因后果。此类研究的目的不是要预测未来是否会发生类似的事件或现象，而是要理解某种环境对研究对象的影响。研究人员对某种事件或现象的深层次理解，整合研究对象的每个经历，并通过自己的感悟展现出来。这种研究通常是在自然的环境下进行，研究对象数量小，而且是有目的地选取出来的。研究人员需要花大量的时间进入研究场地，与研究对象深度交流。质性研究注重过程、意义和理解，因为质性研究的成果具有丰富的描述内容。研究人员在报告研究发现时，常常会引用研究对象的话语、文本资料中的记载、图片等相关数据进行佐证。

孟万金等（2004）整理出了国外关于“质性研究”的一些有代表性的定义：

质性研究是用文字描述现象，而不是用数字来度量（Krathwohl，1998）。

质性研究的渊源同文化人类学、社会学、心理学、人类语言学相关联，……是站在被研究的角度来描述和分析文化、人及群体行为的特征（Hudelson，1994）。

质性研究是一种质的范式设计，是在自然情境中以复杂的、独特的、细致的叙述来理解社会和人的过程（Creswell，1994）。

质性研究是理解人的现场研究，一般以参与观察、无结构访谈和深度访谈来收集材料（Brugess，1984）。

维尔斯马等（2010）指出：定性研究着重现象学模式，在该模式中多个事实根植于主体的感知。而对理解和意义的关注建立在口头叙事和观察基础之上，而非以数字为基础。定性研究通常在自然情境下发生；……定性和定量研究代表着两种截然不同的理解世界的方法，这里的世界是指被研究的现象。定性研究基于描述分析，本质上是一个归纳的过程，即从特殊情境中归纳出一般性的结论。……定性研究给普遍地认为是一种方法，它为实施研究而设计了一系列的程序。从开展研究的实用性而言，这可能是一种有用的方法，但从认识论的角度看，定性研究与定量研究存在着根本的差别。它们基于不同的范式，所谓范式是由假设、概念和命题组成的一个模型。定性研究从最纯粹的意义上讲从属于自然主义的范式，即研究应在自然情境中进行，研究所获得的意义也只适应于特定的情境和条件。这种研究是采取整体的方式阐释自然情境。……定性研究是具有特定情境性的，研究者角色就是这种情境中的一部分。定性研究基于对情境感知的认识，相信特定的自然和社会环境与人类行为有很大关系。定性研究者强调整体的作用，他们认为事实和价值是无法分离的。

《辞海》（夏征农，1989）对“定性研究”的定义是：剖析事物性质的一种研究方法。着眼点在于对事物的表象进行全面的、深入细致的考察和分析，进而揭示出决定这一事物运动、变化和发展的内在规律。定性的过程是理论探索、历史研究与现状调查相结合的过程。

陈向明（2001）对“质的研究”的定义是：质的研究方法是以研究者本人作为研究工具、在自然情境中采用多种资料收集方法对社会现象进行整体性探究、使用归纳法分析资料和形成理论、通过与研究对象互动对其行为和意义建构获得解释性理解的一种活动。

根据杨鲁新等（2013）的观点，质性研究的主要类型有：叙事研究、民族志研究、扎根理论式研究、个案研究和行动研究。

从上面所引可以看到，质性研究（qualitative research）在国内有不同的译法，例如：质的研究、定性研究，另外还有“质化研究”“定质研究”等。在实际研究中，还常常采用“定性分析”（qualitative analysis）的说法。本书采用“质性研究”的译法。

高尔等（2007）用列表的方式给出了定量研究和质性研究的区别。

表10.1　定量研究与质量性研究

定量研究	质性研究
假定一个客观的社会事实	假定社会现实是由参与其中的人建构的
假定社会现实在不同的时间和情境中是相对不变的	假定社会现实在局部的情境中被持续构建
从机械论的角度看待社会现象中的因果关系	在解释社会现象中的因果关系时人的目的被赋予主要的作用
对研究参与者和他们的情境采取客观的、分离的姿态	研究者本人与研究参与者直接相关，实现共享观点和互相关心
研究总体和代表总体的样本	研究个案
研究行为和其他可观察的现象	研究个体创造的内在含义和其他内部现象
研究自然情境中或人为情境中人类的行为	研究自然情境中的人类活动
将社会现实分解为变量	对社会活动发生的整个场景作整体的考察
用预想的概念和理论去确定将要收集的数据	数据收集后再找出概念和理论
用数字数据来代表社会环境	用文字和图像数据代表社会环境
用统计方法分析数据	用分析归纳的方式分析数据
用统计推断程序来概括源自某个确定总体的样本的结果	通过寻找其他相似的个案来概括个案结果
撰写非个人化的、客观的研究报告	撰写解释性的报告，报告反映出研究者对数据的建构，读者也将从报告的内容中形成自己的解释

质性研究的特点如下（袁振国，2000；胡中锋，2011）。

1）质性研究是自然式的探究，而且是在自然场景中进行。

2）质性研究是描述性的。

3）质性研究强调以整体的观点看待研究对象。

4）质性研究采用归纳思维方式构建理论。

5）质性研究具有灵活性。

6）质性研究更注重过程。

质性研究的过程大致如下。

1）按照研究课题的性质确定质性研究的题目、目标、分析材料的范围。

2）进行资料收集，资料可以来自于观察所得、访谈所得、反省报告（有声报告和日志）、书面文档及影像资料等。

3）对所得资料进行初步的检验分析。

4）选择恰当的质性分析方法（如，文献分析、归纳法、演绎法、比较研究法、内容分析法、解释学方法等），确定分析的维度。

5）对资料进行归类分析，区分不同情境下材料的差异，并对分析结果的信度、效度和客观度进行评价。

6）撰写研究报告或论文。

相对于定量研究，质性研究也有其自身的局限性。

1）质性研究在自然环境中进行，周围环境的变化往往难以控制从而影响观察结果。

2）操作难度较大，对研究者本身的素质要求较高。

3）研究者在场使得研究的结论往往受到研究者主观因素的影响。

4）结论的普适性意义较低。

实际上，教育研究人员在他们的研究中往往同时采用定量研究和质性研究的方法。Johnson et al.（2014）将这种方法称为：mixed research（综合研究），并给出了如下的定义：research that involves the mixing of quantitative and qualitative methods or other paradigm characteristics。同时他们用下表给出了这三种研究方法多方面的不同。

表10.2 Emphases of Quantitative, Mixed and Qualitative Research

	Quantitative Research	Mixed Research	Qualitative Research
Scientific method	Confirmatory or "top down"–the researcher tests hypotheses and theory with data	Confirmatory and exploratory	Exploratory or "bottom-up"–the researcher generates or constructs knowledge, hypotheses, and grounded theory from data collected during fieldwork
Ontology (i.e. nature of reality/truth)	Objective, material, structural, agreed upon	Pluralism; appreciation of objective, subjective, and intersubjective realities and their interrelations	Subjective, mental, personal, and constructed
Epistemology (i.e. theory of knowledge)	Scientific realism, search for Truth; justification by empirical confirmation of hypotheses; universal scientific standards	Dialectical pragmatism; pragmatic justification (what works for whom in specific contexts); mixture of universal (e.g. always be ethical) and community-specific needs-based standards	Relativism; individual and group justification; varying standards

Continued

	Quantitative Research	Mixed Research	Qualitative Research
View of human thought and behavior	Regular and predictable	Dynamic, complex, and partially predictable multiple influences include environment/ nurture, biology/ nature, freewill/ agency, and chance/ fortuity	Situational, social, contextual, personal, and unpredictable
Most common research objectives	Quantitative/ numerical description, causal explanation, and prediction	Multiple objectives; providing complex and fuller explanation and understanding; understanding multiple perspectives	Qualitative/ subjective description, empathetic understanding, and exploration
Interest	Identifying general scientific laws; inform natural policy	Connecting theory and practice; understanding multiple causation, nomothetic (e.g. general) causation, and idiographic (i.e. particular, individual) causation; connecting national and local interests and policy	Understanding and appreciating particular groups and individuals; informing local policy

Continued

"Focus"	Narrowing angle lens, testing specific hypotheses	Multilens focus	Wide-angle and "deep-angle" lens, examining the breadth and depth of phenomena to learn more about them
	Quantitative Research	Mixed Research	Qualitative Research
Nature of observation	Studying behavior under controlled conditions; isolating the causal effect of single variables	Studying multiple contexts, perspectives, or conditions; studying multiple factors as they operate together	Studying groups and individuals in natural settings; attempting to understand insiders' views, meanings, and perspectives
Form of data collected	Collecting quantitative data based on precise measurement using structured and validated data-collected instruments	Collecting multiple kinds of data	Collecting qualitative data such as indepth interviews, participant observations, field notes, and open-ended questions; the researcher as the primary data-collection instrument
Nature of data	Variables	Mixture of variables, words, categories, and images	Words, images, categories
Data analysis	Identifying statistical relationships among variables	Quantitative and qualitative analysis used separately and in combination	Using descriptive data; searching for patterns, themes, and holistic features; and appreciating difference/variation

Continued

	Quantitative Research	Mixed Research	Qualitative Research
Results	Generalizable findings providing representation of objective outsider viewpoint of populations	Provision of "subjective insider" and "objective outsider" viewpoints; presentation and integration of multiple dimensions and perspectives	Particularistic findings; provision of insider viewpoints
Form of final report	Formal statistical report (e.g. with correlations, comparisons of means, and reporting of statistical significance of findings)	Mixture of numbers and narrative	Less formal narrative report with contextual description and direct quotations from research participants

第二节　论文实例

Teaching for Identities, Writing Between the "We" and "I" Paradigm

Zhao Hongqin（赵宏琴）　Fei Ying（费莹）　Lin Xiao（林晓）

Abstract: Circumscribed by the culture of collectivist and Confucian traditions, English as a foreign language (EFL) education in China has defaulted to an impersonalized provision and delivery. Much of teaching and learning is to assimilate individuals into a group identity. This epistemological model can be detected in learning outcomes, e.g. preferential use of "we" over "I", lack of authentic self-identity in student EFL writing, etc., and is characterized by ubiquitous rote learning. In this paper, we adopt a biographical approach to the teaching of stories expressed as personal narrative as part of the research framework. This is also applied to critical curriculum and pedagogical reforms that help students to write across their extant cultural constraint, enabling them to make a conceptual leap in understanding the difference between the collective, and the individual identities, of the "we" and the "I". Once this conceptual awareness has been achieved, the individual viewpoint can be elicited and articulated in student writing of narrative accounts. Biographical narrative accounts of personal experience are found to have a creative and self-actualizing force in forming the individual's identity, using his/her original voice. The findings suggest that EFL writing curriculum and pedagogy in the new era can be a useful strategy to empower students and EFL teachers to write and teach between the "we" and the "I" paradigms, and expand their ontological capability and flexibility through pedagogical effect.

Key words: cultural difference biographical methodology EFL writing developing voices cultivation of identities educational impact

1 Introduction

The language and embedded cultural experience conditions the way one thinks (Kaplan, 1966; Bruner, 1996). This social reality becomes more apparent in a cross-cultural environment. In the case of teaching English skills, it is not only a linguistic act, but also a cultural performance (e.g. Atkinson, 2003; Uysal, 2008; Yang, 2008). And it is even more so when teaching writing in a second or foreign language (Atkinson, 2003; Fu et al., 1998; Gui, 2009; Zhao et al., 2012). Teaching foreign language writing in particular, and teaching a foreign language in general, however, is often framed and treated as a mere linguistic paradigm, indeed as a clinical phenomenon in the field. While other ideological and cultural influences are considered to be complicating factors for both research and practice and are, therefore, insufficiently discussed (Kiely et al., 2010; Yang, 2008).

In order to master fluency in any modern language in the inter-language and inter-cultural context, students need to engage in a synthesis of both the language and its related living culture (Kaplan, 1966; Atkinson, 2003; Zhao et al, 2012). To write authentically in the English language quite often requires a change of thinking and cultural perspective (Fu et al., 1998). Typically, the English cultural context, featured by the Platonic-Aristotelian model of discourse, places the concept of "the individual" at the heart of its ontological, cultural, social, educational and political assumptions. Such assumptions of individuality imply that the student ought to come more to the fore; whereupon there is an expectation that personal opinions are valued and therefore expressed directly in most English language contexts (Kaplan, 1966; Elbow, 1999; Huang et al., 2009). Developing and authoring in a unique personal voice, and with a sense of self-identity, is the most important for the Chinese EFL students to produce a more authentic piece of work in English for effective communication within English culture.

When Chinese students from a collectivist cultural background are learning to write in English, their social identity needs to migrate from being expressed collectively to an individual expression (Zhao et al., 2012). This means that Chinese students wishing to engage and empathize within an English (and generally, Western) cultural context need to think and learn in an individualized way. This requires a cultural paradigm shift; a move away from thinking of themselves as part of a collective identity, and "voice", featured by the use of the "we" (e.g. Shen, 1989; Snauwaert, 2009; Gui, 2009; Gill et al., 2012), and make a transformation towards uniquely thinking of themselves, dissimilarly, as individual persons in their writing "voice", with the "I" perspective.

Teaching EFL writing skills should, therefore, include and entail such transformative thinking devices and socializing process in students, and place them at the center of re-thinking the entire curriculum design and delivery of EFL, if not all other subject fields. This is based upon the established thesis that such a pedagogical strategy benefits motivational learning, through the epistemological assumptions of individualized, experiential learning, which is relevant to the student's own experience and growth (Kolb, 1984; Shen, 1989; Bruner, 1996; Stables, 2003).

Unfortunately, this pedagogical approach is not always the case in teaching EFL writing in China. The missing individual's "voice" and characterization of self-identity in Chinese student EFL writing is reported as a widespread and prevalent problem (e.g. Gill, 2009;

Gui, 2009; Shen, 1989). For instance, Gui (2009) has documented this phenomenon through a longitudinal research study that identified how EFL students in China, in their English written work, lacked expression of individual identity and original voice. The manifestation of this is seen in the EFL students' writing through two main ways that they write. The first is the reluctance to expose any personal views, and the second is the preferential use of "we" over "I", even when and where they compose individual or personal views. In a similar line, Shen (1989) and Lu (1987) have also reported how EFL writers learned to reconcile and negotiate a new identity when they write in the English language and culture.

Gui (2009) further explains that the absence of the self and individual voice from the "I" perspective in Chinese students' English writing has resulted, in one way, from the national imposition of English learning in China, where EFL is a compulsory subject in the national curriculum from primary to university levels (see also Shen, 1989; Zhao, 2008). She recognizes that the suppressed nature of self-identity in student college English writing is an outcome derived from an impersonal culture of educational provision and experience. The learning of English as a foreign language is of national importance and regarded as a priority for the socio-economic advancement, and a central driver of China's modernization (see also Hu, 2002). This ideological understanding of EFL policy derives from viewing (and valuing) English purely as a technical skill without giving due regard and status to its cultural context, which is linked to not only the deeper fluency of English per se, but also underpins China's quest for modernization through social and global engagement

(Zhao et al., 2010). A strictly technical delivery of EFL results in a neglect of students' individual interests and needs, with the consequence that the individual's thought and voice is not engaged.

A big part of the reason for this reluctance to take up a full self-identity in the English voice is the view students have that English is something necessary for the greater good of the whole country, and must be undertaken out of patriotic feeling, and as a necessary examination subject (e.g. Hu, 2002). This means there is still no identification of that individual with the sense of identity felt by a native English speaker–their participation in English learning is still a further expression of an obligation towards the greater good for the many, even, indeed, at the personal expense of the individual (e.g. Shen, 1989; He, 2002a).

In another way, the lack of expressions of self-identity discerned in EFL student writing is the result of the deeply rooted tradition of a Confucian notion of a form of "self" which is selfless in the culture (See also Cortazzi et al., 1996; Hu, 2002; Kim et al., 2011; Zha et al., 2006; Zhao, 2012). The cultural elements of collectivist and Confucian traditions unsurprisingly rooted in the Chinese education system and default epistemological and ontological postulations, thus shaping learning outcomes.

Pedagogy needs to systematically build and enable individuals to develop their talent through critical and creative advancement of self-knowledge that would benefit the individual development, and wider society. Crossing boundaries, and experiencing cultural change, by being exposed to different cultures (societal and educational) is, therefore, part of such experiential knowledge advancement, and, in that sense, the potential for EFL is to advance such a powerful and deeper knowledge-based curriculum (Kaplan, 1966; Shen, 1989). For Chinese students, and students in other cultures, this represents a potential step towards mastering thinking skills embedded in a new culture. To move to the personal cultural paradigm forming the "I" perspective, from an anonymous ideological collective identity featured by the "we" perspective, is to become a fully independent individual. However, this leap requires a gradual transition, where the curriculum is designed and delivered to scaffold each student in a pedagogical methodology that can enable them to build progressively through their own learning and knowledge development, and demonstrate their identities required by the target language and its culture in writing.

This article explores a new pedagogy and curriculum approach, of utilizing a culture that nurtures author identity through the teaching of English writing in a Chinese university. The researchers aim to develop and experiment a pathway to connect the student's personal thinking and voice. This was conducted through a biographical methodology to explore students' experiences in differentiating themselves, and contributes to developing their genuine voices, self-identities, and awareness of different cultures around them. We endeavoured to unlock the myth that has led to the missing individual voice in student EFL writing and, instead, through a biographical pedagogy strategy, maximized individual experience in learning EFL writing. We taught students to appreciate biculturality, and be able to flexibly write between the "we" and the "I" paradigms, and at the same time expand their epistemological potentials and capability.

The overarching question in our study is related to the ontological observation concerning the muteness or the silence of the individual self in Chinese university students' English writing, and the deeper reasons behind these missing genuine individual voices. It is commonly known that, by custom and practice, EFL is usually taught and learnt in the students' native country, where the EFL learning is deeply influenced and characterized by their first language and the societal influences of everyday life within their original culture. This cultural situation is also associated with the widely known problems connected to the default pedagogy of transmission and rote learning that represents a low level of behaviour-based learning and expectation of outcomes. In order to thoroughly understand how these key issues have resulted from these collectivist, Confucianist, cultural beliefs, and how to transform the curriculum and pedagogy, we will identify a method, which will counteract these influences, for EFL writing, as suggested by Atkinson (2003: 52):

"I am proposing that L2 writing needs to devote greater attention to the more-or-less tacit and unthinking social and cultural practices."

In what follows in this article, we will firstly examine the cultural bonds that constrain the expression of self-identity and student author voice in English writing. Secondly, we use a biographical approach to pedagogy and curriculum design and research to counteract the problems discussed above. Finally, we will explore the policy implications for education.

2 The Socio-Cultural Context of EFL Writing in China

2.1 Assimilation and Conformity to the Collective Identity in the Confucian Society

Chinese culture has been historically influenced by a tradition of collectivism, which forms a particular pattern of Chinese thought and understanding of the self. This way of thinking produces a self which is identified collectively. It can be traced back to ideas of ancient philosophers, such as Laotze and Confucius (e.g. He X., 1997; Huang et al., 2009). According to the Confucianist view, the individual only exists as a component in the mechanistic construction of society, indissolubly bound to all others by prescribed duties, which are of paramount importance to their own life, and to the lives of all others. Influenced by such philosophy, society naturally developed a collective identity, which assimilates individuals (Wei, 1947; He X., 1997). As He X. describes (1997: 115-125):

"In early times in ancient China many philosophers such as Confucius, Laotse and Tschuang Tschou used words like 'the same', 'sameness', 'the one', 'the one and same', 'the oneness', etc. We also find philosophers using such terms as 'Heaven and man are one', 'Knowledge and action are one', and 'The other and I are one'. Therefore, we can say there was a clear consciousness of identity in ancient China and that this indicates the character of its consciousness of collective identity."

Such a tradition of collective character was understood to be in the cause of the greater good for the many, and remains a powerful way of thinking to the present day. It received a huge boost during the years of collectivization of the 1950s and 1960s, when state policy took a direction that could be shown to have roots in existing Chinese tradition and philosophy, and made it the coercive norm of the period. This was further entrenched by the "Cultural Revolution", when any 'deviant' thought was classified as counter-revolutionary. In education, universities were closed, and schools reduced to the teaching of standardized texts that were learnt word-perfect by heart. That was a deliberate attempt to assimilate the student population as a mass, neglecting differentiation, as a social engineering policy, which highlights the influence of society upon the individual, but obliterates the creativity of the individual in society (He X., 1997; Shen, 1989). There is also *"a sense of duty and loyalty to group/family/society"*, and the individual self *"is perceived as a relational concept situated in the context of the collectives"*–family, clan, institution, and so on (Gill 2009; Shen, 1989). Shen (1989) asserts that in such a society, the individual self "I" is always subsumed into the collective group self "we":

"In China, 'I' is always subordinated to 'We'–be it the working class, the Party, the country, or some other collective body. Both political pressure and literary tradition require that 'I' be somewhat hidden or buried in writings and speeches; presenting the 'self' too obviously would give people the impression of being disrespectful of the Communist Party in political writings and boastful in scholarly writings. The word 'I' has often been identified with another 'bad' word, 'individualism', which has become a synonym for selfishness in China."

Without doubt, this convention has inculcated itself into Chinese educational beliefs and classroom practice in modern times; in a fashion of conforming individuals to the social "norms". This has resulted in a scenario of an absence of personal expression, presentation of individual identity, and personal voice, as pointed out earlier in the introduction (Gui, 2009; see also Cortazzi et al., 1996).

Consequently, the resistance is very deep to teaching methods that require individual and personal involvement in classrooms, being perceived as being contradictory to the collective conformity cultural legacy. Hu (2002) reported the case of "cultural resistance" from Chinese teachers and students to communicative language teaching (CLT) originated from Western cultures. The communicative language teaching theory failed to make the expected changes in, and effect upon, EFL teaching in China. According to Hu (2002; see also Huang et al., 2009), it is because the pedagogical principles that merit communicative language teaching, and the traditional Chinese culture of learning, are in potential conflict with each other in several important respects:

"They (the communicative language teaching approaches) embody different, even opposing, philosophies about the nature of teaching and learning (e.g. the interactive model of CLT vs. the Chinese epistemic model). They have largely contrary assumptions about the respective roles and responsibilities of teachers and students (e.g. learner-centredness vs. teacher dominance/control). They encourage different learning strategies (e.g. verbal activeness vs. mental activeness). They reward different qualities in students (e.g. independence and individuality in CLT and receptiveness and conformity in the Chinese culture of learning) and value different classroom etiquettes."

Hu (2002) concludes that given these fundamental socio-cultural differences, it is counterproductive to attempt to replace traditional practices and implant communicative language teaching in their place. But, the example of the audio-lingua method of teaching, a successful adaptation from a foreign source, shows that for communicative language teaching to have further effect in the Chinese system, EFL policy-makers and reformers in China perhaps need to find the common ground that this theory shares with traditional methods and beliefs. For instance, the shared value of cultivation of sociolinguistic competence, use of authentic teaching materials, and new learning strategies for training, which are not in direct conflict with the Chinese emphasis on collective orientations, socially appropriate behaviours, and concern for the right way of doing things (see also Zhao et al., 2010).

A more pragmatic approach would seek those critical educational reforms and innovations that can build successfully from Chinese culture and tradition through a process of well-planned epistemological and pedagogical evolution.

2.2 The "Myth" of Transmission and the Search for Meaning

A collectivist view requires a "transmission" form of education, which is a widely known characteristic pedagogical model of traditional Chinese education, which depicts an image that teachers transmit the factual content of textbooks to students for the purpose of replication and assessment through fixed examinations (e.g. Gui, 2009; Wang et al.

2003).

To achieve high scores in summative assessed examinations seems to be a shared goal for most students and teachers in China. Huang et al. (2009) consent to the idea that Chinese education is examination-driven, and selective examinations are a central part of the characteristics of the Chinese education system (see also Wang et al., 2003). This was the case more than a century ago, well before China had started a modern school system. Examinations were employed as the best method of ascertaining the qualifications of candidates for government employment in the civil service throughout Chinese history (Martin, 1881). Learning for public examinations remains a core motivation in the modern education system. Teaching is very much focused on the textbook, and learning is encouraged in terms of students memorizing the content of the book, which provides the basis for examination questions.

When teaching is reduced to be mere transmission of facts, and learning to be a rote repetition of those same facts, then, it subverts the nature and alternative purpose of education, to operate as an intellectual act to cultivate students, so that they can construct and create new knowledge, rather than just receive it as sterile facts from the teacher and the textbook (Zhao et al., 2010). Uncritical and thoughtless transmission of factual information prevents the development of critical thinking and learning capacities that enhance self-esteem and self-identity (Gui, 2009; Snauwaert, 2009; Zhao et al., 2010), and thus diminishes the true meaning and benefits of higher order learning for personal growth.

In this social context, individuals cannot relate to what they study, nor does it require them to voice their genuine thoughts. All this is pedagogically underpinned by the impersonal mechanism of transmission techniques. In this environment learning becomes a low level act of mere behavioural regurgitation of non-transferable facts, with neither personal nor meaningful exchanges, when learners study the same book in the same way over many years. As a result, this limited model of pedagogy does not lead to explorative or intellectual enquiry in the teaching and learning contexts (Zhao et al., 2010; Zhao, 2012). Many teachers and students end up looking elsewhere for a meaning of learning that is more relevant to their experience and personal development.

The submerged self-identity produced by the pedagogical gap identified through the English perspective required for EFL writing, in general is seen as being limited through application of low-level techniques of transmission and assimilation, while ignoring individual participation. With China's own economic development and rapid socio-cultural changes stemming from modernization, there is a new need to develop self-identity in learners. According to Gill (2009: 10):

"There is growing evidence from China mainland to suggest a surge in the search for individual self-identity, together with a movement to re-conceive the Chinese identity amidst current uncertainties resulting from economic and technological development."

The socio-economic development in China suggests that curriculum and pedagogy in Chinese schools and universities should both encourage individuation and subsequent originality in writing in

English, to further engage with the globalized world.

In contrast to the collectivist and Confucianist beliefs about educational provision and subsequent learning outcomes, analysed above, many educational philosophers, mainly originating from Western cultures over the last century, believe that teaching is to develop the capability of individual students themselves, and make significant differences in learners (e.g. Kaplan, 1966; Bruner, 1996; Hirvela et al., 2001; Stables, 2003). As Bruner (1996: 42) advocates:

"A system of education must help those growing up in a culture find an identity within that culture. Without it, they stumble in their effort after meaning."

In this vein, Stables (2003) believes that individualizing educational opportunity is part of the challenge to modernity in education in opposing increasingly industrialized model of education (Zhao et al., 2010). Bronowski (1973: 20.) credits that knowledge is our destiny and that personal advancement is through developing self-knowledge of our experiences of the world.

3 Methodology: A Biographical Approach to "Finding Our Selves"

Schooling to cultivate the individual self is not a unique product of Western culture (Wu, 1992), but something possessed by all humanity, and capable of being nurtured and developed through education and learning. Ancient Chinese scholar Liu Xie described how "carving the dragon" is cultivating the mind through literary craft, an act of personal empowerment, in a book over a thousand years ago (Cai, 2001). In modern schooling, deliberate effect from teaching and learning can create distinction and make individual differences within the home culture. The "myth" of pedagogy only being the transmission of the same textbook that assimilates students' minds is finally uncovered through the above cultural analysis, and the model of rote learning can be broken through, to create a more personalized learning experience by identifying a suitable method (Zhao, 2012; Gill et al., 2012). There may be concerns that the emphasis placed on the Platonic-Aristotelian model of thinking in English learning may result in the "westernization of student thinking". When one considers that students are now able to cross between cultures, with deeper learning, and become proficient in both home and the target languages and cultures, this can be viewed as a gain, and not a loss, of culture, because students become biculturally, or multiculturally, proficient and competent. This is the principle aim of foreign language learning and teaching, which helps to modernize and transform the nation through deeper cultural understanding, reflection, and communication with nations having other cultures. Thus, visioning and developing world citizens engaging in a globalized society is a way to resolve the apprehension.

3.1 A Biographical Approach to "Finding Our Selves"

Most literature that addresses the theory and practice of actualizing self-identity with Chinese learners embeds useful cultural transformation through a biographical approach. It is also true to say that EFL writing has, in particular, shed new light on this emerging educational field of enquiry. Four example studies are reviewed to identify the process of identity development in the cross-cultural context.

One is Gui (2009), who taught in China, and has obtained her PhD from an American university. She has explicitly pointed out that there is a lack of self-identity in Chinese students' college English writing. She proposes raising the level of critical consciousness, and developing authentic subjectivity in students to facilitate that self-identity. This approach has a potential transformative influence on EFL writing instruction in China. As a result, a transformative force in Chinese society is found, to bring out and culturally value individual identity. Another is Gill (2009), the editor of the book—*Exploring Selfhood, Finding Ourselves, Finding Our Stories in Life Narratives*—who contends, from a pedagogical point of view, that narratives of life history lead to personal growth and transformation. Before Gill went to England she was teaching in China. She obtained her PhD from a British university and now works in England as an educational researcher. Another case is one of the authors (Zhao, 2009)—and the fourth case is He (2002abc). Prior to He's PhD study in Canada, she was an EFL instructor in China. She is now a professor of education in America, and has published books extensively on identity formation and transformation through cross-cultural learning and life writing, based on her cross-cultural educational experiences. These researchers and writers all have in common a shared life experience of leaving their original culture and crossing to another. They all obtained their doctorates in the Anglophone culture, and can therefore appreciate and articulate the key differences between the two cultures. All of them have arrived at the same conclusion that Chinese people can develop explicit understanding of their self-identity through their own cross-cultural learning experiences and narratives.

One of the authors' doctorate study, of Chinese teachers of English as a foreign language in China, involved the recording of their biographical narratives of their teaching lives. She then applied this methodology to constructing her own process of self-realization in an autobiographical manner (Zhao, 2009); While He's (2002abc) series of writings studied three Chinese women's cross-cultural learning and lives, including herself; He documented the journey towards their discovery of self-identity:

"In a series of three papers, I examine the identity development of three Chinese women teachers as they moved back and forth between Eastern and Western cultures and languages amid the rapidly changing events of the last four decades. I use a river metaphor to explore three phases in the cross-cultural lives of these women."

A model of three phases of self-identity development can be discerned from examining the experiences, and the lives, of these researchers and writers originating from China. Adopting a perspective from outside the home culture, leaving the comfort zone, and clarifying and socializing into the new perspective, produce the first phase. The second phase involves incorporation into a non-Confucian culture and absorbing its values, e.g. the social values of individuality and independence. The third phase of self-identity personal development is to use the insights gained from the external cultural viewpoint and apply them back to their own lives, in teaching and learning. A higher order critical reflection and adaptation of one's practice is achieved through such inter-cultural learning experiences.

From the above cases, it seems that it is not impossible for Chinese people, originating from a self-submerged collective culture, to develop their own identities through their personal and intercultural experience in education. Yet, in the stories of the EFL writers reviewed, their feelings of cross-cultural change happened only when they had the opportunity to step outside of their own native culture and live in English-speaking countries. Application of this epistemological transformation to a classroom situated within the monoculture context of China was then investigated in this study. This was made possible by using empathic instructors who have experienced similar self-development, and are interested in the cultivation of personal identity through teaching English writing in the Chinese classroom. In addition, informal and indirect access to other cultures via the Internet, and other media, was also taken into account. This means that Chinese students enrolled in English subjects at Chinese universities are highly aware of English-speaking societies and cultures, and this represents a useful resource.

3.2 Research Design

The insights derived from these cases of self-transformation have been implemented in our curriculum and pedagogy of EFL writing at a top-ranked Chinese university. This is achieved through a series of English writing courses that develops student selfhood and original ideas, using a biographical methodology of teaching and learning, also of research. We developed a curriculum of advanced English writing for English majors studying for a BA degree in English Language and Literature, which was designed as a series of two courses, namely Advanced English Writing I, and II. Course I is designed to teach students to write in English for general purposes and communication, and orient them towards academic writing for Course II. This paper focuses on the research we have conducted in Course I with two groups of freshmen (n=60 students for each group) registered on the undergraduate program. 60 students enrolled in one year and another 60 in the next. Course I was conducted in the first term of the freshman year, lasting 16 weeks with 2 contact-hours in the classroom for each week.

Over a period of two academic years, the writing curriculum was aimed to engage students with their own voices and experiences, to form a point of view for their writing. This was carried out through pedagogy to raise cross-cultural awareness and improve the English writing techniques of the students, so as to bring out their original voice for writing about any subject. The idea of Course I was to help students to create a sense of author identity, using the resources from voicing their own experiences, which is the basis for readers to make sense of the originality of their writing. The whole course is autobiographic-oriented, starting with students writing a self-introduction. The curriculum has incorporated writing exercises, such as the free writing of a self-introduction; this process becomes more elaborate with practice and revision, until the students individually produce meaningful episodes of life stories. In the meantime, writing structure is introduced, by way of instruction and handout guidance. For example, we channelled the exercise to shape the biographical materials developed from the free writing assignment in practicing writing a one-paragraph essay and later a longer five-paragraph essay.

This task overlaps into writing for other purposes that need biographical material. The distinctness of the self was further implemented in writing for applications, e.g. CV and personal statement, for applying to study for a further degree, or for a job. This is a way to relate the students' learning of EFL writing to their own real life applications, which plays an important motivational role in the course for them to master the cultural mechanism and writing skills required by the target language. Another writing assignment practiced in Course I is to direct students to focus on a Chinese cultural phenomenon, or point, and develop a viewpoint to apply their cultural knowledge and writing skills to produce a five-paragraph essay. We guided students in composing an in-depth description of a Chinese cultural viewpoint, so as to analyse the meaning of words or concepts with rich cultural meanings, for enabling cross-cultural communication and writing skills.

We also included an organizational mechanism as a way of structuring essay writing. For instance, we instruct students to develop a thesis statement as the overarching organizational element in English writing. This further scaffolds students in how to write in English, in addition to introducing them to the structure of introduction, body paragraphs, and conclusion. Teaching materials were drawn from various writing sources, such as different textbooks, research papers, or Internet websites. The course was assessed through a final paper, of about two thousand words, which students chose to further develop from one of the topics practiced over the course, e.g. self-introduction, personal statement, or a cultural viewpoint.

For this course, a shared email account was set up for students to submit their writing assignments. This also operated as a tool and learning space for the instructor to supply electronic course materials, such as PowerPoint slides of lectures, and also provided a means for feedback on student writing. Other paper-based course materials were delivered as handouts in class. Students were also encouraged to submit their assignments and raise questions using the email account. All students were given the email address that used a protected password access. At the beginning of the course, we conducted the informed consent procedure to confirm with the students in the course that the writing course and their writing products would be used for research. At the end of the course we invited students to make evaluative feedback comments on the use of the shared email box, and the writing program in general.

Each student wrote the initial draft in his/her own time, without collaboration with anyone else. In class, each essay was read and commented on by a fellow classmate, a form of peer-review. A small sample of these papers has been selected as typical examples. The second draft, written as a one-paragraph essay, was written the following week. This largely included material from the first draft, generally shorter. This submission was reviewed by the teacher and returned to the students the following week. The teacher reviewed the third draft, and feedback comments made to each individual student, in class. The final paper was then written, in the light of the previous drafts. The material was looked at by the teacher and judged for style and originality.

4 The Outcomes

As it was a reflexive research method, we observed and kept notes about student responses in their written assignment tasks throughout the course. Our teaching interventions involved using a biographical methodology of teaching. All 120 students of the two freshman groups submitted their final course papers, only one-third of the total student cohort choosing self-introduction for their final course papers. It is noted that only about half of the students have responded and sent their feedback and evaluation comments on the course via the shared email box facility.

For the analysis, we sampled those students whose final five-paragraph papers were developed from the topic of self-introduction, and the students who submitted course evaluation comments, so that we can identify the changes in the drafts students produced over the course on the same topic and triangulate them with their evaluation feedback. We put the drafts into a table in columns of draft 1, draft 2, draft 3 and evaluation feedback. We qualitatively analysed the data produced through student writing, including their emails sent to the teacher commenting on a particular class during the course. We mainly made comparison between their first drafts produced in the free writing exercises, the second drafts produced in the one-paragraph writing task and the final papers. The focus was put on identity development and the emergence of original voice. We highlight three themes for the evaluation of student learning outcomes and teaching effects in this research.

4.1 Hearing the Critical and Individual Voices

At the beginning of the course, some students used the impersonal style, such as the third person, in self-introduction, for instance:

"A girl, who is open-minded and sticks to her favourites, is here writing something about herself."

Or re-directing attention away from their own self, towards their hometowns or another person:

"Here I'd like to introduce my role model to you, her name is Yuna Kim. Yuna Kim is a famous South Korean figure skater."

After having grasped the essential skills and principles of English writing, we found that the students showed they were more comfortable in referring to themselves in the first person, and to their own lives. They were beginning to claim ownership of their own learning, such as when a student says "...to get some information I need", in the following quote. They spontaneously developed their own critical faculties to confidently critique and criticize their instructor's work, as well as their own, which can be discerned in their comments on the use of shared email feedback:

"As for the shared email box, I'd like to appreciate it for it plays an important role in my learning of the course. ... But to be honest, it has some drawbacks meanwhile. For instance, I find it a bit difficult to get some information I need, for there are large numbers of emails in it."

Stimulated by a teaching method, such as this biographical one, and with guided steps toward the objective to solicit authentic individual voice, and to progress beyond the tradition of transmission, it is possible to bring out students' genuine individual voice, which emerges as their new self-identity from within the collective culture in which they are growing up (see aslo Shen, 1989). Steps to create a meaningful learning environment are made by placing the student's lived life and home culture as the central focus while writing in the target English language. The exercise requires students to identify and articulate distinguishing and significant points derived from their individual experiences, differentiating one from another.

4.2 Writing Between the "We" and the "I"

The dynamics created by emphasizing the differences between individuals in the classroom inspired the students to increase their distinctiveness. By doing so, students were able to cross the boundary into the target language and culture, which is required for their degree in English language and Literature. This teaching strategy prevented them from being locked in their native monoculture when studying a foreign language, and enabled their educational advancement. This approach adopts the best values from both native and target cultures. In this case, it is to value both the collective and individual identities and assume a middle Anglo-Chinese cultural viewpoint between the "we" and "I" paradigms. The following quote is from one of the first drafts, and shows the preferential use of "we" over "I", even in self-introduction:

"From my point of view, life is inevitably filled with obstacles, from which we can not escape. These obstacles, however hard or troublesome, are a sort of missions which we must accomplish in our life, which can give us raptures when we succeed in coping with them, many of which are really beneficial for us to cherish."

During this course, students' self-identities, finding their beginning in the collective identity, develop to the extent that they often become phrased with a strong sense of self, originating in their own experience, which gives birth to the self, as one of the students writes:

"I am an interest-driven Japanese learner, affected by the corresponding culture, and then named myself in Japanese as Edogawa Sinri. I began studying Japanese just before I entered the university when I by chance watched several animation films of *Case Closed*, and this has been kept on thus far for nearly 2 years. I was impacted by the emotion of the voices at beginning that there was something alike to the preference of my heart, so that the interest was lit up. Even it was still the final months before College Entrance Exam, I started my study plan without hesitate."

Over the years since the start of this particular English writing course, which runs for two hours per week for 16 weeks each academic year, most students adopted the use of words such as "I" and "me" where their personal and original voice is needed. Students crafted himself/herself with titles such as "This Is Me" and "The Person I Am" for their final examination papers to demonstrate a new sense of identity with their own narrative voices.

4.3 Lessons for "Real" Writing

The above preliminary result shows that the basic ideas underlined in this writing course were not accepted without hesitation. Despite that, these new initiatives and approaches to EFL writing unlocked the puzzles that had impeded some students, and inhibited them from advancing their English writing. Passive resistance to the change in pedagogical style and delivery was an initial response on the part of some students. Student Huang revealed her journey to "real" writing, to us, through an email, in which she said:

"…my initial attitude towards this course is very passive… I have to confess that during the first two weeks, I'm completely 'out' of the class. When I appeared to be listening to you or reading the hand-out, my mind was actually wandering in complete blankness."

And this email came along with the subject line of "Apology". The reason for her to apologize to the instructors was that she had experienced some "wondering time", and the assignment written by her under such a condition was not self-recognized as proper writing by her any more. As she wrote and explained in her email:

"I'm truly sorry for not showing respect to your great work and for wasting so much time of my own. After the class tonight, I came to you and asked to take my assignment on self-introduction back. It needs to be rewritten since I was not sincere when doing the previous one and that kind of thing can not be called writing."

Gradually, an understanding of this new kind of authoring process came about. As Denison et al. (2003) argue, writing is a craft, like understanding how to move in sport, similarly, how to learn to speak in English. A moment of seeing what writing actually is has actually emerged for one student as an epiphany; as she has identified in the following excerpt from the evaluation email:

"...For most students like me, to write English essays is always some assignment required by others. A topic is given, and the rest of the work is to write it in beautiful English sentences, write them down, and hand in. That's all. I do what I'm asked to do and it's so boring. But now I've realized, during my past years of English study, I actually haven't dome [done] any real writing, because I've forget [forgotten] the most important fact "Writing is thinking". This is what I come across tonight on the reading materials you give us. You can not imagine how hard this maxim hit. That is writing! I feel deeply ashamed, for taking this sacred job so lightly..."

The student's first two wondering weeks "wasted", as she phrased in the email, which gives us some insight into how long we, as instructors, should wait for students to come around to such an understanding for genuine communication in the classroom. At the beginning, many students felt uncomfortable engaging in conversations with the instructors, staying silently withdrawn in conversations we tried to initiate. This is the case when students go to study abroad, such as in the USA, where they find themselves ill at ease in classrooms when invited to join in on a conversation on equal terms with the lecturer, and also for group and peer-based work (Huang et al., 2009). As time passed, the students' behaviour changed, whereupon they adjusted themselves to just answering and responding to questions initiated by the instructor.

Not having a textbook as the primary "prompt" for learning left students feeling adrift, and simply remembering to bring handouts to class was a new idea for many students. For several weeks we worked on intangible themes, such as writing to present thinking, and writing to cross cultures, with many students seeming to find it hard to follow up their studies. Many students felt uncomfortable without their prior pedagogical experience of learning through substantial transmission. They would comment that they needed more than they were getting from the lecture, even suggesting that the lecturer should didactically read through the handout in class with them. Some were uncomfortable with reading the handout on their own. This is perhaps not too surprising given that these students were used to a very structured, transmissive form of teaching. A freer form of teaching can leave some students feeling insecure, not knowing what to do in the classroom, so any alternative structure needs to be properly introduced, explained and embedded into this kind of learning environment.

The final form of assessment was not a pure summative examination, but submitted assignments and a final paper. This alternative assessment system also left students feeling they were in unknown territory. The conventional assessed EFL examination is largely a test of memorization based upon a set of facts and rules about vocabulary and grammar. However, the assessment tools to measure creativity, and the deeper understanding of the skills of writing applied in this course, are not common. In response to student concerns, detailed information about assignments and assessment was made available, along with the mark scheme at the beginning of the course.

With open-ended instruction of this type, a sense of security should be built up when students are required to move beyond their previous learning styles and comfort zone. Providing a roadmap of all the learning and assessment processes can do this. Hence, provision of a clearly stated mark scheme, printing out the lecture notes, and providing a written description of any classroom activity via handouts, notes, etc. Students should also be informed of and given a choice over how to submit their assignments, as was the case where a few students mentioned they felt insecure about submitting their assignment to the email box. This was because of a fear their submission might be deleted by other students deliberately, or even by mistake.

5 Implications and Conclusion

In China and elsewhere, in the context of teaching English as a foreign and/or second language, and when working with learners of higher English proficiency in universities, the writing conduct and process requires awareness of different ways of thinking specific to cultures. This means that learning to master a new understanding, and insight of the standards underpinning good writing in a foreign language compared to one's first or native language, can result in ontological extension and personal development (Shen, 1989). Teaching of writing across languages at an advanced level will have to deal with cultural thinking patterns in order to smooth the way for more authentic communication, and for teaching and learning strategies to concentrate on developing the authoring skills of the person, rather than transmitting technical data from books. This important pedagogical issue for EFL writing is currently not taken seriously enough in China.

The absence of explicit expression of the learner identity is at the price of originality, where there is neither authentic voices nor student views, and thus the identity and creativity is missing, which is the core problem in Chinese students' learning in general, and EFL writing in particular. This missing element and emptiness comes when there is no meaningful teaching effect on student wellbeing or growth. The biographical approach to curriculum and pedagogy, experimented in our teaching to cultivate a student individual "I" perspective, distinct from their thinking and ways of seeing themselves as a collective entity of the "we" culture, suggests the following three points for both policy-making and broader implementation in education.

The authors first argue that the "selfless self", in the tradition of Confucian culture and contemporary Chinese educational practice, can evolve, through implementing pedagogical instruments, such as a biographical and life-writing pedagogical strategy. This enables the students to relate their learning to their life and culture, and then communicate it in English through speaking and writing, adopting conventions of thinking and writing patterns that are derived from English-speaking cultures. The collective identity becomes a new background, whereupon a new individual person's self-identity emerges from it. The psychological boundary that confines the collective identity is crossed and student ontological capacity is expanded while they become biculturally or multiculturally proficient and competent.

Second, facilitating such a new form of pedagogy and curriculum, as demonstrated in the EFL writing, might be linked to new educational human resources, via a designed and assessed program of EFL continuing professional development for all teachers, linked to evidence of educational impact in the classroom. It requires assessment, to develop the measures that can look into a new territory of learning outcomes, as original and creative thinking indicators, new writing skills, and expanded ontological capacity, reflecting the process of student change, and identity transformation, etc. Our research suggests that successful learning of writing in English is not done through transmission, but through creative learning strategies to cultivate the learning identity and developing student voice. Such inspiration can be facilitated by new pedagogical methods to break out of the formalized and over-structured transmission model of education (Huang et al., 2009; Hu, 2002; Zhao, 2012).

Finally, we find teaching for the expression of personal identity through his/her voice is a move to teaching for creativity. For pedagogy anywhere, at any time, to create an adaptable learner's identity, and find a place for it in his or her own culture, classroom and course, is not something missing to be filled, but to be created. This is the way to move beyond rote learning, which is persistent only with memorizing and accumulation for understanding within the given texts. Intertwining the phases of understanding and application is essential for learning to be an intellectually creative process, which will enable our students to move between the "we" and the "I" paradigms, and appreciate values of different cultures, both in their writing and in their becoming a world citizen.

References

[1] Atkinson, D. Writing and Culture in the Post-process Era[J]. *Journal of Second Language Writing*, 2003(12): 49-63.

[2] Bronowski, J. *The Ascent of Man*[M]. London: BBC Publications, 1973.

[3] Bruner, J. *The Culture of Education*[M]. CM: Harvard University Press, 1996.

[4] Cai, Z. Q. *A Chinese Literary Mind: Culture, Creativity and Rhetoric in Wen Xin Diao Long*[M]. Calif: Stanford University Press, 2001.

[5] Cortazzi, M. & Jin, L. X. Cultures of Learning: Language Classrooms in China[G]. In H. Coleman (ed.). *Society and the Language Classroom.* Cambridge: Cambridge University Press, 1996: 169-206.

[6] Denison, J. & Markula, P. *Moving Writing: Crafting Movement in Sport* Research[M]. Berne: Peter Lang Publishing, 2003.

[7] Elbow, P. Individualism and the Teaching of Writing: Response to Vai Ramanathan and Dwight Atkinson[J]. *Journal of Second Language Writing*, 1999, 8(3): 327-338.

[8] Fu, D. & Townsend, J. Cross-cultural Dilemmas in Writing, Need for Transformations in Teaching and Learning[J]. *College Teaching*, 1998, 46(4): 128-132.

[9] Gill, S. *Exploring Selfhood, Finding Ourselves, Finding Our Stories in Life Narratives*[M]. Brighton: Guerrand-Hermes Foundation, 2009.

[10] Gill, S. & Thomson, G. *Rethinking Secondary Education: A Human-centred Approach*[M]. London: Longman, 2012.

[11] Gui, L. *Critical Pedagogy in EFL College Writing Instruction in China: An Untested Feasibility*[M]. Hangzhou: Zhejiang University Press, 2009.

[12] He, M. F. A Narrative Inquiry of Cross-cultural Lives: Lives in China[J]. *Journal of Curriculum Studies*, 2002a, 34(3): 301-321.

[13] He, M. F. A Narrative Inquiry of Cross-cultural Lives: Lives in Canada [J]. *Journal of Curriculum Studies*, 2002b, 34(3):323-342.

[14] He, M. F. A Narrative Inquiry of Cross-cultural Lives: Lives in the North American Academy [J]. *Journal of Curriculum Studies*, 2002c, 34(5): 513-533.

[15] He, X. Collective Identity and Civil Society[G]. In M.Wang, X. Yu & M. Dy (eds). *Civil Society in a Chinese Context: Chinese Philosophical Studies*. Washington D.C.: The Council for Research in Values and Philosophy, 1997: 115-125.

[16] Hirvela, A. & Belcher, D. Coming Back to Voice: The Multiple Voices and Identities of Mature Multilingual Writers[J]. *Journal of Second Language Writing*, 2001(10): 83-106.

[17] Hu, G. W. Potential Cultural Resistance to Pedagogical Imports: The Case of Communicative Language Teaching in China[J]. *Language, Culture and Curriculum*, 2002, 15(2): 95-105.

[18] Huang, J. & Brown, K. Cultural Factors Affecting Chinese ESL Students' Academic Learning[J]. *Education*, 2009, 129(4): 643-650.

[19] Kaplan, R. B. Cultural Thought Patterns in Intercultural Education[J]. *Language Learning*, 1966, 16(11): 1-20.

[20] Kiely, R. & Davis, M. From Transmission to Transformation: Teacher Learning in English for Speakers of Other Languages[J]. *Language Teaching Research,* 2010, 14(3): 277-295.

[21] Kim, K. H., Lee, H. E. , Chae, K., Anderson, L. & Laurence, C. Creativity and Confucianism Among American and Korean Educators[J]. *Creativity Research Journal*, 2011, 23(4): 357-371.

[22] Kolb, D. *Experiential Learning: Experience as the Source of Learning and Development*[M]. Englewood Cliffs, N.J.: Prentice-Hall, 1984.

[23] Martin, W. *The Chinese: Their Education, Philosophy, and Letters*[M]. New York: Harper, 1881.

[24] Shen, F. The Classroom and the Wider Culture: Identity as a Key to Learning English Composition[J]. *College Composition and Communication*, 1989, 40(4): 459-466.

[25] Snauwaert, D. T. Foreword[M].In L. Gui. *Critical Pedagogy in EFL College Writing Instruction in China: An Untested Feasibility*. Hangzhou: Zhejiang University Press, 2009.

[26] Stables, A. *Education for Diversity: Making Differences*[M]. London: Ashgate, 2003.

[27] Uysal, H. H. Tracing the Culture Behind Writing: Rhetorical Patterns and Bidirectional Transfer in L1 and L2 Essays of Turkish Writers in Relation to Educational Context[J]. *Journal of Second Language Writing*, 2008(17): 183-207.

[28] Wang, J. & Paine. L. Learning to Teach with Mandated Curriculum and Public Examination of Teaching as Context[J]. *Teaching and Teacher Education*, 2003(19): 75-94.

[29] Wei, F. C. M. *The Spirit of Chinese Culture*[M]. New York: Harles Scribner's Sons, 1947.

[30] Wu, P. *The Confucian's Progress: Autobiographical Writings in Traditional China*[M]. Princeton: Princeton University Press, 1992.

[31] Yang, S. Narrative of a Cross-cultural Language Teaching Experience: Conflicts Between Theory and Practice[J]. *Teaching and Teacher Education*, 2008(24): 1564-1572.

[32] Zha, P., Walczyk, J., Griffith-Ross, D., Tobacyk, J. & Walczyk, D. The Impact

of Culture and Individualism—Collectivism on the Creative Potential and Achievement of American and Chinese Adults[J]. *Creativity Research Journal*, 2006, 18(3): 355-366.

[33] Zhao, H. Q. Why Did People Become Secondary-school English as a Foreign Language Teacher in China? An Examination of the Pathways, Motivations and Policy Through a Life-history Narrative Approach[J]. *Educational Research for Policy and Practice*, 2008, 7(3): 183-195.

[34] Zhao, H. Q. Realization of the Self, a Process of Discovery and Creation Through Cross-cultural Learning[G].In S. Gill (ed.). *Exploring Selfhood: Finding Ourselves, Finding Our Stories in Life Narratives*. Sussex: Guerrand-Hermes Foundation for Peace, 2009: 241-259.

[35] Zhao, H. Q., Coombs, S. & Zhou. X. Developing Professional Knowledge about Teachers Through Metaphor Research: Facilitating a Process of Change[J]. *Teacher Development*, 2010, 14(3): 381-395.

[36] Zhao, H. Q. Is Creativity Lost in Confucian Pedagogy? Rethinking the Question[Z]. An invitational talk presented at the Education Department, Brown University, April 30, 2012.

[37] Zhao, H. Q. & Coombs, S. Teaching and Learning Strategies for Global Citizens: A Chinese EFL Perspective[J]. *Teaching in Higher Education*, 2012, 17(3): 245-257.

[38] Zhao, H. Q. & Huang, J. B. China's Policy of Chinese as a Foreign Language and the Use of Overseas Confucius Institutes[J]. *Educational Research for Policy and Practice*, 2010, 9(2): 127-142.

Acknowledgements

The authors would like to express their gratitude to the editors and two anonymous reviewers for their valuable insights that aided greatly in the final draft of this paper.

（本文发表在*Educational Research for Policy and Practice*, 2012年第12期，作者：赵宏琴、费莹、林晓）

第十一章 行动研究

第一节 行动研究简介

The Oxford Dictionary of English（Pearsall，2001）对action research（行动研究）的定义是：studies carried out in the course of an activity or occupation, typically in the field of education, to improve the methods and approach of those involved。

Hitchcock et al.（1989）的定义是：Action research might be described as an inquiry conducted into a particular issue of current concern, usually undertaken by those directly involved with the aim of implementing a change in a specific situation.

Kemmis et al.（1982）的定义是：Action research is a form of self-reflective enquiry undertaken by participants in social (including educational) situations in order to improve the rationality and justice of (a) their own social or educational practice, (b) their understanding of these practices, and (c) the situations (and institutions) in which these practices are carried out.

Bailey（2006）的定义是：The term action research is an approach to collecting and interpreting data that involves a clear, repeated cycle of procedures. The researcher begins by planning an action to address a problem, issue, or question in his or her own context. This action which is also called "a small-scale intervention" is then carried out. (This is the source of the label action research.) The next step is the systematic observation of the outcomes of the action. The observation is done through a variety of procedures for collecting data. These include audio or video recordings, teachers' diary entries , observers' notes, etc. After observing the apparent results of the action, the researcher reflects on the outcome and plans a subsequent action, after which the cycle begins again. The broad goals of action research are to seek local understanding and to bring about improvement in the context under study.

McLean（1995）的定义是：Action research is the process of systematically evaluating the consequences of educational decisions, and adjusting practice to maximize effectiveness. This involves teachers and school administrators' delineating their teaching and leadership strategies, identify their potential outcomes, and observing whether these outcomes do, indeed, occur. Essentially, action research is examining one's own practice. Action research is a process that promotes the positive impact that teachers and administrators have on student achievement. Action research takes maximum advantage of the assumption that the best sources of effective educational practice are those most directly involved with teaching—teachers and principals.

McNiff et al.（2010）的定义是：Action research is about finding ways to improve your practice, so it is about creating knowledge. The knowledge you create is knowledge of practice.

McKernan（1987，引自：Wallace，2000）的定义是：行动研究是一种运用科学方法解决课程问题的系统的自我反省探究；参与者是这种批判性反省探究过程和反省探究结果的主人。

麦克米伦等（2013）的定义是：行动研究是按照研究原则，向教育专业人士提供改善日常实践相关信息的过程。研究问题根植于实践中，或许就在基础教育阶段（K-12）教师日常工作的课堂。……行动研究是一个简单的系统方法，通常是几个人合作的模式，帮助专业人士改变实践。

Gail et al.（2007）指出：行动研究是实践者为提高新的行动的效果而对其进行的系统性的研究。……行动研究是教育实践者力所能及的，因为一个行动研究项目的质量取决于该项目在多大程度上满足实践者当前的和当地的需要，而非取决于该项目在多大程度上符合合理的研究设计和解释的科学标准。行动研究的步骤相当简单，它们立足于实践者的兴趣和工作场所。他们认为，行动研究有以下五个益处。

1）行动研究有助于建立促进教育实践所需要的理论和知识基础。

2）通过帮助实践者提高理解他人研究结果的能力以及在适当的时候开始自己的研究的能力，行动研究能够促进实践者的专业发展。

3）行动研究能够建立一个同事的网络系统。

4）行动研究有助于实践者以系统的方式发现问题和解决问题。

5）行动研究的优点是它可以被运用于教育的各个层次和各个领域。

Lichtman（2011）给出了教育行动研究的几个要素：

• Action research emphasizes decisions about educational programs.

• Action research is closely associated with teacher research.

• Action research tends to be straightforward.

• Actiomn research involves key decision makers.

• Action research is usually used in schools to address a particular educational problem.

Taber（2013）在给出了行动研究的定义的同时，还给出了教育行动研究方面教师可以研究的一些专业问题：Action research (AR) is characterised in terms of purposes: It is the “the study of a social situation with a view to improving the quality of action within it” (Elliott, 1991). ...action research is designed to bring about change in a personally experienced situation. This makes AR a common approach to practitioner research in professions such as teaching. There are many professional problems that teachers may attempt to address through AR, for example,

• poor student behaviour

• limited student understanding of a topic

• intimidation and bullying behaviour within a group

• lack of interest in a topic

• poor quality of homework

• not enough student involvement in discussion

• stereotyped gender roles during practical activities.

根据有关研究（王蔷等，2014；卢家楣，2012；胡中锋，2011），行动研究具有如下特点。

1）行动研究是为行动而研究，研究内容主要是研究者在教学活动中或自身发展中遇到的具体问题，是理论与实践的结合的中介，其结果可以及时地反馈于教学实践。

2）行动研究不是对“他人”的研究，而是行动研究的研究者对自己的教学、自己的学生、自己的教学环境和效果等的研究，通过研究达到教师、学生、课程和学校的共同发展。行动研究的研究对象通常限于参与研究的教师的学生或教师自己的教学活动，可以不刻意挑选被试。

3）行动研究采用的是自我反思的方式，研究者在行动研究中不断反思自己的教育理念、教育实践、教学方法，在反思中形成计划、实施计划，研究者可以边进行研究边调整计划。

4）行动研究不依赖于专家或专业科研人员的参与，其方法和步骤简便易行，容易为一线教师掌握。

5）行动研究和教学实践的紧密联系有助于增强参与者的参与意识和合作意识。

6）行动研究的方法多元化，例如，日志、图片、录像、录音、观察笔记、课堂观察、访谈、问卷调查等，理想的行动研究应是多种教育研究方法的综合运用。研究方法并不是行动研究区别于其他研究的关键，关键是行动研究倡导持续推动行动与反思的过程，通过反思找到新的行动方案并回到实践中接受检验。

7）行动研究的结果既作用于教学实践，提高教学质量，也作用于研究的参与者，有助于参与研究的一线教师科研意识的提高和专业发展，是促进教师专业发展的重要途径。

8）行动研究的结果还有助于解决学校发展中的实际问题，有助于促进学校管理工作的改进。

因此，行动研究是来自于教学实践又回馈于教学实践的研究，有利于解决教学中的实际问题，有助于提高教师的专业自我意识，有助于推动教育科学研究的发展，对于教学质量的提高、教师专业素养的提升和专业能力的发展、学校教育管理水平的提高等具有十分明显的现实意义。

当然，行动研究也有其局限性，例如，由于无法严密控制相关条件，会影响其结果的可靠性和科学性。

Nunan（2002）给出了行动研究的实施步骤，见表11.1。

表11.1　Nunan的行动研究步骤

Step 1: Initiation	→A teacher comes to me with a problem: His current group of students do not seem interested or motivated. What should be done?
Step 2: Preliminary investigation	→We spend some time collecting baseline data through observation and recording classroom interaction.
Step 3：Hypothesis	→After reviewing the initial data, we form the hypothesis that the students are unmotivated because the content of the classroom is not addressing the needs and interests of the students.
Step 4：Intervention	→The teacher devises a number of strategies for encouraging the students to relate the content of the lessons to their own backgrounds and interests. These include increasing the number of referential over display questions.
Step 5：Evaluation	→After several weeks, the class is recorded again. There is much greater involvement of the students, and the complexity of their language and student-led interactions is enhanced.
Step 6：Dissemination	→The teacher runs a workshop for colleagues and presents a paper at a language conference.
Step 7：Follow-up	→The teacher investigates alternative methods of motivating students.

综合其他研究（王蔷等，2014；徐丽华，2013；卢家楣，2012），行动研究的实施步骤大致如下。

1）发现问题，所发现的问题可以是教师自己在教学中的发现，也可以是同事在教学中的发现，这些问题应该来自于教学、教学管理、学生学习、学生心理等。

2）提出研究假设，假设应基于课题研究现状和已有的材料。

3）调查研究，研究者可以采用访谈、观察、问卷等方法发现问题，获取信息。

4）根据调查情况制定行动研究计划或措施，安排研究进度，落实研究人员的具体分工。

5）实施行动研究计划。研究者在实施计划过程中要采用写研究日志的方式对过程进行记录，研究日志常用的记录形式有备忘录、描述性记录、解释性记录等。如果必要，研究者还应根据实际调整原定的行动研究计划。

6）整理所收集的数据并进行分析。

7）评估与反思。研究者需要对比实施行动研究前后观察对象的变化，评估研究成效，并对整个研究过程进行全面深入的反思。

8）撰写研究报告，并将报告升华为研究论文供发表。

Gail et al.（2007，引自：麦克米伦等，2013）给出了行动研究与传统研究的特征差异，见表11. 2。

表11.2　Gail et al.的行动研究与传统研究的特征差异

特征	行动研究	传统研究
谁确定研究问题并进行研究	实践者：教师、校长、辅导员、管理者	训练有素的研究者：大学教授、学者、研究生
在哪里进行研究	学校、大学、日托中心和其他进行实践的机构	可以适当控制的实验室或场所
目标	与目标设定有关的知识	某领域的一般化知识
文献综述	简要的，聚焦于二手资料	广泛的，强调一手资料
工具	使用那些便利并易于掌握和评分的工具	基于技术充足情况选择的测量工具
抽样	对目标群体的学生或雇员进行方便抽样	倾向于随机或代表性抽样
数据分析	描述性	描述性和推论性
发布	针对特定个体、教室或组织	针对在不同情况下的其他专业人士

第二节 论文实例

提高高中学生英语写作能力的行动研究

孙鲁华

摘要：本文立足常规教学，运用行动研究的思路与步骤，即“提出问题—分析问题—确认问题—设计及实施研究方案—效果反馈与调整—反思”对如何提高高中学生英语写作能力进行了探讨。

关键词：高中学生 英语写作 行动研究

英语写作能力发展既是我国英语教育的重点又是弱点（武尊民，2008）。新课程标准对高中生的写作基本技能做了明确的规定：整理思路，组织素材，规划文章结构，列提纲，组织语言，遣词造句，起草、修改文章以及正确使用标点符号和字母的大小写等（教育部，2004）。英语作为一门语言，写作是必不可少的组成部分。但综观中学英语写作教学，现状令人担忧。高考阅卷成绩统计发现，学生写作的平均分从来没有达到及格标准（15分）。对于写作，学生感到厌倦焦虑、无章可循，教师感到束手无策。本研究立足常规教学，旨在通过行动研究的方法从源头上探究写作滞后的原因，探讨提高高中学生英语写作能力的办法。

1 研究背景

1.1 研究对象

本研究的研究对象是福建省三明市某重点高中的学生，笔者从高三开始担任这个班（共50人）的英语老师。这个班学生的英语基础普遍较好，学习积极性较高。

1.2 发现问题

为了了解学生的语言功底，笔者布置学生写一篇字数不限的自我介绍。笔者批改后发现，一篇百来个词的作文几乎句句有错，主要存在以下问题：遣词造句能力差、语法问题成堆、写作基本技巧贫乏、中式英语（Chinglish）泛滥、生搬硬套、空话套话连篇。

1.3 研究假设

根据以上发现，笔者对学生写作不理想的原因提出了以下五个假设。

（1）师生不够重视写作教学。

（2）学生的词汇量还行但应用词汇量不大。

（3）学生缺乏写作素材。

（4）学生缺乏有效的写作技巧指导。

（5）学生的写作缺乏有效的反馈。

2 调查与分析

为了验证以上假设，笔者设计了调查问卷（见附录“调查问卷1”）并于2009年9月7日对任教班级的学生进行了问卷调查。

问卷调查结果显示：17%的学生对自己的词汇运用非常满意，73%的学生比较满意，10%的学生不够满意；5%的学生经常积累写作素材，17%的学生偶尔有积累，78%的学生从不积累；7%的学生了解写作技巧，24%的学生较了解，69%的学生不了解；没有学生对教师的反馈很满意，15%的学生较满意，85%的学生不满意。

根据问卷调查的内容，笔者拟定了访谈提纲，对10名有丰富教学经验的教师进行了集体访谈。访谈的主要内容有“你如何看待写作教学”“你如何评价学生的写作”以及“你如何传授写作技能”。

集体访谈的结果显示：10位教师都意识到写作的重要性，但没有教师对写作有明确的教学计划，他们认为教学时间紧，任务重，腾不出时间教写作。偶尔有教写作的教师，教的模式基本是：教师布置写作任务—学生课外独立完成—教师独立批改—教师念范文—学生背范文。教师对学生习作的反馈往往只有一个分数，有时也划出学生的语言错误，但大多数学生只关心分数的高低，对教师反馈往往看一眼就塞到书包去了，类似甚至同样的错误在以后的写作中依旧出现。

3 确认研究问题

学生问卷调查与教师集体访谈的结果基本验证了笔者的假设分析：

3.1 中学英语写作没有明确的教学计划

教师普遍认为，有了大量的语言输入，作为语言输出的写作到了高三便是水到渠成的事，因而消极等待。

3.2 应用词汇不能灵活应用

当前的词汇教学仍停留在“读音＋拼写＋词义”（张强，

2008，转引自陈则航等，2010）这个层次。即使学生记住了词汇的形式和意义，也很难用准确。

3.3 学生缺乏写作素材

尽管学生大部分的时间花在阅读上，但大部分语言学习者都会在完成语言理解任务后抛弃语言形式，或者只吸收极少数的语言形式（邹为诚，2000，转引自陈素萍，2010）。

3.4 缺乏写作技巧的指导

写作评价的手段是考试。教师或让学生背诵各种文体的范文，或讲解固定的行文套路。学生很少注意题目的选择、读者的需求、文章的结构、目标的评估，也就是说他们缺乏应有的写作技能（王笃勤，2004）。

3.5 缺乏有效的反馈

作文批改由教师独自在课外进行。由于庞大的学生数，等教师批改完发给学生，学生已记不清楚当时的写作思路和写作语言，只是分数被动的承受者，得不到及时有效的反馈。

4 设计及实施研究方案

确定问题后，笔者认为本研究的主要任务是把写作纳入常规教学，以扩大应用词汇量、丰富写作素材、传授写作技巧、实施多元评价为抓手，使学生的写作能力有一个质的变化。当然，这些做法不是线性的、独立的，而是一个循环往复、相互融合的过程。鉴于高三考试频繁，笔者将行动研究分两个阶段进行，第一阶段从2009年9月7日到12月7日，第二阶段从2009年12月10日到2010年5月10日，每个阶段均有10周的时间。

4.1 制定明确的写作计划

写作这种技能技巧与其他技能技巧一样，需要一个长时间的发展过程才能臻于成熟和稳固。因此无论从写作能力本身的培养角度来说，还是从写作教学手段的运用角度而言，写作训练都需要早期化。要讲求写作训练的系列化和系统化。也就是把写作由形式到内容，按照由简到繁，由易到难的原则排列为一系列的阶梯，逐步地进行训练（胡春洞，1990）。笔者在制定阶段计划时，将写作教学目标和实现这些目标的方法细分到每个单元的教学中，明确每个单元教学训练的文体、方法和次数。然后按计划实施，循序渐进地进行各种指导性训练。每周一篇，课堂限时命题写作与课外自由写作交替进行，即在一个月里，学生要完成两篇课堂限时命题写作与两篇课外自由写作。课堂限时命题写作训练学生写各类文体的文章，且保证同样的文体连续训练两次，以便学生在第二次写相同文体的文章时，能将第一次训练学到的技巧很快就活用于第二次的写作中，达到强化各种体裁写作技巧的目的。课堂限时命题写作的话题贴近时代和学生生活，能够充分激活学生的情绪和写作兴趣。体裁有记叙文、说明文、议论文等，题材有日记、通知、书信、看图作文等。写作教学步骤是初稿—自评—互评—修改—二稿—教师评。采用定量评价的方式。自由写作在课后进行。目的是让学生调动自己的一切资源和手段来直抒胸臆，时间不限，字数不限，体裁题材不限，可以写摘要、回信、改写、缩写、扩写、续写、读后感、观后感、听后感、游记等。为了防止学生对课外自由写作敷衍了事，导致课外自由写作流于形式，笔者规定自由写作每半个月上交一次，仍采用定量评价的方式，其评分体系是：长度（20分）＋内容（25分）＋构思（20分）＋语言质量（25分）＋书写质量（10分），总分100分。五个评分标准顺序固定，一目了然，让学生一看就知道自己的优缺点。

4.2 扩大应用词汇量

从词汇的总量来看，高中阶段的词汇量不小，如果全部当成重点，往往耗费学生大量的宝贵时间，事倍功半。（刘道义，2006）因此，教高三词汇前，笔者先对词汇进行二次加工，即对词汇进行归类，区分认知词汇和应用词汇，对于认知词汇（recognition vocabulary）或领会词汇（receptive vocabulary），只要求学生会听读认，对应用词汇（production vocabulary）则依托真实的语境进行讲解、剖析、归纳、整理和拓展，有意识地提高词汇的复现率，帮助学生熟练掌握直至灵活运用。做到认知词汇有印象，应用词汇会使用（黄群，2010）。如教选修七第三单元 reflect 这个单词时，笔者指着教室窗外的喷水池对学生说，“Look, the sunlight is reflected from the water. And look at the trees reflected in the water.” 接着，笔者又从包里拿出一面镜子照了照，叹口气说，“The sight of my face reflected in the mirror frightens me because I look so tired. Now, I must reflect how I can look more energetic.”由于reflect依托了真实的情景语境和有意识的复现，学生很快就掌握了它的用法。此外，在进行词汇教学设计时，紧扣主题意义，在导入、课文学习和知识内化等环节都增加了一些相关的话题，使学生在首次接触新词汇时就能将其与要谈论的话题建立联系，遇到新的生词就建立更多联系，不断扩展有关主题的词汇，这样就能帮助学生顺利将语篇中的词汇转化成主题意义词汇，在不同但相似的语境中自由运用。（陈则航等）如教选修九第五单元inside advertising这个话题时，笔者用就用“智力激励法”（brainstorming）与学生一起想出了许多与该话题有关的词汇和短语，如convenient，cheating，misleading，products，persuade，survive，have much effect on，save a lot of time and trouble in doing...，take in等。另外，适时指导学生恰当地运用词汇学习策略，掌握记忆规律和技巧，指导学生利用上下文中的同义词、反义词及相关的解释性内容猜测词义，掌握基本的构词法知识以突破记忆单词的难关，构词法通常有转化、派生、加前缀或后缀等，了解这些规则可以帮助学生理解词汇的不同使用功能，进而扩大词汇量（李力，2011）。学生作文中出现破句、不合逻辑句、结构失衡句、成分不全句，与他们头脑中出现的语言形式——预制语块——储存太少有关（姚宝梁，2004）。因此，在教学时笔者还尽量将应用词汇以语块的形式呈现给学生，语块集语境、语义和语法于一体，形式较固定，容易进入学生的长时记忆，也容易被激活和整体提取，有助于学生使用语言的正确性和得体性，使学生最大限度地减少语言错误。如raise one's voice抬高声音、raise one's hopes 燃起某人的希望、raise a laugh 惹起一阵大笑、raise a new point 提出新观点、raise one's awareness增强某人的意识等。

4.3 丰富写作素材

写作是意义的创造过程，阅读是意义的理解过程，写作模拟阅读的过程，阅读模拟写作的行为，它们是同一过程中既有区别又有联系的两个方面，写作者主要通过阅读积累语言、内容、篇章、修辞等知识，为成功的写作奠定必要的基础（邓鹂鸣等，2004）。高三教材体裁广泛，题材丰富，原汁原味，每个单元围绕一个话题展开，绝大多数话题贴近学生的实际生活，具有较强的时代感，很适合写作技能训练。好的语料本身就是语言使用的典范，无论在语篇结构上或语言表达上都能为学生提供多种借鉴和参考（楼立青，2011）。因此教高三教材时，笔者采用整体阅读教学法，在整体理解课文内容的基础上，培养学生分析语篇、搜集和处理信息的能力。通过寻找主题句，把握文章脉络，帮助学生划分段落，归纳段落大意，利用意群理解长句、难句，化解文章难点，使学生对篇章结构有清晰的认识，以此渗透写作技巧。笔者也常常通过提问的形式引导学生关注文章的语言表达。如：作者怎样避免同一词汇的重复使语言丰富？怎样避免单一句式的使用使文体地道？怎样恰到好处地使用过渡词使行文连贯？你认为有哪些优美词句和精彩片段？并让学生记下美词佳句，养成读书就做笔记的习惯。遇到好的课外阅读文章，在学生完成阅读训练后，笔者也用类似的方法处理。如下面这篇阅读文章：

Cheating is now considered to be a major problem in colleges and universities. According to a recent poll, 61 percent of America high school students have admitted to cheating on exams at least once. It can be argued such a response may not mean much. After all, most students have been faced with the temptation to peek at a neighbor's test paper. And students can be hard on themselves in judging such behavior. However, there are other indications that high school cheating may be on the rise…（材料选自“2008年福建省高考自行命题总复习指导丛书”）

文章虽然没有华丽的语言，但话题贴近学生实际，句法简单地道，行文流畅。阅读后，笔者有意识地引导学生关注文章的情景语境、语篇规则，帮助学生拓宽写作思路，丰富写作素材，有意识地把阅读中学到的语言表达迁移到自己的写作中，使素材从短期记忆转化为长期记忆，完成从阅读到写作的跨越。

4.4 传授写作技巧

写作的技巧是读出来的，是悟出来的，是练出来的。没有持之以恒的读、悟、练，就不可能有实质性的提高（汪福祥，2002）。然而，单靠教师条条框框的讲解难以保证学生获得写作技巧，教师的示范很重要。为了更加科学、有效地向学生传授写作技巧，笔者采用了两次师生合写的模式。笔者认为，师生合写能让学生更加了解写作过程，为学生独立写作打下的良好基础，笔者以“Does the Internet Play a Positive Role or a Negative One?”为例说明师生合写传授写作技巧的过程。

首先，笔者与学生一道讨论网络积极和消极的方面。由于师生关系由主一客体变为同为主体，学生的记忆储存被激活，学生写作的兴趣和积极性也被极大地调动起来。学生你一句我一句，不少学生因意见不同而争论得面红耳赤。美国创造学奠基人奥斯本在20世纪30年代提出的“智力激励法”在师生合写中得到了淋漓尽致的发挥。师生以网状交流的方式，即师生之间、学生之间围绕着交流的核心话题发散思维，多方思考，并且在交流的过程中互相补充，互相评判，扩大思维的广度和深度。“在互动和交流中引发思维碰撞，激发灵感，发现新知，产生顿悟，以达成新的理解，生成新的知识，产生新的顿悟。”（王蔷，2009，转引自马建锋，2010）对学生在讨论中产生的好想法，如prevent people from talking face to face, be exposed to violent games等，笔者不失时机地点头赞赏。接着，笔者将学生迫切需要而又一时无法表达或拼不出来的词、短语如 addict, aspect, current events等打在Word文档上，借助笔者的支持，学生顺利进入写作阶段。作为执笔人，笔者将学生说出来的句子打在Word文档上：The Internet is now playing a very important role in our life. It has both advantages and disadvantages. It keeps us informed of current events. It allows us to follow the latest developments in every aspect. It provides many chances for education. It helps us learn what we want to learn. We can shop without going to the shops. The Internet causes some problems. Some students are exposed to violent games. Some people have become addicted to the Internet and neglected necessary and important things. Others have become addicted to playing QQ games and even drop school. It takes up too much of our time. It prevents us from talking to others face to face. It does great harm to our health. In my opinion, the Internet plays a positive one. 句子全部打在Word文档上后，笔者注意到，合写时学生往往把注意力放在遣词造句上，单句还行，但意思重复的句子较多且基本都是简单句，段落的组织、文章的连贯性，甚至开头结尾都很随意。笔者顺势传授写作技巧：段落是文章的基本框架，段与段之间、句与句之间要有过渡和衔接，即要巧妙地使用过渡词，如what's more, however, personally, firstly, secondly, finally, above all等，使文章结构紧凑，条理清楚；要正确地使用代词来指代上句出现的名词，使句子简练。此外，句式要多样丰富, 如长短句并用、简单句复合句结合是英语文体的特征，要避免千篇一律地使用简单句。最后，笔者还提醒学生检查主谓一致、名词单复数、动词的时态语态、拼写等语言形式的问题。初稿之后，师生共同站在读者的角度修改Word文档上“集体智

慧的结晶”。将写作的批改视为写作教学的一个重要组成部分，使之成为“中间环节”而不是“尾声”（邓鹂鸣等，2004）。目的有三：一是培养学生的读者意识，因为缺乏读者意识的文章必然是枯燥无味的。二是让学生意识到修改文章的必要性，摒弃初稿就是成稿的观念。三是为学生自评、互评做好示范。为了让学生在修改阶段不盲目和浪费时间，提高修改的可操作性，笔者列出包含下列问题的检查清单：1）文章是否切题？2）条理是否清晰？3）思路是否连贯？4）语言形式是否正确？5）书写是否工整？让学生对照检查。经过师生共同努力，要点零散、层次不清的初稿修改成了行文流畅、具有英语文体特征的成稿：

The Internet is considered to be one of the greatest inventions. It is now playing a very important role in our life. Like many things, it has both advantages and disadvantages.

Firstly, it keeps us informed of current events happening at home and abroad. Secondly, it provides many opportunities for education, which means it can help us to learn what we want to learn. Lastly, it makes shopping without stepping out of doors possible.

Every coin has two sides. The Internet causes some problems as well. For example, some students often expose themselves to violent games and become addicted to them, which does great harm not only to themselves but also to society.

In view of the facts, the Internet in itself is neither good nor bad. It is our attitude towards it. As long as we can make good use of it, it is of great use.

师生合写过程中，笔者充分发挥学生的主观能动性，让学生真正领会了写作的实质和意义。最后，笔者还针对学生文章中出现的一些共性问题进行依托情景语境的练习，帮助学生更准确流利地表达意义和结构。如学生对expose的用法不够清晰，笔者便从电脑里调出一张一群猴子在阳光下玩耍的照片说，"Look, a group of lovely monkeys expose themselves to the sunlight." "They expose their bodies to the sunlight." "And they are exposed to the sunlight." 笔者的几个句子让学生对该词的用法有了深刻的印象。

4.5 利用多元评价，提供有效反馈

（1）自评、互评、教师评相结合

Nystrand（1982，转引自蔡兰珍，2001）指出："书面交际的很多明显特征不在文章本身，也不在读者与文章之间的交流，而在于作者与读者进行的交流。"学生在意识到自己的文章有交流对象的情景下，会更注意内容和形式，从而使文章写得更有针对性，使写作更有真实的交际意义。课堂限时命题写作完成之后，笔者要求学生对照检查清单先进行自评。如下面这篇短文是某位学生写的题为"My Attitude Towards Failure"的限时命题写作的初稿。

Success covers a multitude of failures. Do not, for one repulse, forgo the purpose that you resolved to effort.

If you begin to do something, don't be afraid of failure, because all things are difficult before they are easy.

If you meet some challenges, never say impossible and don't give up. You should try your best and have an optimistic attitude.

If you have failed, don't lose heart. Just cheer yourself up and find the right way to success. Then you will not fill with regret.

In fact, failure is the mother of success. Only if we suffer from failure can we learn a lot from it and become successful.

In a word, we should face all things in our life in an active attitude, including failure.

这位学生完成初稿后，自己感觉写得很不错，但对照检查清单自评后，这位学生惊讶地发现：自己的文章虽然语言优美、文字流畅，书写也很漂亮，但文章却没有围绕“我”的态度进行阐述，只是泛泛而谈，显然自己只完成了检查清单的4）、5）两点，而对于检查清单的1）、2）、3）三点却完成得不好。即没有切题，自然也就谈不上条理清晰，思路连贯了。

学生自评后，学生以四人小组合作的方式进行互评，“使学生同时面对自己和他人的作文，扮演品评者、校对者和编辑者等不同角色”（钟启泉，2000）。为了加快互评速度，除检查清单外，笔者还设计了一套修改符号如：≈写得很好、Cap应该大写、CE中式英语、G语法有误、Log逻辑有误、WR词汇有误、SP拼写有误、SV主谓有误、VT时态有误、VO语态有误、WO语序有误、Pl应该复数、Sin应该单数、（　）此句删去等。修改时笔者告诉学生：只要将错误用符号标出，不必为同伴改正错误，以便同伴能从自己的错误中吸取教训，取得进步，逐步实现写作水平的真正提高。当然，并不是所有学生都能根据笔者的检查清单和修改符号改正错误，在学生互评的过程中，笔者在小组间走动，给有疑问的学生以及时的指导。做到“学生力所难及之，教师才助之；学生力所不及之，教师才为之”。笔者发现：学生批改得非常认真，大到逻辑构思，小到标点符号都逃不出他们的眼睛，而这些错误和不足之处学生往往自己发现不了。学生通过质疑、解释、建议等方式学会了审视文章的内容和形式，修改完四篇文章之后，学生对检查清单和修改符号了如指掌，不知不觉内化了好的写作标准，更能客观地审视自己和同伴的作品，学会了将评价和修改文章的技能迁移到自己文章的评价和修改上，悟出了如何写得更好的奥秘和诀窍。互评使学生及时得到同伴的反馈和教师的帮助，也强化了学生的写作兴趣。自评互评后，笔者要求学生将其文章初稿根据同伴互评的意见做进一步的修改，重抄一遍并附上初稿交给笔者评阅，以发现学生是否运用了正确的修改方法、修改是否准确等。笔者修改的部分是学生没有能力修改的，学生有能力修改的地方，笔者只标明修改符号。重点放在肯定学生作文的优点上。如采用打“√”的办法或使用简单的评语如Excellent，Good，Right，OK等,标出准确的用词、精彩的句子、思想的亮点等（王初明，2004）。笔者除了评分，还给出对本篇写作的评价意见以及对小组互评的反馈意见。经过自评、互评、修改，笔者评阅的速度加快了不少，往往是写作后的第二天，学生便能得到文章的反馈。讲评文章前，笔者要求学生先自行订正，然后用PPT展示范文、学生的优秀习作和学生带有普遍性的错误。引导学生体会作者表达思想的方法以及遣词造句的技巧，与学生一起欣赏体会文章的精彩之处，同时也帮助学生对自己或他人的错误有一个深刻的认识。最后，笔者就该写作主题可能用到的词汇、短语或句子以笔者说汉语，学生说英语的形式，将它们打在Word文档上，让学生熟记于心。做到每写一篇文章，就积累一批好的词句。

（2）建立学生写作档案袋，形成性评价与终结性评价相结合

笔者要求每位学生为自己建立一个写作档案袋，学生每写完一篇作文，就要认真反思自己文章的初稿、自评、互评、成稿和教师评，用英语写上几句话，并就写作话题积累的好词好句一起放入档案袋。此外，课外自由写作与各种考试的文章也要放入。

其中，期末考试中的写作成绩作为学生该学期的终结性评价。其余写作成绩作为学生的形成性评价，了解学生写作水平的变化趋势。写作档案袋使笔者对写作进程有一个清晰的认识，对学生的写作情况了如指掌，能给学生更具有针对性的指导。学生通过经常浏览写作档案袋，一方面可以发现自己成长中的不足，增加自我反省和自我评价能力，另一方面可以看到自己取得的成绩，获得成就感（邓妮娅等，2010）。写作档案袋由学生自己保管，以便能经常翻看。笔者不定期不定人地检查写作档案袋的内容。

5 效果反馈与调整

经过10周的行动研究实践，笔者欣喜地发现：每次考试下来，学生的写作成绩比年段的平行班级都会高出了3～4分，听力、阅读也没有因为有了写作教学而受影响，相反，二者的成绩也有进步，真正验证了胡春洞（1990）所说的“经常进行写作，即书面表达练习，口头表达能力也会随之而有潜在性的发展，读和听的能力也会间接受益，所以要尽早运用写作这一重要的教学手段”。为了进一步验证其效果，以便在下一阶段的实施中做得更好，笔者设计了第二次的调查问卷（见附录“调查问卷2”），再次对任教班级的学生进行问卷调查。其结果表明：76%的学生认为行动研究以来自己的写作进步很大，21%的学生认为自己进步较大，3%的学生觉得不明显；95%的学生对教师的反馈方式感到非常满意，5%的学生较满意；100%的学生认为非常有必要在写作后提供与写作相关的词句；81%的学生很认真地对待课外的自由写作，19%的学生较认真地对待；89%的学生经常看写作档案袋的内容，11%的学生偶尔看；97%的学生对进一步提高写作有信心，

3%的学生信心不足。

显然，第一阶段的行动研究达到了令人满意的效果，但是在实施的过程中笔者也发现了以下问题。

（1）互评时，笔者为了避免学生走动浪费时间，忽视了分组举足轻重的作用。笔者按学生现坐的位置划分，有个别小组恰好四个人的英语成绩都不太好，小组缺少学习成绩好、有一定组织能力同时能够帮助学习有困难的学生扫除学习障碍的中坚力量。结果在互评时，同学之间缺乏信任，怀疑同伴提出的建议，担心错误的语言输入，影响了互评的有效性。

（2）笔者在PPT上展示范文、学生的优秀习作和学生带有普遍性的错误进行讲评时，因为时间关系，往往只展示一篇优秀习作。随着行动研究的推进，优秀习作的数量越来越多，不少写得很好的习作没能展示在PPT上供大家欣赏，一方面浪费了资源共享的机会，另一方面也让那些优秀习作的作者感到郁闷：同样一个分数，为什么老师选择了他/她的文章，却没有选择我的文章？某种程度上打击了有些学生的写作热情。

6 第二阶段的行动研究

针对第一阶段行动研究的不足，笔者在第一阶段行动研究的基础上做了以下调整并开始了第二阶段为期10周的行动研究。

（1）笔者按学生的性别、成绩和能力水平，采用异质分组的办法将全班分为数个四人小组，人员固定。指定一位在活动中能够引导小组成员积极协商，语言能力强且乐于助人的学生做四人小组长。笔者还指导学生在互评时学会认真倾听，学会互相帮助，培养学生合作的意识和技能。为了提高互评的实效性，笔者每次还根据学生上交的初稿评审出若干个互评做得好的小组，给他们加分，激励小组间通过竞争共同提高的同时，让获胜小组也体验成功的快乐。

（2）为了极大地激发学生的写作兴趣和热情，笔者在班级开设“写作乐园”，将学生的优秀习作张贴在上面，让大家观摩学习。这些优秀的习作构思巧妙，谋篇布局合理，语言地道，书写漂亮，不仅赢来了本班同学的啧啧称赞，也吸引了众多其他班级同学的目光，甚至校长都驻足欣赏，学生看到同伴的成功，也看到了自己的差距，心中有了追赶的榜样，想成功的欲望油然而生。优秀习作的数量也一次更比一次多。

7 反 思

这次行动研究历时20周，学生一共写了20篇习作，课堂限时命题写作与课外自由写作各10篇。师生均在这次行动研究中受益匪浅。笔者通过这次研究对“在行动中研究，在研究中行动”这一研究方法有了切身的体会和进一步的了解，促进了笔者的专业成长，提高了笔者对教学行为的反思能力。笔者从师生两方面进行反思：

7.1 教师方面

（1）写作能力的培养无法一蹴而就，写作教学确实费时费力。但如果教师能不急功近利，重视学生长远的发展，从高一开始就规划好高中三年的写作计划，将写作教学目标和实现这些目标的方法细分到每个学年、每个学期、每个单元的教学中，按计划实施，有针对性地进行写作技巧的渗透，那么，写作教学就一定能走出困境，迈向光明。

（2）在学生写作的同时，教师也要经常动笔写一写，有自己亲身经历的写作体会，就更能预见学生写作中可能存在的困难，在学生需要的地方提供支持，每写完一个话题还能有针对性地帮助学生归纳和整理更多与话题相关的词汇、短语和句子，也更能摸索出一些切实可行的、符合学生认知特点的写作教学方法。

7.2 学生方面

学生在这次行动研究中受益最大。笔者发现，经过几十次的练笔，学生的英语写作无论在量还是在质的方面都有了很大的突破，写作的态度由原来的不自信到信心十足，写作的长度从原来的几十个字到能写两三百个字，写作的内容越来越充实，语言形式的错误越来越少，有些学生习作的内容甚至比范文还饱满、丰富。从"教师评，学生看"这单一的评价方式转向自评、互评、教师评，也使学生的其他方面，如语言交际能力、学生合作精神与协商解决问题的能力得到了极大的发展。

参考文献

[1] 教育部.《普通高级中学英语课程标准（实验稿）》解读[M]. 南京：江苏教育出版社，2004.

[2] 陈则航, 王蕾. 以主题意义为核心的词汇教学探究[J]. 中小学外语教学（中学篇），2010（3）: 20-25.

[3] 陈素萍. 输入方式对初中学生写作能力影响的研究[J]. 中小学外语教学（中学篇），2010（8）: 1-7.

[4] 蔡兰珍. "任务教学法"在大学英语写作中的应用[J]. 外语界，2001（4）: 41-46.

[5] 邓妮娅，郭新婕. 培养与提高高中学生英语课外阅读能力的行动研究[J]. 中小学外语教学（中学篇），2010（2）: 13-18.

[6] 邓鹂鸣，刘红，陈艳，陈芃，章毓文. 过程写作法在大学英语写作实验教学中的运用[J]. 外语教学，2004（11）: 69-72.

[7] 胡春洞. 英语教学法[M]. 北京：高等教育出版社，1990.

[8] 黄群. 高中英语阅读课中的词汇教学[J]. 中小学外语教学（中学篇），2010（9）: 17-22.

[9] 刘道义. 新高中英语教与学[M]. 北京：人民教育出版社，2006.

[10] 李力. 基于图式理论的初中英语读前活动设计[J]. 中小学外语教学（中学篇），2011（3）: 26-30.

[11] 楼立青. 创造性使用高中英语教材资源的建议[J]. 中小学外语教学（中学篇），2011（5）: 9-15.

[12] 马建锋. 《牛津初中英语》教材Speak up版块的教学缺失与建议[J]. 中小学外语教学（中学篇），2010（3）: 40-43.

[13] 武尊民. 英语测试的理论与实践[M]. 北京：外语教学与研究出版社，2008.

[14] 王初明. 论外语“写长法”的教学理念[M]. 北京：科学出版社，2004.

[15] 王笃勤. 英语教学策略论[M]. 上海：外语教学与研究出版社，2004.

[16] 汪福祥. 英语写作技巧新编（中文版）[M]. 北京：外文出版社，2002.

[17] 姚宝梁. 预制语块与中学英语写作教学[J]. 中小学英语教学与研究，2004（11）: 50-55.

[18] 钟启泉. 英语科课程目标及其基础学力——美国普通高中基础学科解析（之二）[J]. 全球教育展望，2000（2）: 18-27.

附录

调查问卷 1

本问卷旨在调查同学们在英语写作中存在的主要问题，旨在进一步改进写作教学，提高同学们的写作成绩。本问卷采用无记名方式，请同学们根据自己的实际情况回答。欢迎提出宝贵意见。谢谢合作！

1. 你觉得写作重要吗？（　　）

   A. 非常重要　　B. 较重要　　C. 不重要

2. 你对自己的写作水平满意吗？（　　）

   A. 非常满意　　B. 较满意　　C. 不满意

3. 你经常积累写作素材吗？（　　）

   A. 经常　　B. 偶尔　　C. 没有

4. 你觉得自己的词汇量如何？（　　）

   A. 很大　　B. 够大　　C. 很小

5. 你对自己在写作中词汇的运用满意吗？（　　）

   A. 很满意　　B. 较满意　　C. 不满意

6. 你对写作的反馈满意吗？（　　）

   A. 很满意　　B. 较满意　　C. 不满意

7. 你了解英语的写作技巧吗？（　　）

   A. 很了解　　B.较了解　　C.不够了解

调查问卷 2

本问卷旨在调查对本阶段开展的“提高高中学生英语写作能力的行动研究”的有效性进行反馈，以便下阶段的行动研究能做得更好。本问卷采用无记名方式，请同学们根据自己的实际情况回答，欢迎提出宝贵意见。谢谢合作！

1. 你觉得这一阶段自己的写作进步程度如何？（　　）

   A. 非常大　　B. 较大　　C. 不明显

2. 你对写作的反馈方式满意吗？（　　）

   A. 非常满意　　B. 较满意　　C. 不满意

3. 你觉得老师在写作后提供词、句有必要吗？（　　）

   A. 非常必要　　B. 可有可无　　C. 不必要

4. 你对待自由写作的态度如何？（　　）

   A. 很认真　　B. 较认真　　C. 不认真

5. 你经常看写作档案袋里的内容吗？（　　）

   A. 经常　　B. 偶尔　　C. 从不

6. 你对进一步提高写作有信心吗？（　　）

   A. 有　　B. 没有

（本文发表在《中小学外语教学》，2011年第11期，作者：孙鲁华）

第十二章　叙事研究

第一节　叙事研究简介

Lichtman（2011）对narrative research（叙事研究）的定义是：People use stories to make some of their lives and the human experience. Narrative research is a qualitative research approach that makes use of the study and analysis of such stories as the central vehicle for conveying the information learned from and about others. The stories can come from individuals themselves or from others.

Lichtman（2011）还给出了narrative approach（叙事法）的要点。

• The narrative approach is based on stories or narrations for the presentation of research findings.

• The narrative approach emphasizes story-telling.

• The narrative approach uses stories that may be factual or fictional.

• The narrative approach emphasizes the use of metaphors in the written presentation.

• The narrative approach does not make use of specific ways to gather or analyze data.

• Narrative approaches have been used in many of the social sciences.

Johnson et al.（2014）给narrative inquiry（叙事研究）的定义是：Narrative inquiry is the study of experience when experience is understood as lived or told stories. It is a collaboration between researcher and participants, over time, in a place or series of places and in social interaction with their social milieus.

Connelly et al.（2006, 引自：Johnson et al., 2014）给narrative inquiry（叙事研究）的定义是：People shape their daily lives by stories of who they and others are and as they interpret their past in terms of these stories. Story, in the current idiom, is a portal through which a person enters the world and by which their experience of the world is made personally meaningful. Narrative inquiry, the study of experience as story, then, is first and foremost a way of thinking about experience. Narrative inquiry as a methodology is to adopt a particular view of experience as phenomenon under study.

The philosophic underpinning of narrative inquiry is Dewey's theory of experience and his two criteria of experience: (a) continuity of experience (i.e. each person's experience can be understood temporally in that it grows out of earlier experiences and influences or shapes subsequent experiences) and (b) interaction between each person and his or her situation. The narrative inquiry conception of experience builds on Dewey's philosophy of experience. Clandinin et al.(2007) explained this as follows.

Framed within this view of experience, the focus of narrative inquiry is not only on an individual's experience but also on the social, cultural, and institutional narratives within which individual's experience are constituted, shaped, expressed, and enacted. Narrative inquirers study the individual's experience in the world, an experience that is storied both in the living and telling and that can be studied by listening, observing, living alongside another, and writing, and interpreting texts.（Johnson et al., 2014）

“叙事”原本属于文学研究领域。“叙事学属于以小说为主的叙事文学的理论。”（朱立元，1997）20世纪90年代，Connelly和 Clandinin将叙事研究引入教育研究领域。他们根据杜威的“经验理论”和经验标准建构了教育叙事研究的三度空间，指出了教育叙事研究的方向——个人与社会（互动），过去、现在和未来（连续性）以及地点（情境）（杨小微，2010）。

教育叙事研究和文学叙事不同。文学叙事研究通过对文本的琢磨，研究其叙事结构，探求其内在的叙事模式，从中找出意义。而教育叙事研究分析、解释甚至体验每一“个”的个性，通过研究者和研究对象的互动把目光投向充满活力的研究现场，注重研究对象的生活体验。另外，文学叙事作品中的“我”不是具体的一个人，而是浓缩了很多个具有类似特质的人的缩影，是一个虚构的世界。而教育叙事研究的“我”体现的是研究者的真实记录和思考，因此是不可以虚构的（侯怀银，2009）。

教育叙事研究的特点如下。

1）叙事研究是质性研究。叙事研究的主旨是诠释意义，主要手段是叙事。

2）教育叙事研究以教育中的故事为研究对象，研究的是叙事者的教育思想、教育活动和教育对象。

3）教育实践者成为研究主体有助于教育研究。

4）教育叙事研究的内容是已经发生或正在发生的、真实的事实。

5）叙事的内容具有一定的情节性。

6）叙事研究通常没有事先的假设，研究方向往往随着对所收集的材料的阅读而显现。

7）教育叙事研究的现场文本类型有：教师所讲述或者撰写的故事、自传、传记、日记、书信、谈话、访谈记录、现场笔记等。

8）教育叙事研究具有针对性，解决教学中的实际问题，提高教学质量。

9）教育叙事研究操作方便、容易实施，适合一线教师参与，有助于锻炼教师面向日常教育生活的观察能力，从而有助于提高他们的科研意识。教育叙事研究有助于促进教师的专业发展。

10）教育叙事研究是一种反思性研究，有助于促进教师反思，改进其教学实践。

教育叙事研究的不足在于：

1）研究者要了解研究对象的真正想法往往比较困难，这需要研究者努力取得研究对象的配合和支持。

2）叙事研究的结论可能会因为受到叙事者个人观点的影响而具有主观性。

3）研究者自身的倾向也会影响研究结果，从而对研究结果效度有影响。

教育叙事研究步骤如下。

1）确定研究问题，设计或制定研究方案。

2）选择研究个体作为研究样本。

3）进入研究现场，获取第一手资料，收集研究对象的故事素材。可以采用观察、访谈、实物（如日记、书信、日志、自传体材料、生活照片、教学简讯等）收集等方式。

4）编码：整理分析资料，重新讲述故事。

5）撰写研究报告或论文。

开展教育叙事研究需注意的问题如下。

1）以故事为主线，讲述为主导。

2）叙事真实，以本来面目呈现，不虚构故事。

3）所叙事件要有典型性，对他人有思考价值和启发意义。

4）所叙事实的内容清晰完整。

5）教育叙事研究的课题可以是课堂教学、班级管理、学校管理、教学发展等方面的内容。

6）研究者和研究对象建立平等对话关系，研究者不可带有任何价值倾向。作为研究者的教师要处理好局内人和局外人的关系，研究者要及时将自己的研究成果或结论与研究对象沟通，可以共同探讨教育故事中所蕴含的意义。

7）教育叙事研究不能停留在浅层的一般描述，要通过深度描写揭示故事背后所隐含的深刻意义。

8）结论要尽量做到客观、公正、真实。

第二节 论文实例

Interpreting Metaphor in Use by Mandarin Teachers of English

Zhao Hongqin（赵宏琴） Huang Jianbin（黄建滨）

Abstract: Metaphors capture and model teachers' understanding of teaching and learning, articulate and represent the image and role of teachers, ways of teaching, and thus construct the culture of teaching. This paper focuses on the analysis of metaphors derived from life-history narrative interviews with 17 Mandarin teachers of English, conducted as open-ended questions leading to discursive accounts of their learning and teaching experience, from their own school days through their current practical classroom teaching and their future plans. A variety of metaphors were identified from the narrative accounts. These then were grouped according to the imagery conveyed and the ways of teaching described. This reflects and informs teachers' own conceptualization of their pedagogy in practice, which is impacted by the macro and radical changes of the wider socio-economic changes in China. The investigation suggests these metaphors be used as basis for improving teaching and learning in schools and supports the facilitation of the emergence of new metaphors in a new form of pedagogy and a new culture of teaching through caring about teachers' work and life.

Key words: conceptual metaphor image reform development facilitation

1 Introduction

The essential thrust of a conceptual metaphor theory, also known as cognitive metaphor theory, has been the argument that metaphor is primarily a conceptual construction, and indeed is central to the development of thought and cognition (Lakoff et al., 1980, 1999). It became widely known with the publication of *Metaphors We Live By*, by Lakoff and Johnson, in 1980. Conceptual metaphor theory has since been developed and elaborated. Based on the cognitive force of metaphor, recent developments of conceptual metaphor theory place a renewed focus on metaphor through the point of view from discourse and culture (Kövesces, 2005; Cameron et al., 2006). The inter-connectedness of metaphor and culture is emphasized by Kövesces (2005:1) in his book—*Metaphor and Culture*, as "metaphors may be an inherent part of culture" when culture is thought of as a set of shared understandings that characterize smaller or larger groups of people.

Similarly, Cameron et al. (2006) reveal that metaphor encodes cultural knowledge and is learnt through participation within particular socio-cultural groups, and are embedded in language and culture, thus reflecting, influencing and constraining people's thinking and doing.

Linking up cognition and culture through a conceptual metaphor theory, in this paper, the authors attempt "to evoke what the metaphor brings to our attention..." (Aspin, 1984:35), aiming at interpreting and critiquing the metaphors and/or metaphorical expressions naturally occurring in a life-history narrative study about what it is like and what it means to be a secondary school teacher of English in China. By so doing, the authors shall get to the roots of the metaphors and metaphorical expressions and expose what it really means, by and for the purpose of developing or overcoming it. The ultimate intention is to explore the meaning of education by reflecting on practices through teachers' narratives and incorporating these metaphors.

2 A Review on Metaphor in Education

Metaphor in education as a feature of language use and a reflection of educational practice and culture is gaining increasing attention. Language interacts with changes in culture, society, polity as well as human cognitions (Taylor, 1984: 7), which "creates" reality in its own image (Hawkes, 1972, in Taylor, 1984: 8). Indeed, Greene (1973) emphasizes that metaphor can reduce a whole philosophy of education to a comprehensible image. Teachers use metaphors to articulate their practices and to conceptualize their pedagogy.

Metaphor is language that directly compares seemingly unrelated subjects. It is a rhetorical trope that describes a first subject as or equal to a second subject in some way. This does not only occur primarily in language, but in cognitive practice, constituting an essential mechanism of thought and mind (Taylor, 1984; Lakoff et al., 1980; Xie, 2000; Cameron et al., 2006). According to Lakoff et al. (1980: 5), the essence of metaphor is "understanding and experiencing one kind of thing in terms of another", with something that is more familiar, concrete and visible, as a way of comprehending experiences and giving order to human perceptions. Metaphor, as a phenomenon, involves both conceptual mappings and individual linguistic expressions which is further illustrated by Lakoff et al. (1980) as: metaphor is a set of mappings between two conceptual domains, the "source domain" and the "target domain". The source domain is the actual physical world and people's lived experience; target domains are the results of the mapping which are metaphorically structured conceptual systems.

We exemplify this notion with an educational metaphor created by Gardner (1989) who finds that education in China is regarded as a "race". In this example, education is compared to a race, the aim being to describe education by taking the well-known attributes from the "race" as a competition. The metaphor "race" is the result of mapping, the target domain, a concept that expresses his thoughts about and experience of education in China. Similar metaphors in contemporary discourse in China could be heard as: "Do not let the child fail at the starting point of the race." This feature of metaphor builds on the relationship between language and cognition, which also manifests the educational culture in this particular context (Kövesces, 2005; Cameron et al., 2006).

Teaching metaphors can be seen as "archetypes" of teachers' thinking and teaching knowledge. They have exploratory power and ability to structure information, articulate and conceptualize teachers' experiences and illuminate understanding (Martinez et al., 2001). Metaphor has been emerged in the literature in education as a theme and a way of generating meaning in the study of teachers' thinking and its development (Munby et al., 1990). Therefore, metaphor as a way of conceptualizing is a valid source for gaining insights into teachers' thought and feelings regarding their teaching. These conceptualizations can inform teachers with their own folk pedagogy and make sense of their beliefs (Tobin, 1990; Stofflett, 1996; Bruner, 1996). In addition, metaphors may bring into sight of some issues to be studied and then improved. Identifying the use of metaphors by teachers in a specific context allows us to reflect on the way they teach and learn, and the way they view their roles and purposes in the classroom (Zhao, 2007). This can be further linked to teacher education by reflecting upon their beliefs and negotiating their roles in the classroom. Hence, they can explore and reconstruct new metaphors with new concepts of teaching as an alternative route of teacher development, which subsequently lead to improvements in practice (Tobin, 1990; Stofflett, 1996).

An individual's creation of a metaphor can be a result of the attempt to find meaning in life within a specific context (Stofflett, 1996). Drawing on knowledge of a metaphor theory from the areas of linguistics, cognition and culture of education, by a conceptual metaphor theory, the authors mean metaphors conceptualize individuals' experience and their understanding of it, and a cluster of metaphors as shared understandings from groups of people in a particular context maps the culture of their practice. In this case, teachers' metaphors from secondary schools in China show how they make sense of experience as teachers which entails a culture of their practice through the discourse of their narratives, and the context of analysis is further introduced below.

3 The Context of Analysis

The data source is the metaphors and metaphorical expressions, naturally grounded in biographical narratives of 17 Chinese secondary school teachers of English, from a medium-sized city in the central region of the People's Republic of China. The narratives are about their life history in terms of learning experiences, teaching practices and future plans. The life-history narrative interviews were carried out in Chinese, then later transcribed and translated from Chinese into English. The narrative yielded a rich field of metaphor-laden discourse, with a wide range of metaphorical expressions naturally anchored in teachers' accounts of learning and teaching experiences. For instance, a teacher described feeling about the level of control over students as: "It is as grasping sand in your hand, if you squeeze too tight, it hurts your hand; if you loosen your grip, the sand slips through your fingers." These expressions emerged as interesting and creative articulation of the participant teachers' experiences, everyday interactions, personal practical theories, thinking, feeling and imaginations about teaching and learning. They form a culturally-colourful manifestation of pedagogy. As such, metaphors, as an analysis tactic, also have an immense and central place in the development of conceptualizing practice (Miles et al., 1994).

It is worth pointing out that the participants are of different ages and at diverse points in their teaching career, and are under different personal circumstances in their teaching. For instance, the age of the teachers under study ranges from 22 to 55, and years of experience from 1 to 30. They produced their own metaphors which demonstrated the individuals' situated conceptualization and understanding of their own practices and the system in which they work. Similarly metaphors can show the shared understandings of practice in this context.

The analysis started by reading through all the narrative manuscripts repeatedly to spot the metaphors and metaphorical expressions in their narrative discourse. Nearly 100 metaphors and metaphorical expressions were identified and then coded. Then the sentences within which the metaphors resided were put together for further examination. The next level of analysis is to see what theme the metaphors stream into and then frame them into categories. The focus of this paper is on those highly conceptual metaphors such as those on themes that emerged as: the image and role of teachers, ways of teaching, learning and views on knowledge.

What follows is the interpretation and critique of the metaphors and discussion on how these metaphors could be incorporated in educational reforms and teacher development in the Chinese system.

4 Interpreting Metaphors in the Context of Teachers' Life History

In the narratives, teachers were exerting efforts to make sense of their experience of teaching and their understanding of it, regarding who they are, what they do and think, and how they feel about their work, by turning to the use of metaphors, which evoked vivid images of themselves and their work as a teacher. Davidson (1978, in Aspin, 1984: 37) argues that metaphor is the dreamwork of language, and like all dreamwork, it requires interpretation. The interpretation, however, in this analysis, is grounded in their own narratives of understanding of educational life experience of teaching and learning, what is taught and learnt.

5 The Role and Image as Teachers

It is perceived that teachers' perceptions of their professional roles are closely linked to their self images and their impact on the ways how students are taught and the achievement of their students (Ben-Peretz et al., 2003). As shown in this analysis, metaphor bestows a fertile avenue to envision teachers' image and role, and possible relationship to their students. Interestingly, a metaphor "teacher^3"—"teacher cubed" from a very experienced teacher at the age of early retirement, itself gives an image of a veteran teacher who has taught a few generations, which serves as a practical example that metaphor is highly structuring language, which can condense life-long experience into an image and evoke crystal-clear understanding.

A "slow bird" metaphor from a teacher frames a picture of an image of a beginner teacher having no training for teaching as she started teaching, who feels vulnerable and concerned with this aspect. As is illustrated by herself:

"I believe I can learn from doing things. I feel like a slow bird. I have a different starting point compared to my peer group and other colleagues, that is to say, I do not have teacher training experience, so I have to catch up by working harder."

A few younger participant teachers used "sister" to refer to their roles as teachers in relation to their students, as in this account:

"They all regard me as their sister, I think. But also because of that, no one is afraid of me. Sometimes they don't listen to me, or don't take what I say seriously."

As also mentioned and explained by the participant, the teacher is not taking an authoritative role, because some novice teachers such as those in their early years of teaching are not yet familiar with their role as a teacher in the classroom. This expression may also show the caring role some teachers have and their relationship of rapport with their students, which may impact on teaching and students' learning in other ways.

Metaphor changes as language changes with the development in education and society. For instance, the metaphors describing school head-teacher as "manager", teachers as "worker", as an old view or conceptual mapping, has almost disappeared (Berliner, 1990: 86). This might be the case in "developed" countries or areas. However, in the current study about teachers, metaphor of this kind is, to some extent, overwhelmingly used by many Chinese teachers in perceiving themselves as "manager", "worker" anchored in the narratives. For example, two teachers used exactly these same metaphors:

"I need to transit from my role of student to become a teacher. A teacher is a manager, an organizer."

"I felt like a robot when correcting students' homework and felt correction is useless. After working like this for 12 years, I felt like a skilled worker in this field."

"Ferryman", in some way, along with "housekeeper" metaphor resembles "worker" metaphor as expressed by other two teachers:

"The teacher is a ferryman, year after year taking people (students) from one side to the other, while the teacher remains on the river without a sense of high achievement."

"He (the narrator's teacher) was becoming a housekeeper... I have an account book in my mind about my students."

The "housekeeper" metaphor is used by a teacher to describe what his own teacher was like. When he talks about what he knows about his own students, he refers to the metaphor of "account book", which indicates an image of a "housekeeper" for himself as a teacher in the school and in the classroom.

This cluster of metaphors, to some extent, can be seen as teachers' own understanding of their roles and their conceptualization of their image as a teacher. In this sense, the way teachers experience teaching, their articulation of their work and role, are depicted by the use of metaphors, such as their thinking, and description of themselves as "housekeeper" , "ferryman" and "skilled worker".

On the one hand, these metaphors also bring some problems of teaching practice to shore, as they indicate that some teachers' work lacks professional character, and teachers are not fully engaged intellectually in their work as educators. On the other hand, these metaphors map the reality that teachers do tedious and repetitive work in schools, such as correcting students' work, and teaching the same textbooks to examinations until exhaustion, like a "burning candle". It consumes and demands enormous amount of energy and time which might be spent on other educational activities. This may result in teacher fatigue and burn-out. Consequently, it affects the quality of teaching and student learning. It also gives rise to questions such as: What is the teacher efficacy if they work like this? What should be done so that teachers can act as professional educators?

This phenomenon has actually drawn attention of the government and educational agency and researchers in some countries like Britain (e.g. Butt et al., 2005). Pathfinder project has been carried out to reform and transform the educational workforce by introducing and allocating more teaching assistants and reducing teachers' clerical and administrative tasks, promoting technology use so that teachers could engage more in educating activities and enjoy more experiment with exploring teaching. As a result, teachers' job satisfaction rises dramatically in recent years in the UK. The implication for Chinese education to modernize and remodel the role of teaching force and transform teacher image from a "ferryman" or a "worker" to an educator to facilitate learning is illuminating. This also calls that teachers need to be developed to perform a more active agency in education in order to conduct their work as educating and shift the role from "ferryman" and "housekeeper" to educator and public intellectual. As a matter of fact, one of the teachers in study has also challenged the traditional image of teacher as "candle" who suggests that teachers should seek a more appropriate metaphor for their role and image that they do a job to light up others while not necessarily burn out themselves. Exploring teaching and constructing new metaphors can be a meaningful experiment through teacher education and professional development.

6 Ways of Teaching and Learning and Views on Knowledge

A range of metaphors used by teachers referring to teaching, learning and knowledge are put together. For example:

"In senior school, we listened to teachers. In class, there was little interaction between students and the teacher. The teacher talked, and we took notes. Piles of notes were produced. At that time, vocabulary and grammar were stressed... That is transmission."

"We did not encounter English initially until we entered secondary

school. There were no tape recorders, and we studied English merely in the class, one 45-minute session a day. There was so much stuff. It was transmitted into us; we contained it and did not know how to use it. It was a real sense of pouring it into us."

These metaphorical narratives about how English was taught to the participant teachers in secondary school uncover a paradigm of teaching tradition as transmission and learning by rote through its own discourse. This notion is also captured in metaphors that tell what it is like in more current teaching practice: For example, teaching rigidly to the textbook is like "flogging a dead horse", "copying" textbook to the blackboard; learning is "picking up shells", which also indicates that knowledge is perceived to be a solid object, students as receivers and containers. Noticeably, that knowledge was viewed as concrete stuff as "shells".

These expressions echo and constitute a "transmission" and "banking" model of education (Freire, 1988) which suffers from the absence of constructive elements in teaching and learning. There is little space for teaching as "scaffolding" or learning as discovery and experiment process, which gives enjoyment of both teaching and learning as exploring. This is also in line with the role and image metaphors of teachers as demonstrated earlier. Another possible interpretation for these metaphors may be the nature of teachers as a work force, not seeing and perceiving their work as facilitating and exploring, but doing hard labour as implied in "transmitting" "copying" "picking up" "flogging" and "pouring", which does not reflect the role of teachers as intellectual in education and their work as teaching and educating.

In this study, metaphors used were not specially solicited or constructed for examination; on the contrary, they were naturally anchored in teachers' narratives. They have the highest potential to reflect the "real mental reality" of the state of their minds, and therefore, reflect closer to the truth of phenomena in study. The participants in study draw on a wide time frame in their life history for their narratives, from secondary learning to their current practice, and they also refer to a broad pool of people when they give their life-history accounts. Some of the above metaphors are used to describe and conceptualize the participants' past learning experience, which, to some extent, reflects ways of teaching and learning about a decade ago. These narratives, specially, tell how the participant teachers were taught, unfolding the participants' personal comprehension and point of view, which present only their personal knowledge of teaching and learning, which is termed as "case knowledge" in the literature (Carter, 1990). For example, the metaphorical expression of "study is like swallowing dry steamed bread" was used by a participant to tell about his secondary learning experience, while it is embedded in his experience as an element of the wide culture of teaching practice. Another metaphor from a novice teacher viewing learning as "picking up shells" is a description of her contemporary teaching practice. Why do teachers teach the way they do and how can they break the cycle from teaching how they were taught? Educators at all levels may spend some attention on these issues and teachers continuing professional development would have much work to do with these questions.

On the other hand, transmission itself is not a problem. What matters is what and how knowledge is transmitted. Part of teaching by nature involves imparting knowledge. However, it becomes problematic when it is dominant and prevailing in the culture of pedagogy for a long time. Though transmission pedagogy seems pervasive in the culture of education in China, it must be pointed out that, although metaphors provide graphic and figurative illusions that convey points of view, they still can only capture a part, but not the whole, of the phenomena (Weade et al., 1990). Other ways of teaching, such as the communicative and constructive view of teaching is making headway in the system. One of the veteran teachers in study pointed out that teachers should use a drop to generate and facilitate a bulk of knowledge, which demonstrate a view of teaching as facilitating. Teachers at different stages in their career may experience teaching differently. At the beginning of teaching, some teachers, feel "rigid", like "flogging a dead horse". As they grow in teaching, a sense of "flow" and "facilitating" comes into being in teaching. This may signal a direction for teacher education and professional development toward a more interactive and constructive vision of education.

Changes in this field can be envisaged through their narratives. One recurring change is the change of textbooks, which have undergone three rounds of changes; the content is added and changed with time, requiring a more communicative view of teaching (Zhao et al., 2006). The continuity of the culture of teaching is adequately demonstrated and explained elsewhere through the narratives of an inter-generational case (Zhao et al., 2006). Across four decades of teaching practice, the "status quo" of teaching has remained virtually unaltered, consisting of teaching from the book, transmission and rote learning as reflected in the metaphors.

7 Conclusion

The analysis of this cluster of teachers' metaphors produced a web of the participant teachers' mapping of their imagery practices and understanding of teaching and learning. It corroborates the literature in that the language of narratives is closely linked to their experinces, thoughts, and minds; metaphors as blueprints of cognition of teachers' teaching and learning are deeply grounded in their experiences and personal life history which shape and reflect their practices as part of the wider culture of education. They also frame their puzzles and problems in metaphorical words. In particular, they provide a house of teachers' personal practical knowledge about their roles as teacher and ways of teaching, as well as experiences beyond classrooms. Teachers identify themselves as "housekeeper" "worker" "ferryman", which is distant from teacher's role as educator and intellectual in one way; it communicated their own understanding of their identity as teacher in another, which serves as a starting point for reflection and change. In this situation, teachers' identity may need to be transformed and redefined in order to get closer to their function as teacher and educator, which may call for an identity project in education and society to reconstruct the teacher identity. In a similar line, Carter (1990) points out in her study of teacher knowledge with metaphor, some possibilities for enhancing teachers' professional development and identity. Metaphors can be used as conversational tools for deliberate reflection about what it means to teach and as currency for conveying understanding about teaching. They may also be one way to allow teachers to confront their own conceptions of teaching and to critically examine their views about accomplishing the work of teaching. That is to say, metaphors can be used as a tool (Munby et al., 1990), to promote and encourage practicing and prospective teachers to become more reflective and constructive practitioners in education (Schön, 1979).

In the case of the current study about Chinese secondary teachers' teaching or curriculum metaphors, we have the opportunity to envision where they are now in their understanding of teaching and education. Despite the radical developments in the economic realm in China, the educational system stays relatively stable, a situation which calls out for substantial change and dynamic development. This study calls for attention and signals a direction for professional development toward a more active and constructive paradigm of education. Teachers as the main actors in education need to perform a more active role as human agency to update their knowledge, beliefs and skills of teaching, and ways of being a teacher. It also reveals in this analysis that the teachers are eager to learn more to "recharge" themselves to adapt to teaching in a changing time. "The old tricks" they "copied" from their own teachers need to be replaced with new skills of teaching. Hence, I argue that the analysis of these metaphors can facilitate reflection on teaching practice and these are metaphors that we should not live by. From "worker" and "housekeeper" to an educator, from "transmission" to "facilitation" could be implemented as a "master switch" to transform the culture of education and change teachers' beliefs and roles, and then construct and conduct new, and more appropriate metaphors, such as teacher as facilitator, researcher and mentor to improve the quality of their teaching and student learning (Tobin, 1990). Metaphor evolves and changes in the dynamics of language use between individuals and wider socio-cultural context, and this adaptation leads to the emergence of certain stabilities of form and content for a new pedagogy.

Change of metaphor requires not only evolution at the rhetorical domain, but also what teachers experience in learning and teaching and how, which is the source and root domain of their conceptualization for their work. Public educators in all ranks may undergird the effort to change and reform in practice and then come about the change with language, to bridge the gap between "ferryman" and educator, "transmitting" and "facilitating".

References

[1] Aspin, D. Metaphors and Meaning in Educational Discourse[G]. In W. Taylor (ed.). *Metaphors of Education*. London: Heinemann Educational Books, 1984:4-21.

[2] Ben-Peretz, M., Mendelson, N. & Kron, F. How Teachers in Different Educational Contexts View Their Roles[J]. *Teaching and Teacher Education*, 2003, 19(2): 277-290.

[3] Berliner, D. If the Metaphor Fits, Why not Wear It? The Teacher as Executive[J]. *Theory into Practice*, 1990, 29(2): 85-94.

[4] Bruner, J. *Culture of Education*[M]. Cambridge, Mass: Harvard University Press, 1996.

[5] Butt, G. & Gunter, H. Challenging Modernization: Remodelling the Education Workforce[J]. *Educational Review*, 2005, 57(2): 131-137.

[6] Cameron, L. & Deignan, A. The Emergence of Metaphor in Discourse[J]. *Applied Linguistics*, 2006, 27(4): 671-690.

[7] Carter, K. Meaning and Metaphor: Case Knowledge in Teaching[J]. *Theory into Practice*, 1990, 29(2): 109-126.

[8] Connelly, F. M., Clandinin, D. J & He, M. F. Teachers' Personal Practical Knowledge on the Professional Knowledge Landscape[J]. *Teaching and Teacher Education*, 1997, 13(7): 665-674.

[9] Collins, E. & Green, J. Metaphors: The Construction of a Perspective[J]. *Theory into Practice*, 1990, 29(2): 1-7.

[10] Freire, P. *Pedagogy of the Oppressed*[M]. New York: Continuum, 2001.

[11] Gardner, H. *To Open Minds: Chinese Clues to the Dilemma of Contemporary Education*[M]. New York: Basic Books, 1989.

[12] Greene, M. *Teacher as Stranger: Educational Philosophy for the modern Age*[M]. Belmont, CA: Wadsworth Publishing Co.,1973.

[13] Kövesces, Z. *Metaphor and Culture*[M]. Cambridge, UK: Cambridge University Press, 2005.

[14] Lakoff, G. & Johnson, M. *Metaphors We Live By*[M]. Chicago: University of Chicago Press, 1980.

[15] Lakoff, G. & Johnson, M. *Philosophy in the Flesh: the Embodied Mind and Its Challenge to Western Thought*[M]. New York: Basic Books, 1999.

[16] Lloyd Yero, J. *Teaching in Mind, How Teacher Thinking Shapes Education* [M]. Hamilton: Mindflight Publishing, 2002.

[17] Martinez, M. A., Sauleda, N. & Guenter, L. H. Metaphors as Blueprints of Thinking about Teaching and Learning[J]. *Teaching and Teacher Education*,

2001, 17(8): 965-977.

[18] Miles, M. & Huberman, A. *Qualitative Data Analysis*[M]. Thousand Oaks California: Sage Publications, 1994.

[19] Munby, H. & Russell, H. Metaphor in the Study of Teachers' Professional Knowledge[J]. *Theory into Practice*, 1990, 29(2): 116-122.

[20] Richards, I. A. *The Philosophy of Rhetoric*[M]. New York: Oxford Press, 1936.

[21] Riessman, K. K. *Narrative Analysis*[M]. Newbury Park, London, New Delhi: Sage Publications, 1993.

[22] Schön, A.D. Generative Metaphor: A Perspective on Problem-setting in Social Policy[G]. In A. Ortony (ed.). *Metaphor and Thought*. Cambridge: Cambridge University Press, 1979.

[23] Stofflett, R. Metaphor Development by Secondary Teachers Enrolled in Graduate Teacher Education[J]. *Teaching and Teacher Education*, 1996, 12(6): 577-589.

[24] Taylor, W. *Metaphors of Education*[M]. London: Heinemann Educational Books, 1984.

[25] Tobin, K. Changing Metaphors and Beliefs: A Master Switch for Teaching?[J]. *Theory into Practice*, 1990, 29(2): 122-128.

[26] Weade, R. & Ernst, G. Pictures of Life in Classrooms, and the Search for Metaphors to Frame Them[J]. *Theory into Practice*, 1990, 29(2): 133-141.

[27] Wang, J. & Paine, L. Learning to Teach with Mandated Curriculum and Public Examination of Teaching as Context[J], *Teaching and Teacher Education*, 2003(19): 75-94.

[28] Xie, Z. J. Metaphor: From Figure Language to Cognition[J]. *Foreign Languages and Their Teaching*, 2000(3):9-12.

[29] Zhao, H. Q. Interpreting Folkways of Teaching: A Life-history Narrative

Inquiry into Characteristics of Chinese Secondary EFL Teachers' Knowledge [D]. The University of Bath Library, 2007.
[30] Zhao, H. Q. & Poulson, L. A Biographical Narrative Inquiry into Teachers' Knowledge: An Intergenerational Approach[J]. *Asia Pacific Education Review*, 2006, 7(2): 123-132.

（本文发表在*Polyglossia*, 2008年第15期，作者：赵宏琴、黄建滨）

第十三章　二手材料研究

第一节　二手材料研究简介

Brown（2001）对secondary research的定义是：Secondary research, that is, research based on sources that one step removed from the original information, is probably the type with which language teachers are most familiar. During our training at the undergraduate or graduate levels, most of us constantly use the library to search for the written wisdom of scholars in our chosen field. The requirement is usually that we synthesize ideas form the secondary sources into some coherent statement called a term paper.

维基百科的定义是：Secondary research (also known as desk research) involves the summary, collation and/or synthesis of existing research rather than primary research, where data is collected from, for example, research subjects or experiments. ... Care should be taken to distinguish secondary research from primary research that uses raw secondary data sources. The key of distinction is whether the secondary source being used has already been analyzed and interpreted by the primary authors. Sometimes secondary research is required in the preliminary stages of research to determine what is known already and what new data is required, or to inform research design. At other times, it may be the only research technique used. A key performance area in secondary research is the full citation of original sources, usually in the form of a complete listing or annotated listing. Secondary sources could include previous research reports, newspaper, magazine and journal content, and government and NGO statistics.

文秋芳（2004）在《应用语言学研究方法与论文写作（英文版）》中对secondary research的定义是：Secondary research is a kind of study which makes use of data in documents, books and journals. These data have been collected by other people for their own purpose. ... Secondary research is often called documentary or library research. ... A review paper is a typical example of second research. The researcher reviews the recent work in a defined area and then summarizes, analyzes, evaluates, or synthesizes information that has already been published. Although the materials the researcher reviews are not new, the best review papers are insightful in the sense that they offer new syntheses, new ideas and theories.

文秋芳等（2004）在《应用语言学研究方法与论文写作（中文版）》中对上述内容用中文表述为：文献研究的资料是文件、著作或杂志中的文章或者已经发表的、别人收集的数据。……文献研究又称为图书馆内研究。综述性文章是典型的文献研究。研究者回顾某个领域最近的研究，然后对已发表的成果进行总结、分析、评价或综合。虽然研究者回顾的材料并不是新的，但是一篇好的综述性文章同样具有真知灼见。

本书对“secondary research”采用“二手材料研究”的译法，因为这一研究所使用的资料是第二手材料，比如词典、理论著作、教科书、文件、杂志上刊登的论文、已经发表的他人收集的数据等，这些材料现在在网上都可以很容易获取，而不一定要在图书馆内进行了。二手材料研究的最大特点是，它所研究的资料不是研究者自己收集的、来自现实生活的资料，而是他人已经产出的研究成果。

文献研究的步骤大致如下。

1）选题。研究者进行文献研究主要是为了了解前人在某个领域中已有的成果，为自己的研究寻找突破点，从而确立自己的研究方向，这是准备学位论文开题和写作以及申请科研项目的前期所必须进行的一项工作。由此，选题范围通常非常明确。

2）文献的收集。根据研究方向，通过图书馆、网上检索系统（如知网、维普网、万方数据、百度文库等）查询本领域已有的研究成果，如论文、专著。

3）文献资料的整理。快速浏览这些信息，并分类整理，将其局限在自己确定的研究领域，确保所选资料切题。范围过大会增加归纳整理的工作量。

4）撰写综述性文章。综述性文章是二手材料研究的最好表现形式。二手材料研究的写作可以采用对资料按年代排序、对资料按主题分类、对资料进行对比分析、对资料加以归纳等方式进行。

二手材料研究中几个需要注意的问题如下。

1）综述性文章应比较详细地介绍有关主题的研究情况、动态发展情况、现有研究的不足和研究者对该领域研究的展望，应给出对本领域的研究有价值的建议。

2）研究者应科学地、有取舍地整理出本研究领域的研究成果，以帮助读者系统地了解有关的理论与实证研究情况。

3）选题还应重点关注国内外，尤其是国外学界研究的新理论、新观点、新方法、新技术。

4）二手材料研究要有针对性，通常应该选取当前学界关注的课题或者有助于实际问题解决的课题。

5）选取的文献资料应该涵盖至少10年左右的成果。

6）在统计整理资料时，应借助统计表（如单式统计表、复式统计表）和统计图（如直方图、长条图、圆形图、曲线图、散点图等）等统计工具。

第二节 论文实例

国内初中英语教材研究述评

于书林 黄建滨

摘要：本文统计分析了20世纪80年代以来在国内期刊上发表的关于初中英语教材研究的论文，研究发现初中英语教材研究是中小学英语教材研究的主体，总量呈现明显上升的趋势，但是实证调查研究偏少，研究内容缺乏对教材编写理论与原则方法的探讨；对学习主体研究薄弱；教材评价研究不够客观，外部评价过少。基于以上分析，我们认为，初中英语教材研究还应进一步系统化、理论化和科学化，从而为新的初中教材的编写提供充分的理论依据。

关键词：初中英语教材　教材编写理论与原则　教材评价

1 引　言

初中是学生学习英语、掌握英语基础知识的主要时期，初中英语教材对于英语初学者而言是非常重要的。英语教材既是教师组织语言教学活动的主要依据，又是学生学习语言、开展语言活动的中心内容。自20世纪80年代以来，我国初中各类英语教材蓬勃发展大大推动了国内外语界对于初中英语教材的研究。这些研究从多角度探讨分析了我国初中英语教材的建设问题。为了让研究者更好地了解20世纪80年代以来国内初中英语教材研究的现状、发展趋势、存在的问题等，本文对20世纪80年代以来在国内四类期刊发表的相关文章进行了统计分析，并在此基础上提出了思考和对未来研究的展望。

2 文献范围和统计方法

本文从1980—2007年间发表在国内期刊上的中小学英语教材研究论文中选取了研究对象为初中英语教材的论文作为研究对象。这些论文主要来源于《外语界》等外语类期刊、《课程教材教法》等中小学教学与教材类期刊、《教育导刊》等教育类期刊和《浙江师范大学学报》等普通本科大学学报。经过严格筛选统计，最终确定初中英语教材研究论文110篇（见表1）。本文运用的统计方法为描述性统计方法和卡方检验。

表1 国内初中英语教材研究统计

期刊＼年份	1980—1983	1984—1987	1988—1991	1992—1995	1996—1999	2000—2003	2004—2007	合计
外语期刊	0	5	3	4	1	0	1	14
中小学教学与教材类期刊	0	0	8	11	13	5	12	49
教育类期刊	0	0	1	3	2	6	1	13
普通本科大学学报	0	1	0	2	8	10	13	34
研究总量	0	6	12	20	24	21	27	110

3　结果与分析

3.1　基本趋势

根据我们的统计，中小学英语教材研究论文共有168篇，而初中英语教材研究论文就有110篇。从图1中，我们也可以看到，1980—2007年间，初中英语教材研究总量呈现明显上升的趋势，这表明初中英语教材越来越得到外语教学界的重视。经过SPSS数据统计和卡方检验，1980—2007年的28年间国内主要期刊上发表的初中英语教材研究论文有显著差异（Sig.=0.000<0.01），其中2004—2007四年中共发表相关论文27篇，占到论文总量的24.55%。四大类期刊中，中小学教学与教材类期刊对初中英语教材研究关注度最高，共刊登相关论文49篇，占论文总篇数的44.55%。

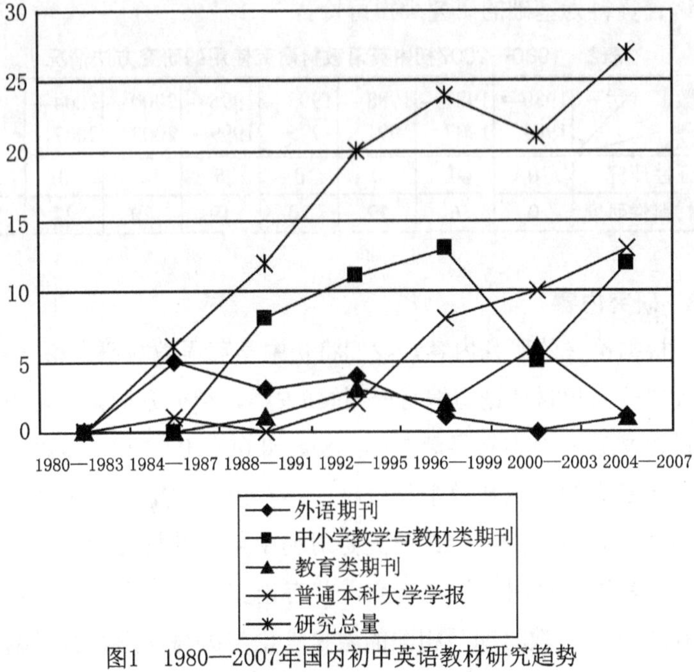

图1　1980—2007年国内初中英语教材研究趋势

3.2 研究方法

本文借鉴李志雪等（2003）研究中运用的研究方法分类的标准，将研究方法简化为：实证研究和非材料性研究。实证研究以系统地、有计划地采集分析材料为特点，包括定量、定性以及二者的结合运用；非材料性研究指不以系统采集的材料为基础的研究，包括个人经验总结和观点陈述，理论思辨等（文秋芳，2001；高一虹等，1999）。

表2显示，1980—2007年间，我国初中英语教材研究中，非材料性研究占绝对优势，共有104篇，占总篇数的94.55%，而实证性研究仅有6篇，占总篇数的5.45%。实证性研究在1996年才第一次出现。这说明，我国初中英语教材研究以经验介绍，个人对教材的介绍与分析，教学法与教材探讨等主观分析为主，而以数据或者调查资料为基础的研究少得可怜。

表2　1980—2007初中英语教材研究使用的研究方法情况

篇数＼年份 方法	1980—1983	1984—1987	1988—1991	1992—1995	1996—1999	2000—2003	2004—2007	合计
实证性研究	0	0	0	0	5	1	0	6
非材料性研究	0	6	12	20	19	20	27	104

3.3 研究内容

根据论文的研究内容，我们将初中学英语教材研究论文共168篇大致分为教材理论与编写原则等6大类。经卡方检验，初中英语教材论文研究内容有显著差异（Sig.=0.000<0.01）。英语教材研究比例最大的领域是教学与教材，共有论文54篇，占论文总篇数的49.09%，表明约一半的研究是对初中英语教材的使用和教学的探讨。其次是教材分析与评介，共有论文26篇，占论文总篇数的23.64%。而与教材编写相关的教材理论与编写原则、教材编写方

法与具体问题则关注较少，分别有论文8篇和6篇，共占论文总篇数的12.73%。具体比例如图2所示。

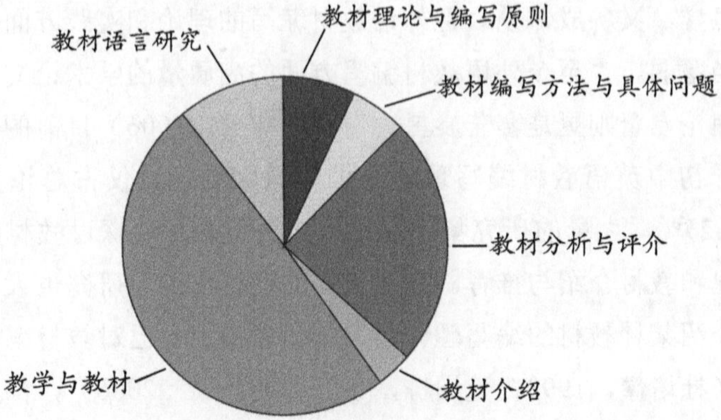

图2 初中英语教材研究内容比例

4 对初中英语教材研究现状的分析与思考

在1980—2007年的28年间国内外语界对初中英语教材进行了多角度的研究，取得了一定的成果。但是，上述统计分析说明目前的研究还存在不少问题。

4.1 实证调查研究过少，研究方法有待完善

目前初中英语教材研究的研究方法以个人经验总结和观点陈述，理论思辨等非材料性研究为主，实证研究起步较晚，主观经验色彩浓厚，缺少客观实证特征。实证研究可以加深研究的深度，拓宽研究广度，增强说服力和可信度，还能提供客观真实的数据和材料支持，对初中英语教材发展和建设大有裨益。而现有的研究中仅有6篇是实证研究，且大部分属于定性研究，没有数字数据作为分析的基础。

4.2 缺乏系统的教材编写理论和原则方法的探讨与分析

尽管我国每年要出版一大批初中英语教材，而且教材的种类多样，又各成体系。但外语教材编写的理论和实践方面的研究相当薄弱。“至今外语教材编写方面的高质量的学术论文不多见，理论专著则更是寥若晨星。”（庄智象，2006）目前的研究中对于初中英语教材编写理论与编写原则的探讨仅占总论文数量的7.27%，大量的研究集中在评价与分析教材、探讨教材的使用情况和教材介绍与推荐。目前仅有的理论与编写研究也大多停留在介绍某种教材的编写理论与原则或者提出自己对教材编写的思考（杜培俸，1993；魏国栋，1998；胡壮麟，2006），都是主观经验之谈，缺乏客观数据和资料的支持，缺乏系统性、理论性，没有形成理论体系。此外，国内研究者对国外初中英语教材编写理论与方法关注也不够，没有及时引进介绍相关理论，更没有进行对比分析和借鉴性的试验应用。初中英语教材理论研究的这种尴尬现状和蓬勃发展的英语教材出版事业是极不相称的，也极大地制约着我国初中英语教材向更高水平的发展。

4.3. 对学习主体研究薄弱

大量的研究以分析教材本身为主，介绍教材，评价教材，探讨如何使用教材和教材编写的相关问题，其研究对象是教材本身或者教学的主体（教师），而从学习主体（学生）的角度分析探讨教材的研究甚少，对此方面的实证调查研究更是少之又少。当然，从教材本身和教师角度探讨教材是十分必要的，但是教材的最终使用者是学生，从学生角度调查他们对于教材的感受、分析教材的使用情况，对于客观地评价教材、充分利用教材和寻找合适的教学法是很有意义的，而且能够为教材编写提供真实的丰富的素材佐证和建议。

4.4 教材评价不够客观，外部评价偏少

系统教材评价可分为内部评价（评价教材本身或内在的科学性、合理性和有效性，评价教材的指导思想、采用的教学方法、内容的选择与安排、教材组成部分、设计、语言素材的真实性和地道性）和外部评价（评价教材对于某一使用对象群体的适用性，即评价某种教材是否适用于某个特定的对象群体，考察教材是否满足学生学习、教师教学和课程标准的需要）（程晓堂，2002）。根据我们的统计，目前初中英语教材评价多为内部评价，很少有外部评价。教材的本质属性与第一要素是教学性，因为它能够决定或影响教材其他特性及功能的发挥。教材、教师、学生是教学过程的三种基本要素。在教学活动中，三者相互作用，使教学成为动态的统一过程。教师通过教材的教授，学生通过教材的学习，共同完成既定的教学任务。因此，仅仅从教材本身分析评价教材是不够的，从教师、学生和课程要求的角度来评价教材有助于更为全面客观地认识教材。此外，多数教材介绍和评价只谈教材的优点，对教材的缺点避而不谈。这种以推广、促销为目的的教材评价是很难做到客观地评价教材的。因此有必要大力加强教材内部评价与外部评价的双重评价机制。

5 结束语

初中英语教材编写理论与原则方法的探讨与分析对于教材本身的建设是至关重要的，这些理论和原则又须源于实践调查和客观数据资料的支撑。而国内目前的研究在研究内容和研究方法两

个层面上针对教材编写理论和实证研究恰恰都相当薄弱。为推动初中英语教材的建设和教学的发展，未来的研究理应加大对教材编写理论和方法层面上的研究，改善研究方法，并从学习主体的角度分析和评价初中英语教材，为教材的编写设计与教学提供客观真实的建议。

参考文献

[1] 程晓堂. 英语教材分析与设计[M]. 北京：外语教学与研究出版社，2002.

[2] 杜培俸. 关于教材编写的几点思考[J]. 初中外语教学，1993(12):6-8.

[3] 高一虹，等. 中、西应用语言学研究方法发展趋势[J]. 外语教学与研究，1999（2）：8-16.

[4] 胡壮麟. 教育科学版高中英语教材编写思路分析[J]. 基础教育课程，2006（5）：39-41.

[5] 李志雪、李绍山. 对国内英语写作研究现状的思考[J]. 外语界，2003（6）：55-60.

[6] 魏国栋. 语言结构与语言功能相结合——谈JEFC和SEFC教材的设计思想（上、下）[J]. 课程·教材·教法，1998(1)：41-45；1998(2)：25-28.

[7] 文秋芳. 应用语言学研究方法与论文写作[M]. 北京：外语教学与研究出版社，2001.

[8] 庄智象. 构建具有中国特色的外语教材编写和评价体系[J]. 外语界，2006,（6）：49-56.

[9] Cunningsworth, A. *Evaluating and Selecting EFL Materials*[M]. New York: Heinemann, 1984.

A Literature Review of English Teaching Materials for Junior Students in China

Abstract: This paper presents a literature review concerning English teaching materials for junior students in China. Pertinent articles published in the domestic major journals since 1980 are selected as the research subjects. A careful survey of all the articles shows that there has been a tremendous increase in the study of teaching materials since 1980. Further analysis reveals that certain problems that exist in contemporary research, such as inadequate attention paid to the learners, lack of researches on theories and principles of teaching materials' compiling, and scientific and objective means of materials evaluation, need to be resolved. Furthermore, empirical studies are expected to be further enhanced. It is suggested that more researches into English textbooks should be attached more importance to in the future. Finally, a prediction of future studies is given.

Key words: English teaching materials theories and principles of teaching materials' compiling teaching materids evaluation

（本文发表在《教育测量与评价》，2009年第2期；《人大复印资料——中学外语教与学》，2009年第6期全文收录；作者：于书林、黄建滨）

第十四章　学术书评写作

第一节　学术书评简介

The Oxford Dictionary of English（Pearsall，2001）对review（评论）的定义是：a critical appraisal of a book, play, film, exhibition, etc. published in a newspaper; a survey or evaluation of a particular subject。

维基百科对book reviews of scholarly books（学术书评）的定义是：Book reviews of scholarly books are checks upon the research books published by scholars; unlike articles, book reviews tend to be solicited. Journals typically have a separate book review editor determining which new books to review and by whom. If an outside scholar accepts the book review editor's request for a book review, he or she generally receives a free copy of the book from the journal in exchange for a timely review. Publishers send books to book review editors in the hope that their books will be reviewed. The length and depth of research book reviews varies much from journal to journal, as does the extent of textbook and trade book review.

维基百科对review articles（评论文章）的定义是：Review articles, also called "reviews of progress", are checks on the research published in journals. Some journals are devoted entirely to review articles, some contain a few in each issue, and others do not publish review articles. Such reviews often cover the research from the preceding year, some for longer or shorter terms; some are devoted to specific topics, some to general surveys. Some journals are enumerative, listing all significant articles in a given subject, others are selective, including only what they think worthwhile. Yet others are evaluative, judging the state of progress in the subject field. Some journals are published in series, each covering a complete subject field year, or covering specific fields through several years. Unlike original research articles, review articles tend to be solicited submissions, sometimes planned years in advance. They are typically relied upon by students beginning a study in a given field, or for current awareness of those already in the field.

维基百科对book review（书评）的另外一个定义是针对文学书评的，摘录如下：A book review is a form of literary criticism in which a book is analyzed based on content, style and merit. A book review can be a primary source opinion piece, summary review or scholarly review. Books can be reviewed for printed periodicals, magazines and newspapers, as school work, or for book web sites on the Internet. A book review's length may vary from a single paragraph to a substantial essay. Such a review may evaluate the book on the basis of personal taste. Reviewers may use the occasion of a book review for a display of learning or to promulgate their own ideas on the topic of a fiction or non-fiction work.

学术书评的特点和作用主要有：

1）学术书评是对学术专著的评价，其作用在于向读者推介有关专著，使之了解所评价的专著的主要内容。相比文学书评，学术书评更为客观、科学，而更少掺入个人的情感表达。

2）学术书评的语言和学术论文的语言一样是典型的学术语言，朴实简练，科学严谨，而不同于文学语言的形象生动，辞藻华丽，富于感染力。

3）进行学术书评的写作，不仅要完全读懂所评的专著，同时还应该阅读与所评专著相关的论文和专著，如果所评专著的作者还有其他专著或论文，必须一并阅读，以把握作者的发展思路和理论脉络。

4）对所评专著的评价要科学严谨、态度中肯，要把其理论特色、理论创新点、研究方法、主要内容给以客观的介绍和评价。

5）对于所评专著的不足之处也要客观地加以指出，以使读者对该书有一个全面的了解。

学术书评写作的步骤大致如下。

1）检索各学术出版社的网站，查找国内外最新出版的著作，找出你的研究领域的专著。查阅其目录、内容介绍和作者介绍，看是否值得写出书评进行推介。对确认有必要写书评的专著，可以向有关图书馆推荐购买，如他们无法购买，就自己和出版社联系购买或者网购。

2）对确定要做书评的专著，必须查找该作者的信息，查找他过去的专著和论文并阅读，如果该作者之前的书著已有书评，当然也要一并查阅，这样才能从整体把握该作者的学术思想和学术研究脉络。通常应选择在该领域有名的专家的专著。如果名气不大的作者，其专著应该有独特的视角值得推介，例如，有新的理论、新的方法等。

3）通读全书，写出各章节的概要。在写作时，要参照打算投稿的杂志的书评格式，要注意控制字数。

4）给出自己对该书的评价，重点放在其理论或方法的创新点上，对其不足之处也要中肯地指出。还应结合国内本领域研究的近况和读者的需求，提出自己的观点和建议。

第二节　论文实例

《麦克米兰英语高阶学习词典》评介

黄建滨　徐　莹

摘要：本文介绍了新近出版的、深受读者欢迎的《麦克米兰高阶英语词典》（简称《麦氏词典》）的一些主要特色，分析了该词典全新的编辑理念、独特的框架设计、丰富的语料及其独具特色的新颖项目，并重点介绍和探讨了该词典一些新颖项目的设计和编排特色，以期从《麦氏词典》的编纂中探寻近年来国外英语词典编纂的技术发展方向及人文发展趋势，供国内英语词典编纂家们借鉴。

关键词：《麦氏词典》　词典编纂　特色项目

《麦克米兰英语高阶学习词典》（*MacMillan English Dictionary for Advanced Learners/for Advanced Learners of American English*，以下简称《麦氏词典》）是麦克米兰出版公司（MacMillan Publishers Limited）2002年出版的两本系列词典，主编为著名词典编纂专家Michael Rundell。该词典是为已经具有一定英语水平的外国人学习英语而编写的。其全新的编辑理念、独特的框架设计、丰富的语料，堪称近年来英语学习词典中的佼佼者。不仅值得向广大英语学习者推荐使用，也值得我国英语教师和词典学科研工作者研究和借鉴。本文将简要介绍《麦氏词典》的一些主要特色。

1 词频信息

近年来，大规模语料库建设及计算机技术在语料分析中的广泛运用，极大地改变了词典编纂技术，为英语词典的编纂带来了一场意义深远的革命。和近年来出版的许多英语词典一样，《麦氏词典》也大规模地利用了语料库的数据。《麦氏词典》充分考虑母语为非英语的高级学习者的需求，选收词总量达10万，成语和短语合计3万。这些词语的选择以及所收例句充分利用了2亿词的《世界英语语料库》和专为该词典开发的《Bloomsbury世界英语语料库》，后者包括了为母语为非英语者编写的英语语言教学材料和他们在英语学习中所犯的常见错误的语料库数据。这使得该词典十分有助于母语为非英语的英语学习者提高理解和运用英语的能力。

利用语料库信息，《麦氏词典》标出了英语中最常用的7500词。《麦氏词典》用红色星形符号给出了共3个等级约7500个常用词（3级2317词，2级词2341，1级2847词）。这些词本身也用红字体，十分醒目。《麦氏词典》的词目按词性列出，所以许多具有不同词性的常用词所占词目数往往不止一个，如care, charge, damage, dance, end, place, question, walk等既可作名词也可作动词，bottom, chief, dark, local, principal等既可作形容词也可作名词，complete, direct, lower, separate等既可作形容词也可作动词，deep, early, nearby, pretty等既可作形容词也可作副词，calm, clear, dear, fit, lead, level, light, like, live, mine, past, plain, present, rear, round, short, sound, south等有3个词性，back, close, double, fine, long, opposite, right, well等有4个词性。这些词在常用的7500词中多占了1～3个位（double有5个词性，因此多占了4个位），这类重复占位的词共多占了999个位之多（本身应占的1个位除外）。因此实际上常用的7500词只有约6500个。而《柯林斯英语词典》中大多数词并不因词性不同而单列，因此这一数字与《柯林斯英语词典》所列最常用的前4级（5级680词，4级1040词，3级1580词，2级3200词，1级8100词）的6500词的总数正好吻合（两本词典所用数据库不同，这6500词略有不同）。这从一个侧面说明，要基本上能够运用英语作为交流工具，达到较自如地使用英语进行读、听、说、写，掌握6500个常用词是一个基本要求。

2 释义简明扼要

《麦氏词典》的释义采用的是比较传统的词组型释义，释义用词绝大多数都限制在2500个基本词汇（附在词典后），这些释义词并不完全是标为3级的那些最常用词（如English等专有名词，grow up等词组就不在3级词中）。这些基本词汇在用于释义时只用其最基本词义，例如cold一词的第二个义项是unfriendly（冷淡的），但释义中这个词义也是不用的，而仅用其第一义with a low temperature, or a temperature that is lower than normal（寒冷的）。这些释义用词也是根据语料库（包括为母语为非英语的高级英语学习者编写的教材中的英语用词信息）筛选的。

3 新颖的项目

《麦氏词典》设有一些独特的项目，从而大大增强了该词典的实用性。隐喻、语言意识和学术写作等都是其独具匠心的设计。

1）隐喻（metaphor）信息主要介绍一些表达同一个概念的相关词和词组。隐喻在英语语言中普遍存在，有时不用隐喻几乎无法就某些话题进行交流。有些说明观点或反对的说法就是用隐喻表示的。基本的隐喻影响着对某一特定概念的表达方式，并进而影响着人们对该概念的理解。对英语为非母语的学习者来说，由于文化或个人认知上的差异，有时很难立刻感觉出或接受该隐喻，从而导致理解上的偏差。《麦氏词典》的隐喻专栏有助于英语学习者理解一些词在英语中的字面意义和隐喻意义，使得英语学习者能真正准确地运用这些词，并进一步关注一些相关词的隐喻用法。《麦氏词典》在以下词条下提供了隐喻用法：achieve, angry, argument, busy, confused, conversation, criticize, discover, effort, enthusiasm, feeling, force, guilty, happy, help, honest, idea, important, intelligence, knowledge, life, method, mind, mistake, money, opportunity, organization, power, problem, quantity, relationship, responsibility, sad, search, secret, situation, success, time, understand, want和win。

例如，money词目下有关隐喻用法的说明为：

Money is like **food,** which gets eaten or is shared among people. The same idea is used to talk about other types of resources.

They didn't get a fair **share/slice of the cake/pie**. ◆*The rent* **takes a large bite out of** *their income.* ◆ *My car insurance premium swallowed my whole tax refund.* ◆ *This* **ate into** *our savings.* ◆

The richest nations **gobble up/devour** *the world's resources.* ◆ *The company was starved of investment capital.* ◆ *We have to make do with* **scraps from** *their* **table**.

这不仅让读者知道了与money相关的一些表达方式，如income, tax refund, saving等，而且让学习者充分理解了这些"钱"的概念为什么能和表示"吃"的词如bite, swallow, eat等连用。

除了这些用红底条形框单独列出的词外，《麦氏词典》还在许多词目的释义中介绍了一些词的隐喻含义。如在green的词条中给出的短语be green with envy和have green fingers都具有隐喻含义。此外，《麦氏词典》还在语言意识的插页中对隐喻做了介绍，以帮助学习者较全面地了解隐喻的产生、作用及文化差异，从而更好地掌握词语的隐喻含义。

2）语言意识（language awareness）作为专栏放在22个插页中（美式英语版为24个插页），专门简明扼要地讲解了有关数词、短语动词、学术写作、隐喻、计算机语言、语用学、口语话语（spoken discourse）、敏感：避免冒犯（sensitivity: avoiding offence）、英式英语和美式英语、商贸英语、构词法共11个方面的知识，旨在帮助已具有一定英语水平的高级英语学习者更深入地了解这些领域的内容，从而有助于提高他们的英语应用能力。考虑到在美国大学读书的需要，在美式英语版本中还增加了大学写作（college composition）一节。

12个主题除数词、短语动词和构词法外，其余9项请了一些著名的英语语言学家撰写，如口语话语由英国利物浦大学的Michael Hoey教授撰写，学术写作由新西兰威灵顿维多利亚大学的语言导师Averil Coxhead先生撰写，计算机语言由加拿大渥太华大学的Ingrid Meyer博士撰写，英式英语和美式英语由美国佐治亚大学的副教授Don R. McCreary博士撰写，大学写作由日本东京国际基督教大学的Christopher Gallagher先生和西班牙圣路易大学马德里分校的Anne McCabe博士撰写。他们中不少是《麦氏词典》的顾问或咨询专家。这些以英语为母语和英语为非母语的英语专家以自身对语言的感悟及对英语语言文化的敏感性，用最能为英语学习者理解的方式深入浅出地介绍了这些在英语学习中最常遇到的问题，使学习者在这些领域提高对英语语言特点的敏感度，从而有意识地使用地道的英语。

例如，在避免冒犯一节中，作者给出了处理敏感话题（如种族、性别、年龄、疾病、性取向和称呼）的办法，介绍了怎样使用最恰当的词语的方式，提供了进一步阅读的书目，并对《麦氏词典》中有关避免冒犯的用法提示做了简要说明。以疾病为例：

Some people object to phrases like **Aids sufferer, mental patients,** or **the handicapped** because they seem to emphasize the illness or disability, rather than the person. When referring to people who are ill or disabled, try to use expressions that emphasize the person:

- a ***person living with Aids***
- a hospital for ***people who are mentally ill***
- flats for ***people who are disabled or people with disabilities***

《麦氏词典》还在如下词目中提供了有关避免冒犯的用法提示：black, crazy, die, disabled, English, -ess, gay, girl, God, he, man, Ms., old和partner。这些介绍不仅让学习者了解了不同的表达方式在意义和情感上的差异，而且让学习者在不知不觉中了解了英语文化知识。

又如在计算机语言一节中，Meyer博士娓娓道出了计算机语言直白坦率的原因，计算机语言中的比喻，计算机语言的形成方式、巧妙组合与更新变迁，还从语言角度对上机交流提出了一些建议，使学习者对计算机语言的特色一目了然，并有助于他们了解和掌握计算机语言。

3）学术写作（academic writing）是《麦氏词典》专门为高级英语学习者设计的。除了在插页中介绍学术写作基本规则外，《麦氏词典》还用红底条形框在有关词目下列出了在英语写作中应注意的一些问题，这些词目是：cause, compare, definite, evaluate, example, list, paraphrase, prove, quote, related, result, significant, summary, topic。这些是在英语学术文章中涉及最多的内容。《麦氏词典》不仅详细介绍了有关内容的具体应用，还进一步说明了这几个方面在一般学术写作中的不同表示方式，使学习者不仅能轻松读懂他人学术论文的基本框架，并且可以选取适合的表达方式构架自己的学术论文。这对于需要进行学术写作的高校学生及专业技术人员来说是很有帮助的。

例如，list条目中说明了在讨论多个问题时怎样分列出要讨论的各项内容，比如可以使用“The major points are as follows…”，“There are a number of reasons/factors/aspects…” 等说明将要讨论的几个问题、理由、因素或方面；用first(ly), first of all, in the first place, second(ly), third(ly), next, a further point, in addition, finally, last(ly), a/the final point等分列有关问题、理由、因素等内容。而在cause条目下列出了多种表示原因或起因的词语。如表示A引起B的词语有：be responsible for, be the cause of, bring about, give rise to, contribute to, have a hand in, influence, play a part in, underlie等。表示B是由A引起的词语有：arise from/out of, be attributable to, can be ascribed to, result from, derive from等。表示A阻止B发生的词语有：inhibit, check, impede, prevent等。同时还介绍了表示原因的一些连

接词语如：as, because, due to, on account of, as a result of, owing to, since等。

4）为了提高读者的语言应用能力，《麦氏词典》还用红底条形框在有关词目下设专项给出了一些在口语或写作中的表达方式并配以实例加以说明。所涉及的方面用“talking or writing about…”方式注明的有：advertising, someone’s age, having a baby, books, colors, companies, jobs, machines, marriage, movies, names, newspapers；用“ways of doing…”方式注明的有：giving advice, expressing agreement, apologizing, saying I don’t know, saying no, giving your opinion, asking and giving permission, persuading someone to do/not to do something, suggesting something, expressing certainty, saying thank you, warning someone。这些特色条目不仅使学习者知晓某个词或某句话的意思，更重要的是使读者能在该条目下找到与该词或该交际功能有关的单词、词组、句型等表达方式，从而有助于就该话题进行一般的交流。

如在jobs条目下围绕工作的话题，首先介绍了表示工作的常用词如job, work, career, profession, occupation, post, position 及其异同，使读者了解在什么情况下该用哪个词。然后介绍找工作时常用的词如apply, resume, applicant, candidate, interview, interviewee和表示不工作时常用的词如resign, quit, fire, lay sb. off, retire等的应用场合，最后还提到了失业的三种说法及与退休的比较。通过这一栏目，读者能方便地找到围绕该话题进行一般交流所需的信息，从而可以进行有效的交谈与写作。

另外，在词典正文中，编者用红底条形框在下述词目下给出了英式英语和美式英语的区别：Asian, bathroom, the border, class, college, couple, doctor, federal, football, gas, hire, holiday, lawyer, mean, pavement, program, public school, quite, school, sea, sick, smart, state, station, student, subway, theater, time。

4 两个版本同时出版

《麦氏词典》的另一别具一格的特色是同时出版英式英语版和美式英语版两个版本。为了方便各国学习英式英语和美式英语的读者，《麦氏词典》尽力表现世界英语，并同等对待英式英语和美式英语。尽管英式英语和美式英语在许多方面差异并不大，由此两本词典粗看似乎也没有太大差别，但编者们还是在词目的选择、最常用词的选择、拼写、读音、释义、例证等各方面尽力表现英式英语和美式英语的各自特色。这里仅举数例说明。

在第1页词目a中有一个例句，英式英语版为：I haven't got an umbrella. 而美式英语版为：I don't have an umbrella.

在同一页上，美式英语版收了AAP和AARP，这两个在美式英语中更常用，而在英式英语中他们并不常用，因此英式英语版就没有收。

在词目排序上，brush在美式英语版上先列名词再列动词，而在英式英语版中则先列动词再列名词。

在7500最常用词中，bypass一词在美式英语版上只列出动词为一星级词，而在英式英语版上则既列出名词为一星级词，也列出动词为一星级词。

bookshop在英式英语版上列为一星级词，在美式英语版上为非常用词；bookstore在美式英语版上列为一星级词，在英式英语版上为非常用词。

majority leader只收在美式英语版中，而overheads只收在英式英语版中。

rain forest/rainforest在英式英语版中为分开写式，在美式英语版中则为合写式。

parliament在英式英语版为三星级词，在美式英语版中为一星级词（不如在英式英语中常用）。

mend, mere, merely, trousers, queue, reckon, packet, parcel在英式英语版中为星级词，在美式英语版中为非星级词。mosquito, ounce, soda, prosecutor在美式英语版中为星级词，在英式英语版中为非星级词。

ask在英式英语版中的音标为/ɑ:sk/，而在美式英语版中的音标为/æsk/。

从这些例子中，我们可以深刻感受到编者们的工作态度，他们如此认真细致的工作使《麦氏词典》的不同版本真正体现了英式英语和美式英语各自的风貌，从而使读者可以学到地道的英式英语或美式英语。

词典所附的光盘也充分带有了电子化时代的特色。地道的英、美语读音对非英语国家的英语学习者大有助益。

《麦氏词典》的所有这些创新之处正如首席顾问Michael Hoey教授在序言中所说，如果使用得当，读者将在口语方面（而不仅仅在英语写作方面）像英语本族语者一样自如地使用英语进行交流。从《麦氏词典》的编纂中我们看到，近年来国外英语词典编纂的发展速度之快、改革力度之大、创新程度之高、编辑理念之新颖、语料之丰富、框架结构之明晰、编排之科学、为读者考虑之细腻，值得国内英语词典编纂家们学习和借鉴。

（本文发表在《辞书研究》，2004年第6期，作者：黄建滨、徐莹）

第十五章　经验总结论文写作

第一节　经验总结简介

The Oxford Dictionary of English（Pearsall，2001）对experience（经验）的定义是：practical contact with and observation of facts or events; the knowledge or skill acquired by such means over a period of time, especially that gained in a particular profession by someone at work。

《辞海》（夏征农，1989）对“经验”的定义是，所谓经验，“是指人们的经历和体验，有时候也指人们在实践中获得的知识和技能”。

《现代汉语词典》（中国社会科学院语言研究所词典编辑室，2012）对“经验”的定义是：由实践得来的知识或技能。

马克思（1963）指出：理论的概念，也是要由大规模积累的实际经验来完成。

Wiersma et al.（2004）在谈到ex post facto research（经验研究）时指出：Ex post facto means “from a thing done afterwards”, and when ex post facto research is done, variables are studied in retrospect in search of possible relationships and effects. There are no variables deliberately manipulated by the researcher.

鲍传友（2009）指出：教育经验总结“就是对教育活动中比较典型的事件进行分析、概括和整理，形成较为系统的、合乎逻辑的认识”。

李秉德（1986）指出：教育总结法，是在不受控制的自然状态下，依据教育实践所提供的事实，分析概括教育现象，使之上升到教育理论高度的一种普遍采用的有效方法。

人们在工作到了一定阶段时总会对过去的工作情况进行回顾，总结经验教训，用以指导今后的工作。教育经验总结古已有之，但作为教育研究的科学方法，还有待教育学界进行深入的探讨。教育经验是第一线的教师在自身的教学实践中所获得的教学经历、教学知识和教学技能，丰富的教学经验只有通过教学实践才能获得。只有在教学实践中不断反思和总结自己的教学经验和失败的教训，教师们才能将自己的感性认识和体验升华。总结教育经验有助于丰富和发展教育理论和揭示教育规律，促进教学质量的提高，有助于教育思想观念的转变，有助于提高学校办学和管理水平的提高，有助于增强教师的业务素质和教学水平，提高教师的教育科学研究水平。

教育经验总结有如下几个特点。

1）实践性。教学经验来自于教师们的教学实践，是教师们不断实践的积累。

2）有效性。教学经验是教师们在长期的教学实践中总结出来，并经过多次验证有效才能继续使用的。

3）可接受性。教学经验经过总结，可以为其他教师所接受并用在他们的教学实践中。

4）概括性。经验总结就是一种概括，有一个从特殊到具有普遍规律性的升华过程。

5）指导性。上升为经验的知识或者技能为其他教师接受后，具有指导和示范作用，可以加以推广。

6）实用性。经过教师们不断实践总结出来的教学经验可以在教师自己今后的教学实践中使用，也可以为其他教师所采用。

7）追因性。教育经验总结是对过去的实践活动的回顾并在实践活动大量积累的基础上进行抽象和概括。

8）发展性。经验要上升为理论，是要经过长期的发展和不断反复的实践的验证的。

经验总结论文的写作过程大致如下。

1）收集资料。为了积累资料，教师们应该坚持通过教学日志记录自己的教学感悟以备今后查阅。在收集资料阶段，教师可以查阅整理自己的教学日志、教案、工作小结等。教师们还可以对过去的教学经历进行回顾式的整理。

2）把握教改动态，确定论文选题并拟定写作提纲。教师们要时时关注国家、地区和学校的教改动态，使自己能站在教改的前沿，选择并进而总结出具有前瞻性的经验。

3）筛选经验。根据当前和今后教学的发展，对已有的教学经验进行筛选。选出具有代表性、典型性、有效性、创新性、推广性的教学经验用作论文的素材。要注意不选择那些自己都吃不准的做法，不选择过于流行的做法，不选择带有片面性的做法。

4）经验阐述，写出论文。在这个阶段，教师们要根据教学中的实际问题，把自己解决这些问题的具体方法和技巧，以及由此产生的效果加以总结并加以一定的理论化，从而使所总结的实际的经验具有一定的理论高度，更具科学性，而可以为同行所借鉴。

5）得出结论并指出其局限性。

经验总结论文写作应注意的几个问题如下。

1）数据、例证要真实可信，不可夸大其词，不可闭门造车捏造例证。

2）研究的对象要具有代表性。

3）理论联系实际，经验不仅仅是实例的堆砌，而应有理论的支撑。这就要求作者不仅仅只是一个实践型的教师，而且也要有教学理论素养。

4）对以往经验的总结也要注意有所创新，从已有素材中提炼、概括出有代表性、值得推广的经验，同时要注意与时俱进，使过去的经验在新的环境中焕发青春。

5）加强和同行的合作。论文收集资料和写作过程中都要保持和同行的合作，请他们帮助收集资料，和他们讨论选题，初稿出来后请他们提出意见和建议，然后根据他们的意见进行修改。

6）文字简练准确，逻辑性强。

第二节　论文实例

大学英语教学中的修辞教学

黄建滨　张怀建　黎进安

摘要： 本文分析了英语修辞知识教学在大学英语教学中的重要性，修辞知识与词汇、教材等有关内容的关系，汉语修辞格与英语修辞格的异同，探讨了进行修辞知识教学的一些具体途径。

关键词： 修辞教学　大学英语教学　修辞格

修辞是语言科学的一个重要分支，它与语音、语法、词汇有着密切的联系。语音学、语法学、词汇学研究的是语言的规范化问题，而修辞学研究的是如何增强表达效果的问题，因此它是对语言方方面面的综合运用的研究，所以我们说，修辞是写作和说话的一种艺术。修辞知识的学习有助于遣词造句，连句成段，组段成章，提高语言表达能力，使我们写出的文章清晰易懂、准确精练、生动形象。在阅读理解中，了解一点修辞知识同样颇有裨益，因为它有助于对各种阅读材料进行语言分析，从而加深我们对文章的理解。在大学英语教学中，由于课时有限，不可能也没有必要像英语专业那样开课传授英语修辞知识。但是通过阅读教学（主要是精读）讲授一些常见的英语修辞知识则是切实可行也颇有收效的。

1　修辞与语法和词汇的关系

我们知道，语言的三大要素是语音、词汇和语法，而修辞则是以它们为基础的更高一级的语言现象。修辞虽不是与它们并列的第四大要素，但由于它是对它们的综合运用，因此修辞与语音、词汇和语法的关系十分密切。这里我们主要谈谈修辞与词汇和语法的关系。我们在说话和写文章时都离不开词汇和语法，许多修辞手段也正是通过词汇和语法才得以实现的。通过词汇研究，我们可以了解词义、词的结构、词的搭配、词义的发展等，而修辞研究则使我们了解同义词的选择、词的多义关联、词的活用，等等。通过语法研究，我们可以了解词的变化、句子结构、句子类型、时体变化等，而修辞研究则可以使我们比较准确清楚地表达思想，正确完整地理解所读材料，提高语篇层面上的阅读理解能力。

下面这句话是美国独立战争时期著名的政治家本·富兰克林（也是著名的科学家、外交家）的名言：*We must all hang together, or we shall all hang separately.*（我们必须团结在一起，否则我们就会被一个个绞死。）

全句没有生僻词语，语法上也并无特殊难点，但是真正理解却并不容易。关键在于对hang一词的理解。hang的词义很多，究竟应选择哪一个（或两个）？须知，作者在这里运用了双关这一修辞手法。前半句使作者的号召，hang的词义为“紧靠（hold fast）”，hang together即为“团结一致（remain united）”，而后半句则告诫人民不团结可能产生的严重后果，hang的词义为“吊死（die by dropping with a rope around the neck）”。此外，由or连接的语法结构上平行的两部分因为一对反义词together和separately的使用而形成强烈的对比。作者由此精辟地表达出团结才有力量这一真理。

从上例我们可以看到，掌握英语的常用修辞手法有助于巩固和提高词汇、语法知识的运用能力，帮助我们分析语言难点，提高语言修养，并进而贯穿在写作等语言交际活动中，从而提高我们的语言表达能力。

2 教材与修辞知识传授的关系

1985年的《大学英语教学大纲》明确指出：“随着社会的进步，边缘学科的发展，文理科的相互渗透，以及专业信息来源的多向性，文科学生需要学习一些理科知识，理科学生也需要学习一些文科知识。”为此《大纲》对教材的选材提出了具体要求：“为打好语言基础，教材要注意题材和体裁的多样性。除选择语言规范、趣味性强的一般文章外，还应选用科普以及文、史、哲、经等方面的读物作为教材。”尽管上述要求是针对文理科学生而言，但对理工科学生也同样适用。目前普遍使用的《大学英语》（复旦大学等校合编）正是按《大纲》要求编写的一套教材（此教材不仅多数文理科院校在使用，而且为许多理工科院校所选用）。《大学英语》精读课文的选材十分注重多样性原则。它的选材包括散文、小说、剧本、新闻报道、科幻小说、演讲辞、游记、传记、诗歌（朗读材料中），等等。这些选文涉及天文地理、科学技术、文化教育、家庭教育、学习方法、趣闻轶事、历史名人、体育明星、日常生活、社会风情等多方面题材。在这些广泛丰富的内容中，作者们运用各种修辞手段增强文章的表达效果，使学生们接触到了活生生的英语。要使学生真正理解语言素材，欣赏作品的语言美，掌握更多的语言表达方式，有针对性地讲授一些基本的英语修辞知识就提到了大学英语教学的议事日程之中。

在第一册第十单元课文结尾处有这样一句话：*It*（*the oak tree*）*was covered with yellow handkerchiefs—20 of them, 30 of them, maybe hundreds, a tree that stood like a banner of welcome billowing in the wind.*（橡树上挂满了黄手帕——二十条，三十条，也许有几百条，这树立在那儿就像欢迎的旗帜在迎风飘扬。）作者在这里运用了多种修辞手法：夸张（hyperbole）——hundreds，明喻（simile）——like，拟声（onomatopoeia）——billow（此词本用于描写波浪的翻腾）。正是这些修辞手法的综合运用烘托出了作品主人公（一个刚从监狱释放出来的囚犯）的妻子对丈夫的爱和对他的归来所显示出的期盼心情（她丈夫原只要求她挂一条手帕以表明她欢迎他的归来，如不希望他回来就不挂），从而把作品推向了高潮。

在第二册第七单元课文中有这样一句：*But the houses were old, closed, unfriendly.*（然而那些房子却冷漠无情，门窗紧闭，一点都不友好。）这里，作者用拟人（personification）手法，寥寥数语就把那些房子里的人们看到邻人遇劫时的明哲保身心理描写得惟妙惟肖。

类似的例子在《大学英语》中不胜枚举。这些修辞手法的运用使这套教材的语言更显生动形象、妙趣横生，寓意丰富深刻，令人回味无穷，提高了教材的思想性、趣味性、知识性，使学生在真实生动的语言中得到了美的享受。

3 教学中的一些措施和做法

要掌握一门知识，只有通过大量的实践。修辞知识的掌握也必须依靠实践。这种实践具体到大学英语教学来说是通过读和练体现出来的。读当然由学生进行，但要使他们掌握则需要教师的循循善诱和形式多样的练习。精读是大学英语教学用时最多的课型，也是传授修辞知识的主要阵地。我们主要采取了下列措施和做法。

3.1 重点讲解

对课文中出现的修辞现象着重从课文内容进行讲解，同时辅以例句，使学生对其用法加深印象。

第一册第五单元的标题A Miserable, Merry Christmas（又悲又喜的圣诞节）采用的是矛盾修辞法（oxymoron）。为什么会又悲又喜呢？这就要从课文内容说起，而最后一段尤为重要：*It covered the whole distance from broken-hearted misery to bursting happiness—too fast.*（先是令人心碎的痛苦，接着是极度的喜悦——变得太快了。）这句画龙点睛之笔充分表达出了作者儿时在一次圣诞节早上最初因没有得到任何礼物而长时间地伤心痛苦，以及后来终于得到了梦寐以求的小马时的喜悦心情，点出了标题的内涵，有助于读者对标题的理解。随后我们给出如下几个例子：cruel kindness（残忍的善心），a clever fool（聪明的傻瓜），falsely true（虚伪的真实）等，从而使学生明确矛盾修辞法的特点在于两部分是意义相互矛盾的统一体。

3.2 区分不同的修辞方法

英语中有些修辞方法颇为相似，很容易混淆，因此在教学中也有略加区别的必要。当然，我们的学生并非英语专业的学生，因此这种区别不必过细，只要让学生有所了解即可。例如提喻（synecdoche）和转喻（metonymy）的区别，前者强调局部和全体的互代，而后者则指用一种名称代替另一种名称（例见3. 4词语搭配练习一节）。又如反语（irony）和讽刺（satire）的区别。前者指的是反话，说反话当然可以用来进行讽刺，但说反话往往只是善意的幽默而无尖刻讥讽之意。而讽刺的目的则是要揭露错误、丑恶现象等，其手法或尖刻揶揄，或笑骂，甚或痛斥。请看下面两例：

1） *It would be a fine thing indeed not knowing what time it was in the morning.*（要是早晨不知道是什么时候那才妙了呢。）——反语

2） *Quite right. The laws are turnpikes, only made to stop people who walk on foot, and not to interrupt those who drive through them in their coaches.*（太对了。法律是道关卡，只阻拦步行者，并不打扰乘车穿过关卡的达官贵人。）——讽刺

3.3 汉英修辞手法比较

汉英和英语分属两种不同的语系，两种语言在词的构成、词形变化、句法结构、语序等方面的差异很大。汉语母语者和英语母语者风俗习惯、生活环境的不同使他们在伦理道德、美学观念、价值观等方面也各有特点，比较相应的汉英修辞手法，找出其相同点和不同点，从而更为有效地学好英语修辞。

例如，汉语明喻和英语simile的特点基本相同，其基本格式就是“甲事物像乙事物”，因此汉语明喻的比喻词有：像、好像、如、如同、比、好比、似、似乎、仿佛、一样、一般，等等，而英语simile则有like（像），as（如同），seem（看起来好像），as if（似乎），such as（像……一样），than（比），等等。学生们学起来当然不感到困难。但是汉语暗喻和英语metaphor则不完全相同。英语的metaphor译为“暗喻”，和汉语暗喻一样可以直接把本体说成是喻体，既可用判断词be（是）连接本体和喻体，也可以采用修饰等方式。但英语metaphor的其他一些变化格式并不等于汉语暗喻，而和汉语借喻或拟物等修辞格相近。这样的metaphor学生理解起来就困难一些。例如：

1）*Because of his wealth, he was a fountain of generosity to his relatives and friends.*（由于家财万贯，他对亲朋好友出手大方，花钱流水。）

2）*From the burning look in his eye, I knew he was angry with me.*（从他冒火的眼光中，我知道他生我的气了。）

3）*They could not know how great light was going out in my life.*（他们无法明白我生命中一盏多么美妙的灯正在失去光辉。）

4）*His present hunger awoke and gnawed at him.*（此刻他肚子的饥饿又苏醒过来撕咬着他。）

在上述四例中，例1）使用判断词，例2）采用修饰方式，与汉语暗喻的比喻手法相同，故容易为学生理解，而例3）与汉语借喻相似，例4）与汉语拟物相似，而非汉语暗喻之格式，故需要特别说明并和汉语有关修辞格进行对照。

3.4 词语搭配练习

动宾搭配或形容词与名词的搭配等并不是随意的组合，它们一般都有一定的限制。但是在特定意义下，一些特殊的搭配可以产生特殊的修辞效果。因此我们可以将几组特殊的搭配打乱顺序后要求学生重新组合并使之能符合已学过的修辞方式。例如：

Column A	Column B
save	the muscle
have	a cup
earn	grey hair
drink	a purse
make	one's skin
respect	one's bread

由这两组词我们可以得到这样几个提喻（synecdoche）的例子，save one's skin（保住性命），have the muscle（有力气），earn one's bread（谋生），和几个转喻（metonymy）的例子，drink a cup（喝杯酒/水），make a purse（赚钱），respect grey hair（尊重老人）。这种方式不仅可以使学生了解不同的修辞方法，也有助于提高其词语搭配能力。

3.5 口头练习

说和写都是创造性地运用语言的能力。在课堂上开展一定的口语活动不仅有助于活跃课堂气氛，提高学生的口头表达能力，还有助于其写作能力的发展。修辞知识的传授也可以采用口头练习形式，例如口头造句和口头作文。

口头造句要求教师在讲解某一修辞法后提供一些例句供学生翻译，这些例子应简单恰当，不含或尽量少含生词，并应限制学生使用刚学到的修辞法。例如在讲到转喻（metonymy）时，我们给出下列句子要求学生翻译：

1）他们人手不够。（*They are short of hands.*）

2）孩提时所学到的知识终身难忘。（*What is learned in the cradle is carried to the grave.*）

3）他是全校同学所敬佩的人。（*He is the admiration of the whole college.*）

4）他投资的事业失败后他的资产全赔光了。（*He lost his shirt when the business he had invested failed.*）

口头作文（50～100词即可）则要求教师根据所介绍的修辞方法提出一定的情景，让学生用自己的话讲述一段小故事，其中必须用到刚学过的修辞方法。例如介绍了婉言（euphemism）后，我们要求学生讲述一个已故英雄人物（如雷锋）的事迹，在说到他去世时不用die。这样学生就不得不转而用give up one’s life, lay down one’s life, pass away, go off, leave forever等词语。为了使更多的学生参与，这种练习还可先采用小组发言形式，并由各组代表将小组所用词语归纳出来提供给全班。

3.6 写作练习

通过写作练习掌握修辞方法的途径在大学英语教学中主要以造句和仿写为主。笔头造句练习与前述的口头造句练习方式相似，当然用于笔头练习的句子应稍难些。这里不再赘述。

仿写是学习写作的一个主要练习方式。我们要求学生熟练掌握课文内容，对其中的重点段落还要求能背诵，从而使其能牢固掌握典型用法和特殊句型。在此基础上，我们给出与课文内容有关的题目，要求学生在自己的写作中利用课文出现的修辞法。例如在教第三册第三单元Why I Teach一文时，我们给出作文题Why I Major in...，要求学生利用排偶（parallelism, 又称平行）阐述理由，而这一手法正是该课文作者多次采用的方法。

随着大学生们英语水平的逐步提高，他们对英语知识的渴求也愈加强烈。由于英语修辞知识在英语交际过程中的重要性愈来愈为广大大学生们所认识，这方面知识的传授也就提到了大学英语教学的议事日程之中。本文所介绍的只是我们在教学实践中的点滴体会和尝试，希望能得到同行们的指正。

参考文献

[1] 陈淑华. 英语修辞与翻译[M]. 北京：北京邮电学院出版社，1990.

[2] 大学文理科英语教学大纲修订组. 大学英语教学大纲[M]. 上海：上海外语教育出版社，1986.

[3] 范家材. 英语修辞赏析[M]. 上海：上海交通大学出版社，1992.

[4] 黄伯荣. 现代汉语（修订版）[M]. 兰州：甘肃人民出版社，1983.

[5] 谢祖钧. 英语修辞[M]. 北京：机械工业出版社，1988.

[6] 余立三. 英汉修辞比较与翻译[M]. 北京：商务印书馆，1985.

[7] 翟象俊，李荫华. 大学英语精读[M]. 上海：上海外语教育出版社，1991.

（本文发表在《矿业》，1995年第3期，作者：黄建滨、张怀建、黎进安）

第十六章　英语语言文学研究

第一节　为什么要进行英语语言文学研究

这里我们综合陈向明（2003）和朱林民（2007）所汇总的教师知识结构分类，如表16.1所示。

表16.1　教师的知识结构分类观点汇总

研究者	教师的知识结构分类
斯滕伯格（三大类知识）	内容知识、教学法的知识（具体的、非具体的）、实践的知识（外显的、缄默的）
舒尔曼（七大类知识）	学科内容知识、一般教学法知识、课程知识、学科教学知识、学生及其学习特点的知识、有关教育情境的知识、教育目的及价值的知识
考尔德黑德（六大类知识）	学科知识、行业知识、个人实践知识、个案知识、理论性知识、隐喻和映像
泰默（四大类知识）	课程的知识、学生的知识、教学的知识、评价的知识
玛科斯（四大类知识）	学科教学目的的知识、学生理解学科的知识、学科教学媒体的知识、学科教学过程的知识
格罗斯曼（六大类知识）	学科知识、学习者和学习的知识、一般教学法知识、课程知识、情境知识、自我知识
博科、帕克南、伯利纳（三大类知识）	学科内容知识、学科教学法知识、一般教学法知识
申继亮（四大类知识）	本体性知识（学科知识）、条件性知识（教育学、心理学知识）、一般文化知识、实践性知识
傅道春（三大类知识）	原理知识（学科原理、一般教学法知识）、案例知识（学科教学的特殊案例、个别经验）、策略知识（将原理运用于案例的策略）
陈向明（两大类知识）	理论性知识、实践性知识

从表16.1中的中外共10位学者的分类中我们发现，7位外国学者中，5位列出了学科（内容）知识，3位中国学者只有申继亮明确列出了学科知识（而且是用本体性知识加以强调的），另外2位对学科知识的表述都非常薄弱，显示他们对此的重视程度是不够的。例如，陈向明（2003）只分了两大类："理论性知识"和"实践性知识"，但她在文中指出：前者通常可以通过阅读和听讲座获得，包括上述学科内容、学科教学法、课程、教育学、心理学和一般文化等原理类知识。可以认为，她也要求教师掌握学科知识，但这并不是她的重点，因为她的这篇论文重点是谈"实践性知识"的重要性。

表16.2是国家教师资格考试中"英语学科知识与教学能力"（高级中学）考试大纲（《中小学和幼儿园教师资格考试标准及大纲》，教育部师范教育司等，2011）的试卷结构。

表16.2　"英语学科知识与教学能力"（高级中学）考试大纲的试卷结构

模块	比例	题型
语言知识与能力	27%	单项选择题
语言教学知识	27%	单项选择题；简答题
教学设计	27%	教学设计题
教学实施与评价	19%	教学情境分析题
合计	100%	单项选择题：约40% 非选择题：约60%

从表16.2看出，英语语言知识能力的占比还是有一定分量的（27%）。但是对实际的考卷考察后我们发现，在语言知识与能力的30题中，考查阅读能力的阅读理解题（10题，占该部分的三分之一）和涉及教学理论与实践的试题（剩余的20题中占去11题）并不属于英语学科知识范围，这样一来，在国家教师资格考

试“英语学科知识与教学能力（高级中学）”试卷中，实际与语言知识有关的考题占全卷的比例仅为12%（全卷150分，这部分题占18分）。而这18分的考试内容还都是语法和词汇方面的题。然而，根据该大纲的说明，“英语学科知识与能力”指的是：具有扎实的英语语言基础知识和语言沟通能力，具备从事高中英语教学所需要的英语语言能力，能理解有关英语国家的语言、历史和文化等相关知识。（教育部师范教育司等，2011）

由此可见，相比教育发达国家，我国对于中小学英语教师在学科知识方面的要求明显是偏低的。这也可以证明，相比教育发达国家的教师素质，我国中小学英语教师的素质还有待极大的提高。

因此，我们认为，要想使我国中小学教育跟上世界上教育发达国家的步伐，中小学英语教师要想成为一名合格的（不要求说优秀的）教师，其英语学科知识是十分重要的。同时，我们还认为，对中小学英语教师英语学科知识的研究对于教学也是十分重要的。

我们认为，英语学科知识不应仅仅局限于语音、词汇、语法、语义、修辞、语用等语言学方面的知识，还应包括以下知识：英语国家的文学、英语国家的历史与地理、英语国家的礼仪与习俗、跨文化交际、汉英双语间的翻译等。

中小学一线英语教师对英语学科知识的研究的重要性表现在以下几点。

1）对英语学科知识的研究有助于教师提高教学质量，其成果可以反馈于教学中。

2）从事英语学科知识的研究，教师也可以更好地指导学生开展具有创造性的研究性学习。

3）对英语学科知识的研究有助于提高教师的自身素质。

4）对英语学科知识的研究有助于增加教师在学生心中的魅

力，赢得他们更多的尊重。

5）英语学科知识的一些研究成果也有可能用在教学研究中。

开展英语学科知识研究的步骤大致如下。

1）选题，可以是自己的兴趣，也可以是教学中发现的问题。

2）确定是否已经有人做过类似的研究。

3）阅读相关的理论。

4）查找资料。

5）整理资料。

6）撰写论文。

中小学一线英语教师进行英语学科知识的研究的选题方向大致来自于如下几个方面。

1）选题应该是自己所感兴趣的方向。例如，在学校读书时的论文方向是文学的，那么就可以选择自己所感兴趣的作家及其作品作为研究方向。

2）在备课中发现的问题。

3）在教学过程中发现的问题。

4）从学生的提问中发现问题。

5）在和其他老师交流中遇到的问题。

这些问题既可以是语言本体方面的问题，也可以是跨文化交际方面的问题，或者英汉翻译方面的问题。

中小学一线英语教师的工作量很大，研究条件不如大学教师的好，因此在刚开始从事英语学科知识的研究时，不可急于求成，要多做知识的积累，从小的题目做起，逐渐做大。

第二节　论文实例

[论文一]

一种特殊的多词动词

黄建滨　张怀建

在《英语语法大全》一书中，Randolph Quirk等在多词动词（multi-word verbs）一节里， 除了重点介绍短语动词之外，还顺便提到了一种特殊的多词动词结构：动词—动词组合（verb-verb combinations）。在这种组合中，第一个动词根据上下文有人称、数、时态等变化，第二个动词为动词原形，不能变化。这种特殊的动词—原形动词组合多见于口语、俗语及一些习惯用语。由于这种组合中的第一个动词仅限于make, let, help, go, hear等少数几个动词，因此我们将以此分类对这种动词—动词组合进行研究。

1　由make构成的动词—动词组合

由make构成的此类多词动词不多，只有下述几个习惯用语。

(1) make believe[假装，装作（是），幻想]

1）Danny made believe he didn't hear his mother calling.

2）Let's make believe we have a million dollars.

3）He made believe not to be aware of my presence.

4）I make believe read my French book.

5）That's nothing but make-believe.

6）Don Quixote lived in a world of make-believe.

从以上例句中我们看到make believe 后一般接宾语从句，但有时也可接不定式（甚至可以不带to，如句4）。make believe有时用连字符连接转化为名词表示“假装，幻想，美梦”，或者转化为形容词表示“虚假的，想象的，假装的”。

(2) make do（凑合着使用，设法将就过去）

7）This motel isn't what we wanted, but we must make do.

8）They are not rich, but they make do on what they have.

9）The chairs have not arrived yet, so we shall have to make do with these boxes.

10）We don't have a new knife, so we'll just have to make this one do.

11）It's make-do airfield.

12）Housing had the flimsy quality of wartime make-do.

从以上例句中我们看到，make do可以单独使用，但通常多与介词with或on连用。make do 还可用连字符连接转化为名词表示“临时或凑合着用的东西”，或形容词表示“临时的，暂时的”。

(3) make do without（在没有……的情况下设法应付过去）

13）If you haven't the right tool for the job, we shall have to make do without it.

(4) make do and mend［（把旧物）修补好凑合着用］

14）You are lucky. Having a family to make do and mend for.

以上这两个短语只是在make do的基本词义上通过加词使含义有所增加而已。

make型动词—动词组合实际上是在语言的使用过程中省略或转移make的宾语而形成的，其中的第二个动词原来是省略了的或转移了的宾语的补语，句10）为没有转换的例子。句1）中的make believe相当于make his mother (or someone else) believe（使他母亲或其他人认为他没听见而实际上他听见了——假装）。句2）中的make believe相当于make someone else believe（让其他人认为我们是而实际上并非如此——装成）。没有这些补充并不影响句意，反而使句子更加简洁。句7）中的make do相当于make this motel do(前半句已有而无重复必要)。句13）中的make do without it相当于make the unsuitable tool we have do without the right tool（补充出来太烦琐）。句8）中的make do on what they have相当于make these boxes do, 和句10）相比，它只是改用介词引出make原来的宾语，将其置于句尾，使句子得以平衡，避免了头重脚轻现象。这些短语在使用过程中逐渐为人们接受而成为固定搭配。

2 由let 构成的动词—动词组合

由let构成的动词—动词组合较多，常见的这类习惯用语有：let drive(at)（对……）瞄准，射击、打击；let drop/give a hint给以暗示；let fall on/upon在……上作垂线；let fly(at)发射，攻击，痛骂；let go松开，放走，听任，发射，不注意，破裂，辞退；let go/drop/cast anchor抛锚；let go/lose leave/release (one's) hold of 放开，放弃，放手；let go of 放走，放弃，松开，丢失（let还可以改为leave）；let go with尽情地说，放声叫；let pass让……通过，放过，原谅，忽略；let rest搁置起来，停止（做）；let ride不管，听之任之；let slide不管，不关心，听其自然，忽视，放弃；let slip放走，松开，错过（机会），无意中说出。例如：

15）He let go (of) the rope.（let go和let go of均可表示“松开”，故of常可省略。但如其宾语为代词，则of 不能省略。）

16）Robin Hood let go an arrow at the deer.

17）Judge Brown let go at the union of his old class and had a good time.

18）He let drop the suggestion that we should meet him in town.

19）Though he didn't say much. He let fall a few hints of what he had in mind.

20）She aimed carefully and let fly at the target.

21）The class was rather noisy but the teacher let it ride because it was near Christmas.

22）I think we have let slip a good opportunity.

23）Don't let the opportunity slip.

24）The cowboys worked hard all week, but on Saturday night they went to town and let themselves go.

25）A few hints were let fall by the girl.

let型动词—动词组合中，大多均为let＋第二动词＋名词形式。实际上，这里的名词是let的宾语，而第二动词是宾语补语。若用代词代替名词，则这个代词必须回到原位（如句21）、24））。如果名词较短，则其位置比较灵活（如句22）、23））。let 型动词—动词组合和本文所讨论的其他动词—动词组合不同的是，它们可以有被动语态（如句25））。需要说明的是，这一点不适用于非短语型的let结构。例如：I'll let him do it的被动句可以是He will be let (to) do it。但不论用to与否，这种句子均很少见，通常应改用allow或permit等同义词代替let用于被动句，即：He will be allowed to do it.

在let 型动词—动词组合中，有少数几个采用let＋第二动词＋介词＋名词形式。这里，let和第二动词之间可以看作省略了与主语一致的反身代词或从上下文可以确知的名词宾语。句15）中如用of，则let 和go之间应含himself，而句20）中的let和fly之间则省略了a bullet。

3 由help构成的动词—动词组合

由help构成的动词—动词组合还不能算作习惯用语，它们是英语（主要是美国英语）在使用过程中，为了简洁而省略help的宾语而产生的。help的词义不变，第二个动词本来是被省略了宾语的补语，可以根据上下文的需要而任意选用不同的动词。这种用法现在不仅在美国英语口语中而且在书面语中也较常见了。例如：

26）Her husband doesn't want to help (her) take care of the children.

27）After school the pupils often turn to and help (their classmates) clean the classrooms.

28）Why would a mental vision of success help (people) produce real success?

29）Tests will help (you) make your new knowledge permanent.

30）Exercise helps (one) improve one's health because it takes off weight and strengthens the heart.

从句中括号内的词我们不难看出，被省略的名词（或代词）宾语虽然可以补充出来，但却没有多大必要，因为从上下文我们已经可以清楚地知道帮助的对象是谁。如硬性补出这一宾语，往往会使句子显得别扭（如句27）、28）、30））。

4 由go构成的动词—动词组合

由go构成的动词—动词组合通常用于美国口语、方言以及粗俗的讥骂语中。常见的有：go bust破产，失败；go flop垮台，失败；go hang听之任之，少管闲事，被挂起来，被忘掉；let things go hang（对事情）听之任之，漠不关心；go smack into正撞在……上，猛地冲入，（轰隆一声）与……迎头相撞（go可改为run）；go smash打碎，垮台；go smash into撞入，冲进（go可改为run）；go snap突然裂开；go whistle白浪费时间，懈怠，随意行动，被赶走；let sb. go whistle不顾某人的愿望；以及一些诅咒语，见句34）—37）。

我们可以认为go与第二动词间省略了and或to, 但历史地看，情况并非如此。go 的这种用法其实是美国英语对古英语的一种特殊用法的保留。即运动动词同不定式紧密结合而具有与该动词基本一致的意义，而“去”的含义则消失了，这从上述例词中的译文也可以看出。例如：

31）Let the book go hang.

32）The car went smash into a wall.

33）The firm has gone smash at last.

34）Go jump in the lake! / Go lay an egg! / Go lay a brick!/ Go sit on a tack! 滚开！/别来烦我！/别管闲事！

35）Go take a crap! 去你的吧！

36）Go pass on it! 别管它！/随它去！

37）Harry was tired of John' advice and told him to go fly a kite（滚开）！

另外，go型的这种组合还可用于祈使及表示“自己要做”之类意义的句子中。这时go仍含“去”之意，第二动词则可根据上下文的需要选用以表示目的。在命令式中，come和run也可以这样用。例如：go fetch去拿来，go seek去寻找，run help跑去帮助，run get跑去拿，come say来说一声。

38）I'll just go see.

39）Both of you go stand in the back of the line and wait your turn.

40）He left his grandmother's house to go live in Chicago.

41）Come say good night.

42）Better come join us.

43）Run get the ball for me, Jami.

44）The children are playing hide-and-go-seek.

句44）中的hide-and-go-seek（捉迷藏）为美国英语用法，英国英语用hide-and-seek。除此之外，由go加原形动词构成的合成词还有go-go（n. 歌歌舞；adj.歌歌舞的，活跃的，时髦的，买空卖空的），go-go-go（n. 连续运动），另外go-getter（有冲劲和进取心的人）也可归于此类合成词，不过现在还未见有go-get一词。

5　由hear构成的动词—动词组合

由hear构成的动词—动词组合都可以译为“听（人）说（起），据说”，第二动词均与“说”有关。常用的有：hear tell, hear say（后接宾语从句，引导词that可以省略），hear say of, hear speak of, hear talk of, hear tell of后接名词或代词。这种用法实际上是在hear与第二动词间省略了具有泛指意义的someone，people一类的词，翻译时当然也可根据需要将其补译出来。这种用法在现代英语中通常用于俗语、方言或口语中。另外，合成词hearsay作名词表示“传闻”，作形容词表示“道听途说得来的”。例如：

45）I've heard say he is a miser.

46）I've often heard tell that Hangzhou is a beautiful place, and now am seeing it with my own eyes.

47）Have you heard tell of such things?

48）It's merely hearsay.

此外，我们有时还可以见到stay put（保持原位，停在原地不动），be put to it（陷入困境），get hurt（受伤）等形同上述动词—动词组合的短语，但它们中的第二动词并非原形动词而是过去分词，故不在本文讨论之列。

参考文献

[1] 葛传槼. 英语惯用法词典[M]. 上海：上海译文出版社，2002.

[2] 井上義昌. 英美语惯用法词典[M]. 长沙：湖南师范大学出版社，1991.

[3] 黄致德. 现代英语惯用法词典[M]. 北京：商务印书馆，1981.

[4] 安列，等. 英语习语汉译词典[M]. 西安：陕西人民教育出版社，1992.

[5] 陆谷孙. 英语大词典[M]. 上海：上海译文出版社，1992.

[6] Quirk, R. et al. *A Comprehensive Grammer of the English Language*[M]. London: Longman Group Ltd., 1985.

（本文发表在《外语教学》，1995年第1期，作者：黄建滨、张怀建）

[论文二]

go＋原形动词结构小议

黄建滨

go＋原形动词的用法是一种不规范用法，主要见于美国口语、习语及粗俗的诅咒语中。

1. 在美国口语中，go＋原形动词常用于祈使句中，表示“要某人去做某事”之意。这时go仍保留“去”的本意，其后的动词则可根据需要选用。例如：

1）Both of you go stand in the back of the line and wait your turn. 你们俩都到后面去排队等着。

2）Go make a list of everything she said and mark the points that are true. 去把她说的一切都列出来，再把对的那几点标明。

2. 不仅go可以这样用，come和run也有类似用法。例如：

1）Come say good night. 来说声晚安。

2）Run go the ball for me, Jami. 杰米，跑去给我把球捡回来。

3. go＋原形动词还可以表示“自己将要去做某事”。这时主要用在将来时和表示目的的不定式中。例如：

1）I will just go see. 我正要去看一看。

2）He left his grandmother's house to go live in Chicago. 他离开奶奶家到芝加哥去住了。

4. go＋原形动词还常用于一些粗俗的诅咒语中。这时多见于祈使句。

例如下面七句均表示“滚开！”“去你的！”“少管闲事！”之意。

1）Go jump in the lake!

2）Go lay an egg!

3）Go lay a brick!

4）Go sit on a track!

5）Go fly a kite!

6）Go take a crap!

7）Go piss on it!

这种用法偶尔也见于“告诉/叫某人做某事”的句子中。例如：

Harry was tired of John’s advice and told him to go fly a kite! 哈利听厌了约翰的说教，叫他走开。

5. go＋原形动词还常见于一些固定搭配中。在这些习语中，“去”的含义已基本消失，go与其后的原形动词紧密结合而具有与后一动词基本相同的意义。常见的有：go bust破产，失败；go flop垮台，失败；go hang听之任之，少管闲事，被挂起来，被忘掉；let things go hang（对某事情）听之任之，漠不关心；go smack into正撞在……上，猛地冲入，（轰隆一声）与……迎头相撞（go可改为run）；go smash打垮，垮台；go smash into撞入，冲进（go可改为run）；go snap突然裂开；go whistle白浪费时间，懈怠，随意行动，被赶走；let sb. go whistle不顾某人的愿望。例如：

1）Let the book go hang. 让这本书见鬼去吧。

2）The car went smash into a wall. 汽车撞到墙上去了。

3）The firm has gone (to) smash at last. 这家公司终于倒闭了。

4）His Eminence can go bang with his sentimental scruples for all I care. 让这位主教大人婆婆妈妈他的去吧，这不关我的事。

go的上述用法其实是美国英语对古英语的一种特殊用法的保

留，即运动动词同原形动词紧密结合而表达一个整体意义。通常我们应该在前三种用法中的go与后面的原形动词之前补上and或to，但后两种用法已成为固定搭配，一般已无此必要了。

（本文发表在《英语自学》，1995年第7期，作者：黄建滨）

[论文三]

“hear＋原形动词”小议

黄建滨 景敏言

hear可以和少数动词构成“动词＋原形动词”结构，这种结构中的原形动词与“说”有关，因此都可译为“听（人）说（起），据说”。在这种结构中，hear与原形动词之间实际上省略了具有泛指意义的宾语people或someone一类的词，也就是说，hear后的原形动词本是省略了的宾语的补语。这一用法在现代英语中主要用于口语并已见于书面语中。该结构在使用中有下列几个问题需要注意。

1. 和hear构成“动词＋原形动词”结构的常见搭配有：hear say, hear tell, 其后接宾语从句；hear say of, hear speak of, hear talk of, hear tell of，其后接代词、名词（短语）作宾语。例如：

1）I have heard say that the moon influences the weather. 我听说月球影响气候。

2）I've heard tell of such happenings. 我已听说了这类事情。

2. 这一结构主要用于现在完成时和一般现在时中（尤以前者为多）。偶尔也见于一般过去时甚至非谓语动词结构中，例如：

1）I've heard say he is a miser. 我听说他是个吝啬鬼。

2）I hear tell you're getting married. 听说你就要结婚了。

3. 这种结构的主语通常为第一人称，尤以I最为常见，但在疑问句中则为you。例如：

1）I often hear tell of his exemplary deeds. 我常常听到人们说起他的模范事迹。

2）We hear tell he's left here. 我们听说他已离开此地。

3）Have you heard tell of such things? 你听人说起过这类事情吗？

4. 在现代英语中还有一个合成词hearsay, 用作名词意为"谣传，传闻，道听途说"，用作形容词意为"传闻的，道听途说得来的"。例如：

1）Hearsay is half lies. 道听途说，不实居半。

2）All this is mere hearsay. 这一切都只是谣传而已。

3）Hearsay evidence is not accepted in law courts. 风闻的证据法庭是不接受的。

（本文发表在《英语知识》，1997年第1期，作者：黄建滨、景敏言）

[论文四]

动词＋原形式过去分词结构小议

黄建滨 景敏言

动词＋原形式过去分词结构是一种特殊的多词动词组合，用于此种结构的动词并不多，仅限于feel, get, keep, stay等几个词，而能用于这一结构中的过去分词也仅限于hurt, hit, upset, set, rid, shut, shed, quit, put等少数几个词。现简介如下：

1 feel 类

此类动词均表示“感觉到……”，原形式过去分词已形容词化，例如：feel hurt感到受了伤害；feel put upon感到受骗，觉得吃亏；feel upset感到心烦，感到不适。feel 为连系动词。

1）He felt frightfully hurt. 他觉得自己受到了极大的伤害。

2）Bill refused to help because he felt put upon. 比尔不肯帮忙，因为他觉得自己吃亏了。

3）I felt puzzled and upset. What on earth did he want with me? 我感到困惑心烦，他究竟想从我这里得到什么？

2 get 类

get 与原形式过去分词连用的很多，主要有以下三种用法。

（1）表示被动含义，指突然发生、不期而遇或偶然出现之事，常见的有get hit和get hurt。如：

1）My brother got hit by a cricket ball. 我兄弟让板球打了一下。

2）Look out! You nearly got hit by that car! 当心！你差点被那辆车撞上。

3）Nobody is going to get hurt if everyone cooperates. 如果大家合作，就没人会受到伤害。

4）The train was derailed and a large number of passengers got hurt. 火车出轨了，许多旅客受了伤。

（2）get用作连系动词，其后的过去分词已形容词化，例如：

get set预备，准备开始；get upset感到心烦。

1）Hurry up and get set. 赶紧准备好。

2）Eddie is pregnant. I don't want her to get upset. 埃迪怀孕了，我不想让她心烦。

（3）get和quit, rid, shed, shut连用，后接of构成固定习语，表示"摆脱，除去"之意，其中以get rid of 为最常用。如：

1）He tried to get quit of the chores at the barn, but he could find no one to do them for him. 他想辞去在粮库的杂活，可又找不到人来代替他。

2）It's not easy to get rid of a bad habit. 戒除恶习是不容易的。

3）I couldn't get shed of the old cat. 我无法摆脱这只老猫。

4）He wished he got shut of all his debts. 他巴不得能了结全部债务。

3 stay 类

stay类只有一个习语，即stay put，这里的stay为连系动词。该短语含义丰富，主要有：停留在原地不动，静止不动，保持原状，不离开，装牢，等。如：

1）After Grandmother came home from her trip to visit Aunt May, she said she wanted to stay put for a while. 祖母走访梅婶归来后说，她要在家中待一段时间而不外出了。

2）The baby has just learnt to crawl and won't stay put for a minute. 这个婴儿刚学会爬，连一刻也待不住。

3）Who's that? Stay put! 那是谁？别动！

4）That window keeps rattling; I must fix a wedge in it to make it stay put. 那扇窗户老是格格响，我必须加块楔子把它卡牢。

5）These dictionaries have to stay put. They are for reference and not for borrowing. 这些字典不外借，它们仅供查阅不能借出。

4　shut 类

shut 除了用于get shut of外，还见于以下两个短语：keep shut up把……妥善藏好，该短语只用于在被动语态中，shut up 为主语补语；blow shut 吹得关上，shut 为主语补语。由于shut直接用在动词之后，故归入本条。

1）The vital documents are kept shut up in a strongbox. 机要文件都被锁在保险柜内。

2）The door banged as it blew shut in a sudden gust of wind. 突然一阵风把门吹得砰的一声关上了。

5　upset 类

形容词化了的upset除了和feel, get连用外，还可以和一些别的连系动词连用，表示：难过的，不高兴的，沮丧的，不愉快的，闷闷不乐的，心绪不宁的，神情不安的，惶惑的，狼狈的，手忙脚乱的，等等。和它连用的连系动词常为look, seem等。

1）He looked so white and upset that the others involuntarily paused in their conversation. 他脸色苍白，神情不安，其他人都不由地停止了谈话。

2）You look upset—what's happened? 你看起来闷闷不乐，发生什么事了？

3）She seemed quite upset when I asked where she'd been. 我问她到哪里去了，她听了似乎很不安。

（本文发表在《大学英语》，1997年第10期，作者：黄建滨、景敏言）

以上4篇文章中，《动词＋原形式过去分词结构小议》是最后发表的，但其实是最先进入我的研究视野的。来自于一个老师在学生的考试卷里发现了一个她不懂的短语stay put。在经过长时间的资料收集后，才有了第一篇《一种特殊的多词动词》，并最终发表在了外语类核心期刊上。另外两篇则是第一篇的副产品，发表在了英语学习类杂志上。

参考文献

[1] 鲍传友. 做研究型教师[M]. 北京：教育科学出版社，2000.

[2] 贝斯特，卡恩. 教育研究方法概论[M]. 严正，等，译. 北京：春秋出版社，1989.

[3] 蔡昌卓，刘振聪. 英语教学研究与论文写作[M]. 桂林：广西师范大学出版社，2002.

[4] 陈伯璋. 教育研究方法的新取向[M]. 台北：南宏图书公司，1989.

[5] 陈向明. 教师如何做质的研究[M]. 北京：教育科学出版社，2001.

[6] 陈向明. 实践性知识：教师专业发展的知识基础[J]. 北京大学教育评论，2003（1）.

[7] 陈瑶. 课堂观察指导[M]. 北京：教育科学出版社，2002.

[8] 杜可芸，黄建滨. 来华留学生间的跨文化适应调查与对策研究——以泰国留学生和其他国家留学生间的跨文化适应为例[J]. 语言与文化研究，2014（3）.

[9] 郭文斌. 教育研究方法[M]. 北京：科学出版社，2012.

[10] 韩延伦. 教育研究方法[M]. 北京：高等教育出版社，2011.

[11] 何广铿，黄冰，勒妍. 英语教学研究方法[M]. 广州：广东高等教育出版社，2009.

[12] 侯怀银. 教育研究方法[M]. 北京：高等教育出版社，2009.

[13] 胡中锋. 教育科学研究方法[M]. 北京：清华大学出版社，2011.

[14] 华国栋. 教育研究方法（第二版）[M]. 南京：南京大学出版社，2013.

[15] 黄建滨，张怀建. 一种特殊的多词动词[J]. 外语教学，1995（1）.

[16] 黄建滨，张怀建，黎进安. 大学英语教学中的修辞教学[J]. 矿业，1995（3）.
[17] 黄建滨. go＋原形动词结构小议[J]. 英语自学，1995（7）.
[18] 黄建滨，景敏言. “hear＋原形动词”小议[J]. 英语知识，1997（1）.
[19] 黄建滨，景敏言. 动词＋原形式过去分词结构小议[J]. 大学英语，1997（10）.
[20] 黄建滨，徐莹.《麦克米兰英语高阶学习词典》评介[J]. 辞书研究，2004（6）.
[21] 黄建滨. 大学英语教师与科研[J]. 英语知识，2006（6）.
[22] 黄建滨，徐建余. 剑桥和人教社少儿英语教材的对比研究[J]. 教育测量与评价, 2010（6）.
[23] 黄建滨. 中小学英语课程标准分析[M]. 杭州：浙江大学出版社，2015.
[24] 教育部师范教育司，教育部考试中心. 中小学和幼儿园教师资格考试标准及大纲[M]. 北京：高等教育出版社，2011.
[25] 金哲华，俞爱宗. 教育科学研究方法[M]. 北京：科学出版社，2011.
[26] 李秉德. 教育科学研究方法[M]. 北京：人民教育出版社，1986.
[27] 李方. 现代教育研究方法（第五版）[M]. 广州：广东高等教育出版社，2010.
[28] 李克东. 教育技术学研究方法[M]. 北京：北京师范大学出版社，2003.
[29] 刘润清. 外语教学中的科研方法[M]. 北京：外语教学与研究出版社，1999.
[30] 卢家楣. 教育科学研究方法[M]. 上海：上海教育出版社，2012.
[31] 马克思. 资本论（第一卷）[M]. 郭大力, 译. 北京：人民出版社，1963.
[32] 马克思，恩格斯. 神圣家族（马克思恩格斯全集第2卷）[M]. 北京：人民出版社，1972.
[33] 孟万金，官群. 教育科研——创新的途径与方法[M]. 上海：华东师范大

学出版社，2004.

[34] 裴栓保. 中小学英语教师科研论文写作方法指导[M]. 南宁：广西教育出版社，2012.

[35] 裴娣娜. 教育研究方法导论[M]. 合肥：安徽教育出版社，1995.

[36] 高尔，高尔，博格. 教育研究方法实用指南/*Applying Educational Research：A Practical Guide*（第5版）[M]. 屈书杰，郭书彩，胡秀国，译. 北京：北京大学出版社，2007.

[37] 马云鹏. 教育科学研究方法[M]. 长春：东北师范大学出版社, 2001.

[38] 麦克米伦，舒马赫. 教育研究：基于实证的探究/*Research in Education: Evidence-based Inquiry*（第7版）[M]. 曾天山，等，译. 北京：教育科学出版社，2013.

[39] 秦晓晴. 外语教学问卷调查法[M]. 北京：外语教学与研究出版社，2009.

[40] 孙鲁华. 提高高中学生英语写作能力的行动研究[J]. 中小学外语教学，2011（11）.

[41] 王蔷，张虹. 英语教师行动研究（修订版）[M]. 北京：外语教学与研究出版社，2014.

[42] 王守恒. 教育科学研究方法[M]. 合肥：安徽大学出版社，2002.

[43] 王文科. 教育研究法[M]. 台北：五南图书出版有限公司，1986.

[44] 魏薇，王红艳，路书红. 教育研究方法[M]. 济南：山东人民出版社，2012.

[45] 维尔斯马，于尔斯. 教育研究方法导论（第9版）[M]. 北京：教育科学出版社，2010.

[46] 文秋芳. 应用语言学研究方法与论文写作/*Applied Linguistics Research Methods and Thesis Writing*（英文版）[M]. 北京：外语教学与研究出版社，2004.

[47] 文秋芳，俞洪亮，周维杰. 应用语言学研究方法与论文写作（中文版）

[M]. 北京：外语教学与研究出版社，2004.
[48] 夏征农. 辞海（缩印本）[M]. 上海：上海辞书出版社，1989.
[49] 肖自明，张蕻，周德锋. 教育研究原理与方法[M]. 杨凌：西北农林科技大学出版社，2012.
[50] 徐丽华. 小学教育科学研究：原理、方法与表达[M]. 杭州：浙江大学出版社，2013.
[51] 徐烈炯. 外文系怎么办[J]. 外国语，2004（1）.
[52] 薛根生. 小学教师科研论文导写[M]. 长沙：湖南师范大学出版社，2000.
[53] 杨鲁新，王素娥，常海潮，盛静. 应用语言学中的质性研究与分析[M]. 北京：外语教学与研究出版社，2013.
[54] 杨晓萍. 教育科学研究方法[M]. 重庆：西南师范大学出版社，2006.
[55] 杨小微. 教育研究的原理与方法[M]. 上海：华东师范大学出版社，2010.
[56] 殷. 案例研究方法的应用[M]. 周海涛，等，译. 重庆：重庆大学出版社，2004.
[57] 于书林，黄建滨. 国内初中英语教材研究述评[J]. 教育测量与评价，2009（2）；人大复印资料——中学外语教与学，2009（6）.
[58] 袁振国. 教育研究方法[M]. 北京：高等教育出版社，2000.
[59] 张怀建，黄建滨. 提问与阅读课教学[J]. 四川师范学院学报，2001（3）.
[60] 张湘洛. 教育科学研究方法[M]. 北京：国家行政学院出版社，2013.
[61] 张志伟. 西方哲学史[M]. 北京：中国人民大学出版社，2002.
[62] 中国社会科学院语言研究所词典编辑室. 现代汉语词典（第六版）[M]. 北京：商务印书馆，2012.
[63] 钟祖荣. 现代教师学导论——教师专业发展指导（第二版）[M]. 北京：中央广播电视大学出版社，2006.
[64] 朱枫. 外语教学研究与科研设计[M]. 南京：南京大学出版社，2010.
[65] 朱德全. 教育研究方法[M]. 重庆：西南师范大学出版社，2006.

[66] 朱德全，李姗泽. 教育研究方法[M]. 重庆：西南师范大学出版社，2011.

[67] 朱立元. 当代西方文艺理论[M]. 上海：华东师范大学出版社，1997.

[68] 朱林民. 高中英语新手教师专业发展的知识基础研究[D]. 上海：华东师范大学，2007.

[69] 朱旭东. 教师专业发展理论研究[M]. 北京师范大学出版社，2011.

[70] Bailey, K. M. Action Research, Teacher Research, and Classroom Research in Language Reaching[G]. In M.Celce-Murcia (ed.). 英语作为第二语言或外语的教学/*Teaching English as a Second or Foreign Language*. 北京：外语教学与研究出版社，2006.

[71] Best J. W. & Kahn, J. V. *Research in Education* (9th ed.) [M]. Boston: Pearson Education Inc., 2003.

[72] Brown, J. D. 外语教学研究方法——教育统计学导读/*Understanding Research in Second Language Learning*[M]. 北京：外语教学与研究出版社/人民教育出版社/剑桥大学出版社，2001.

[73] Charles, C. M. & Mertler, C. A. 教育研究方法/*Introduction to Educational Research*[M]. 北京：外语教学与研究出版社，2004.

[74] Chen, G. M. & Starosta, W. J. The Development and Validation of the Intercultural Communication Sensitivity Scale. *Human Communications*, 2000.

[75] Clandinin, D. J. & Rosiek, J. Mapping a Landscape of Narrative Inquiry: Borderland Spaces and Tensions[M]. In D. J. Clandinin (ed). *Handbook of Narrative Inquiry: Mapping a Methodology*. Thousand Oaks: Sage, 2007.

[76] Connelly, F. M. & Clandinin, D. J. Narrative Inquiry[M]. In J. Green, G. Camilli & P. Elmore (eds.). *Handbook of Complementary Methods in Education Research* (3rd). Mahwah: Lawrence Erlbaum, 2006.

[77] Cook, V. J. *Experimental Approaches to Second Language Learning*[M].

Oxford: Pergamon, 1986.

[78] Creswell, J. W. *Qualitative Enquiry and Research Design: Choosing Among Five Approaches*[M]. Thousand Oaks: Sage, 2007.

[79] Dörnyei，Z. & Taguchi, T.第二语言研究中的问卷调查方法（第二版）/ *Questionnaires in Second Language Research: Construction, Administration, and Processing*[M].秦晓晴, 导读. 北京：外语教学与研究出版社，2011.

[80] Duff, P. A. 应用语言学中的个案研究方法/*Case Study Research in Applied Linguistics*[M].张莲，导读. 北京：外语教学与研究出版社，2011.

[81] Elliott, J. *Action Research for Educational Change*[M]. Milton Keynes: Open University Press, 1991.

[82] Frederick, C. Mish. *Merriam-Webster's Collegiate Dictionary*（10th ed.）[M]. New York: Merriam-Webster, Inc.,1998.

[83] Gail, M. D., Gail, J. E. & Borg, W. R. *Educational Research: An Introduction* (8th ed.) [M]. Upper Saddle River: Pearson, 2007.

[84] Hatch, E. & Farhady, H. *Research Design and Statistics for Applied Linguistics*[M]. Rowley: Newbury House Publishers, 1982.

[85] Hitchcock, C. & Hughes, D. *Research and the Teacher*[M]. New York: Routledge, 1989.

[86] Johnson, R. B. & Christensen, L. *Educational Research* (5th ed.)[M]. Thousand Oaks: Sage, 2014.

[87] Kemmis, S. & McTaggart, R. *The Action Research Planner*[M]. Victoria: Deakin University Press, 1982.

[88] Lichtman, M. *Understanding and Evaluating Qualitative Educational Research*[M]. Thousand Oaks: Sage, 2011.

[89] McDonough, J. & McDonough, S. 英语教学科研方法/*Research Methods for English Language Teachers*[M].刘润清, 导读. 北京：外语教学与研究出版

社/爱德华·阿诺德出版社，2000.

[90] McLean, J. E. *Improving Education Through Action Research—A Guide for Administrators and Teachers*[M]. Thousand Oaks: Corwin Press, 1995.

[91] McNiff, J. & Whitehead, J. *You and Your Action Research Project* (3rd ed.) [M]. London & New York: Routeledge, 2010.

[92] Nunan, D. 语言学习研究方法/*Research Methods in Language Teaching*[M]. 上海：上海外语教育出版社，2002.

[93] Pearsall, J. *The Oxford Dictionary of English*[M].上海：上海外语教育出版社，2001.

[94] Richard, J. C., Platt, J. & Platt, H. 朗文语言学教学及应用语言学辞典（英英·英汉双解）/*Language Dictionary of Language Teaching & Applied Linguistics*[M]. 北京：外语教学与研究出版社，2000.

[95] Seliger, H. W. & Shohamy, E. 第二语言研究方法/*Second Language Research Methods*[M]. 上海：上海外语教育出版社，1999.

[96] Taber, K. S. *Classroom-based Research and Evidence-based Practice: An Introduction* (*2nd ed*) [M]. Thousand Oaks: Sage, 2013.

[97] Wallace, M. J. 语言教师行动研究/*Action Research for Language Teachers*[M]. 北京：外语教学与研究出版社/人民教育出版社/剑桥大学出版社，2000.

[98] Yin,R.K. *Case Study Research: Design and Methods*[M]. Thousand Oaks: Sage, 2003.

[99] Zhao Hongqin（赵宏琴） & Huang Jianbin（黄建滨）. Interpreting Metaphor in Use by Mandarin Teachers of English[J]. *Polyglossia*, 2008(15).

[100] Zhao Hongqin（赵宏琴）, Huang Jianbin（黄建滨） & Grimshaw,T. A Study of Expatriate Teachers' Adjustment to Teaching Large EFL Classes in China[J]. *Asia Pacific World*, 2010(2).

[101] Zhao Hongqin（赵宏琴）, Fei Ying（费莹） & Lin Xiao（林晓）. Teaching for Identities, Writing Between the "We" and "I" Paradigm[J]. *Educational Research for Policy and Practice*, 2012, 12(2).

[102] Zimney, G. H. *Method in Experimental Psychology*[M]. New York: Ronald Press, 1961.

[103] http://baike.baidu.com/link?url=UZedakGqZlXBqw4_09pZipEJb-x2wcFHTKw2--776VP8nW6f2khWTg2Wq3kRgtBI7wGHfRg9M-I1i_W7loBNzq百度百科.

[104] http://baike.baidu.com/link?url=tQIGix_wZjEPwsGtMvEFW8Nz4kWbU.

[105] DVcp1tYhGFZ1Gr-WkY0mRnclBdCQW9kIw9j百度百科.

[106] http://en.wikipedia.org/wiki/Academic_journal维基百科.

[107] http://en.wikipedia.org/wiki/Book_review维基百科.

[108] http://en.wikipedia.org/wiki/Qualitative_research维基百科.

[109] http://en.wikipedia.org/wiki/Quantitative_research维基百科.

[110] http://en.wikipedia.org/wiki/Research维基百科.

[111] http://en.wikipedia.org/wiki/Secondary_research维基百科.

[112] http://www.58808018.com/《中小学外语教学》网站.

附录一　教育和英语教学研究方法专著阅读导引

这里分别介绍有关教育研究方法和英语教学研究方法的一些专著，以利有兴趣的读者根据自己的兴趣选用。为了方便读者，所选书目均为书店可以买到，或者大学及省级图书馆可以借阅到的图书。

第一部分　教育研究方法专著简介

贝斯特，卡恩. 教育研究方法概论[M]. 严正，等，译. 北京：春秋出版社，1989.

该书系“当代教育科学译丛”之一，一共10章：研究的意义，选择课题与准备研究计划，历史研究，评估、评价与描述研究，实验和准实验研究，研究方法和研究工具（定量研究、定性研究、心理测验和调查、观察、问卷、意见调查表、访谈、Q方法、社会量表），数据的描述分析，数据的推理分析，计算机数据分析，研究报告。

裴娣娜. 教育研究方法导论[M]. 合肥：安徽教育出版社，1995.

该书是作者长期教学经验的积累。该书一共15章，分为4个板块。第一编“教育研究方法的一般原理”由3章组成：教育研究方法概述、教育研究方法的历史发展、现代教育科学研究的基本思路及方法论原则。第二编“教育研究的构思与设计”由4章组成：研究课题的选定、文献检索、理论构思形成研究假设、教育研究的设计。第三编“教育研究的基本方法”由5章组成：教育科学的历史研究法、教育科学的调查研究法（包括：调查表、问卷调查、访谈、观察研究、测验调查）、教育科学的比较研究法、教育科学的实验研究法、教育科学的理论研究。第四编“教育研究结果的分析与评价”由3章组成：教育研究数据资料的分析（包括定性分析和定量分析）、教育研究成果的表述及评价、教育科学研究的组织及其效能。该书附有“教育研究的基础术语”。

袁振国. 教育研究方法[M]. 北京：高等教育出版社，2000.

该书是教育部“高等师范教育面向21世纪教学内容和课程体系改革计划”的研究成果。各章内容如下：教育研究的意义和过程、研究问题的确定、查阅文献、定量研究的设计、实验研究、准实验设计、调查研究、定性研究、文献研究、比较研究、实地研究的方法、定性研究资料的分析、两个案例（个案研究和课堂观察各一）、行动研究。该书还列举了两百多个成熟的研究事例，配备了大量的图、表，使得《教育研究方法》实用具体、操作性强。

陈向明. 教师如何做质的研究[M]. 北京：教育科学出版社，2001.

该书包括12章，为12个问题：什么是“质的研究方法”、如何做质的研究设计、如何选择研究对象、如何进入研究现场、如何进行访谈、如何进行集体访谈、如何进行观察、如何收集实物、如何整理和分析资料、如何从资料中提升理论、如何写研究报告、如何衡量研究结果的质量。

李秉德. 教育科学研究方法（第二版）[M]. 北京：人民教育出版社，2001.

该书一共16章，包括：绪论、抽样、观察法与调查法、实验法与追因法、经验总结法、比较法、历史法与文献法、预测法、统计法、测量法、表列法与图示法、内容分析法、材料的整理与研究、研究报告的撰写、现代教育技术手段在教育科学研究中的应用、“三论（控制论、信息论、系统论）”与教育科学研究。每章后有“练习与思考”。

郑金洲，陶保平，孔企平. 学校教育研究方法[M]. 北京：教育科学出版社，2003.

该书系“世纪之交中国基础教育改革研究丛书”之一，含“导论”，一共包括12章：学校教育研究的级别概念与类别、教育研究方法的历史考察、如何进行研究设计、如何进行文献检索、如何进行课堂观察、如何编制问卷、如何进行访谈、如何进行个案研究、如何进行实验研究、如何进行行动研究、如何撰写研究论文和评定研究成果。第3—9章后附有相关示例。

潘慧玲. 教育研究的取径：概念与应用[M]. 上海：华东师范大学出版社，2005.

该书原为台湾高等教育文化事业有限公司出版，一共10章。第1章为绪论。2—3章构成“量化研究取径篇”：调查研究、实验研究。4—10章为“质性研究取径篇”：历史研究、民族志研究、个案研究、现象学研究、传记研究、扎根理论研究、行动研究。

王守恒. 教育科学研究方法[M]. 合肥：安徽大学出版社，2002.

该书一共11章：绪论、教育科研课题的选定、文献资料的查阅、教育科学研究的设计、调查研究法、教育观察法、经验总结法、行动研究法、实验研究法、教育科研资料的整理与分析、教育科研成果的表述和评价。部分章节后有案例附录。

杨小微. 教育研究方法[M]. 北京：人民教育出版社，2005.

该书系“全国教育硕士专业学位推荐教材”之一，分为3编。第一编包括3章：教育研究的对象、性质和价值，教育研究的历史与现状，教育研究的范式与准则。第二编包括4章：教育研究的实证方法（教育测量法、定量观察法、问卷调查法、教育实验法、内容分析法）、教育研究的质性方法（访谈调查法、定性观察法、叙事研究法）、运用系统思维的教育研究。第三编包括3章：教育研究课题的选择、教育研究方案的设计、教育研究的资料整理与成果表述。每章后有“思考与练习”。

田学红. 教育科学研究方法指导[M]. 杭州：浙江大学出版社，2006.

该书是“教育硕士学习丛书”之一，共8章：教育科学研究概述、文献法、观察法、访谈法、问卷调查法、教育实验法、教育行动研究、教育科研论文的写作。每章后附有“基本概念”和“思考与练习”。2—6章后还附有论文或报告范例或相关资料。

陈时见. 教育研究方法[M]. 北京：高等教育出版社，2007.

该书系“教师专业发展丛书”之一，共6章：教育研究概论、教育研究的范式、教育研究的主要方法（实验研究、调查研究、个案研究、田野研究、行动研究、叙事研究、比较研究）、教育研究的基本技术（文献检索、问卷编制、数据分析、个别访谈、抽样调查、教育观察、课题申请）、教育研究的实施过程、教育研究成果的运用。各章含有一研究案例。每章后有“思考与练习”。

乔伊斯，M. D. 高尔，博格. 教育研究方法实用指南/*Applying Educational Research：A Practical Guide*（第5版）[M]. 屈书杰，郭书彩，胡秀国，译. 北京：北京大学出版社，2007.

该书系“21世纪引进版精品教材·研究方法系列”之一。其英文版第一版于20世纪80年代在美国问世后受到教师、教育管理人员和教育专业研究人员的广泛欢迎。随着时代发展，其内容也不断更新。目前引进翻译的是其英文版第五版。全书共15章，分五大部分，系统介绍开展教育研究和应用教育研究成果的方法。第一部分“教育研究的贡献”含1章：用研究成果改善教育实践。第二部分“教育研究文献”含3章，依次为：研究文献的查阅、利用零次文献检索文献、阅读二次文献。第三部分“教育中的定量研究”含5章，包括：阅读定量研究的报告、研究数据的统计分析、描述研究和因果比较研究、相关研究、试验研究。第四部分“教育中的质性研究”含4章：质性研究中的个案研究、民族志研究、批判理论研究、历史研究。第五部分“研究方法的应用”含2章：评价研究、行动研究。该书每章开头有“学习目标”和中英文的“关键术语”，每章后有：自测题、后续学习材料、1～2个研究实例（除个别章外）。该书最后附有自测题答案和中英文术语表（每个都有解释）。该书体系完整，实例丰富，可读性强。

梁永平，张奎明. 教育研究方法[M]. 济南：山东人民出版社，2008.

该书系“教育学专业基础综合学习丛书”之一。全书分为10章：教育研究方法概述、教育研究的选题与设计、教育文献检索、教育观察研究、教育调查研究、教育实验研究、教育行动研究、教育研究资料的整理与分析、教育研究报告的撰写、校本研究：教育研究的实践取向。每章后附有复习思考题（包括5种题型：单项选择题、辨析题、名词解释、简答题、分析综述题）和案例分析。

波格丹，比克伦. 教育研究方法：定性研究的视角（第四版）/ *Qualitative Research for Education: An Introduction to Theories and Methods*[M]. 钟周，等译. 北京：中国人民大学出版社，2008.

该书系“教育学经典译丛”之一，共7章：教育定性研究的基础、研究设计、田野工作、定性资料、数据分析和阐释、写作、定性研究在教育中的应用。附录2个：观察教育场景的问题示例、田野笔记示例。

王陆，刘菁，等. 信息化教育科研方法——发挥技术工具的威力[M]. 北京：教育科学出版社，2008.

该书系“信息化教育丛书”之一，共4章：信息技术对教育研究方法的影响、基于资料信息的研究方法、基于课堂教学信息的研究方法、基于网络教学交互信息的研究方法。两个附录为：研究报告与研究论文的结构及示例、信息化教育科研方法工具包目录。

张红霞. 教育科学研究方法[M]. 北京：教育科学出版社，2009.

该书共17章，可以分为3个部分。第一部分为“研究方法的基本原理和基础知识”，共4章，内容包括：教育科学研究的性质、研究步骤及研究问题的特点，选题与研究设计，定性与定量的关系，观察的内涵、作用与类型。第二部分为“主要研究方法的原理、应用与操作技术”，包括第5—16章。内容涵盖实验方法及实验思想、准实验方法及其意义、测量与量表编制基础、问卷调查的基本知识、调查方法（问卷调查、访谈调查、文献调查）、抽样原理与设计基础、样本的描述及其意义、关系研究及其统计技术、人类学研究方法、案例研究、历史研究方法、比较研究方法。最后一章介绍研究论文的写作。该书有一个附录：研究论文提交或投稿前检查要点。每章后有“练习与思考”。

靳玉文. 教育研究大视界[M]. 长春：东北师范大学出版社，2010.

该书分上篇和下篇2本书出版。上篇“教育研究方法论”包括8章：教育研究方法综述、教育研究的人类学应用方法、研究课题的选择与确定方法、形成研究假设的方法、变量的研究方法、掌握研究效度的方法、教育研究资料收集与分析的方法、教育研究成果的表述方法。下篇“教育研究实践论”包括8章：教育的校本研究、教育的调查研究、教育的叙事研究、教育的案例研究、教育的实验研究、教育的经验研究、教育的行动研究、教育的课题研究。

李方. 现代教育研究方法（第五版）[M]. 广州：广东高等教育出版社，2010.

该书共17章，探讨了教育研究方法的历史发展、教育研究的方法论、教育研究的基本概念、选题与研究设计、抽样与问卷设计、教育研究资料的整理与分析、教育论文的撰写与评价标准。该书介绍了教育测量研究法、教育文献研究法、内容分析研究法、教育预测研究法、教育观察研究法、教育行动研究法、教育经验总结法、教育调查研究法、教育实验研究法、教育追踪研究法。该书的附录是运用教育研究方法写出的5篇论文可供读者参考。

宁虹. 教育研究导论[M]. 北京：北京师范大学出版社，2010.

该书一共10章，分为4个板块。第一编"教育研究基础"共3章：引论、选择和确定教育研究问题、理论界定和研究设计。第二编"教育研究资料的收集和形成"共3章：以个案方式形成研究资料（方法：观察法、访谈法、写作法，教育人种志研究，教育叙事研究，教育生活体验研究）、以测量方式形成研究资料（问卷测量、观察测量）、以干预的方式形成研究资料（行动研究、实验研究）。第三编"教育研究资料的分析"共3章：定量资料的分析（统计描述与推断、SPSS概述、统计分析）、质性资料的分析、非介入性研究。第四编"教育研究结果的呈现"即第10章：研究结果的呈现（报告文体、论文文体、叙事文体的研究报告撰写）。

维尔斯马，于尔斯. 教育研究方法导论（第9版）/*Research Methods in Education: An Introduction* (9th ed.)[M]. 袁振国，主译，北京：教育科学出版社，2010.

该书分3个部分，共17章。第一部分"研究过程"含5章：教育研究的性质和特征、研究问题的确定、查阅文献、交流研究成果、评价研究报告。第二部分“研究设计”含8章：定量研究的研究设计，实验研究，准实验研究，非实验性定量研究，定性研究的研究设计，历史研究，人种学研究，混合法、建模法和德尔菲法。第三部分“研究工具”含4章：抽样设计、测量与数据收集、数据分析：描述统计、数据分析：推断设计。每章后提供核心概念、练习、注释。书后的“研究方法术语汇编”有对每个术语的简要说明。本书所配光盘内容是作者研究中的数据资料，书后有光盘使用说明。该书第6版的中译文于1997年在中国出版。

韩延伦. 教育研究方法[M]. 北京：高等教育出版社，2011.

该书是“高等院校教师专业发展系列教材”之一，一共有12章：教育研究与教育研究方法概述、如何确定教育研究的问题、如何开展文献研究、如何开展定量研究、如何开展教育实验研究、如何开展教育调查研究、如何开展定性研究、如何开展比较研究、如何开展现场研究、如何开展历史研究、如何开展行动研究、如何撰写教育科研论文和研究报告。

《教育研究方法》从“如何开展研究”的视角编写，在教材整体结构和章节的内容结构上体现系统性、实践性、应用性，为学生提供易学实用的“教育研究方法”体系。该书每章后附有“学习与反思”。每章后还通过“资源链接”介绍2～3本教育研究方法专著。

胡中锋. 教育科学研究方法[M]. 北京：清华大学出版社，2011.

该书共16章，第1—6章主要介绍中小学教育科研的基本知识和基本理论：教育科研概论，教育科研的特点、类型与程序，教育科研的问题与假设，文献的查找与分析，样本的选择，数据的初步整理与分析。第7—14章主要介绍各种具体的常用的研究方法：教育测量研究法、教育问题研究法、教育实验研究法、教育评价研究法、质的研究法、行动研究法、个案研究法、叙事研究法。第15章和第16章介绍如何进行研究设计与撰写学术论文，最后附录给出了采用以上研究方法撰写的相关研究论文、研究设计的案例和一些常用的问卷、评价指标体系等。每章后有“专题小结”“思考与练习”和“推荐书目与文章列表”。该书采用边栏的方式，给出“思考活动”“专题导读”和“提示”。

金哲华，俞爱宗. 教育科学研究方法[M]. 北京：科学出版社，2011.

该书旨在适应“教师成为研究者”的呼唤，全面提高职前教师教育科研素养。该书由15章组成：教育科学研究方法概论、教育科学研究选题、教育研究设计、教育测量法、教育文献法、教育调查法、教育观察法、教育实验法、教育个案研究法、教育行动研究法、教育比较研究法、教育经验总结法、教育科研的其他方法（包括：教育历史法、教育预测法、教育跟踪法、内容分析法）、教育研究资料的整理与分析（包括：文字资料的整理、数据资料的整理、定性分析、定量分析）、教育研究成果的表述与评价。该书每章后配有思考题。

朱德全，李姗泽. 教育研究方法[M]. 重庆：西南师范大学出版社，2011.

该书系“教育部财政部高等学校特色专业教材建设·教育学”

丛书之一。该书共9章：绪论、选题与开题报告的撰写、文献查阅与文献综述、教育研究中的样本抽样与问卷调查、教育研究中的访谈法以及原始资料的整理、教育研究中的观察与观察记录、教育研究中的实验设计与实施、教育研究中的统计分析与SPSS工具的使用、研究报告与论文的写作。该书每章后有“要点小结”和“学业评价”（含3种题型：选择题、名词解释、简答题）。

郭文斌. 教育研究方法[M]. 北京：科学出版社，2012.

该书系“课程教学理论教育丛书”之一，分为3篇。第一篇“基础篇”包括4章：教育研究方法概述、研究设计、量的研究、质的研究。第二篇“量的研究方法篇”包括3章：教育观察法、教育调查研究、教育实验研究。第三篇“质的研究方法篇”包括5章：教育人种志、内容分析法、个案研究、教育行动研究、教育研究方法的新进展。每章后附有：讨论辨析或讨论题、推荐进一步阅读文献、操作训练。从第2章开始，每章开头提供故事专栏并给出相应的“思考问题”和“抛砖引玉（本章需考虑的内容）”。

卢家楣. 教育科学研究方法[M]. 上海：上海教育出版社，2012.

该书是“高等师范院校现代教师教育丛书”之一。全书分为10章：教育科学研究概述、教育科学研究选题拟定、教育科学研究方案设计、教育科学研究资料搜集——教育实验研究、教育科学研究资料搜集——教育调查研究、教育科学研究资料搜集——教育质性研究、教育科学研究资料搜集——教育行动研究、教育科学研究资料分析——数据描述、教育科学研究资料分析——数据推断、教育科学研究报告撰写。每章后有“思考题”和“问题探索”。

魏薇，王红艳，路书红. 教育研究方法[M]. 济南：山东人民出版社，2012.

该书是“教师教育书系”之一。“绪论”介绍了：教育研究的性质、特点与意义，教育研究的类型，教育研究的历史考察，教育研究的基本原则，教育研究的一般过程。其他各章内容为：教育研究问题的选择与设计，教育文献研究，抽样设计，教育研究资料的收集（上）包括：问卷调查法、教育实验法，教育研究资料的收集（下）包括：访谈、观察、收集非干扰性资料，教育研究资料的整理与分析（上）包括：量化资料的初步整理、描述统计和推断统计，教育研究资料的整理与分析（下）包括：质性资料的整理和初步分析、归类和深入分析，教育研究结果的呈现。每章后给出本章的“知识要点”，并附有练习。

肖自明，张蕻，周德锋. 教育研究原理与方法[M]. 杨凌：西北农林科技大学出版社，2012.

该书分为4部分，各包括4章。第一篇“教育研究原理”：教育研究概述、教育研究选题、教育研究设计、教育文献检索。第二篇“教育研究基本方法”：教育观察法、教育测量法、教育调查法、教育实验法。第三篇“教育研究综合方法”：教育经验研究、教育个案研究、教育行动研究、教育叙事研究。第四篇“资料整理与成果表述”：教育研究资料的搜集和整理、教育科学研究成果的定量分析、教育科研成果的定性分析、教育研究报告与论文撰写。

赵新云. 教育科学研究方法(修订版) [M]. 上海：华东师范大学

出版社，2012.

该书系“基础性、拓展性通识课程系列教材”之一。全书分为13章：绪论、教育科研课题的选择与论证、教育文献检索与综述、教育调查法、教育观察法、教育测量法、教育实验法、教育经验总结法、教育行动研究、教育叙事研究、校本研究、教育研究论文的撰写。每章后有思考与练习以及案例附录。

周东明，等. 教育科研方法基础[M]. 武汉：华中师范大学出版社，2012.

该书系“教师教育系列教材·华大博雅高校教材”之一。该书共10章：绪论、教育观察法、教育调查法、教育实验法、教育访谈法、教育个案研究法、教育叙事研究法、教育研究报告的撰写计划、教育研究报告的撰写、教育研究报告的撰写实例。每章后有思考与练习。

华国栋. 教育研究方法（第二版）[M]. 南京：南京大学出版社，2013.

该书系“高等学校小学教育专业教材”之一。各章内容基本上按教育研究的实际顺序展开，便于学以致用。该书有关教育研究的理论力求深入浅出，便于师范生自学和理解。各章节后列举了许多小学教育研究案例，并有“思考题”和“实践题”，以有利于师范生学习时理论联系实际和了解我国小学教育改革及小学教育研究的现状和特点。该书14章，包括：教育研究概述、选题和论证、文献的搜索和利用、研究过程的设计、教育观察法、教育测量法、调查研究法、经验总结法、理论研究法（哲学方法、逻辑方法）、教育叙事研究法、教育实验研究法、个案研究、数据的分析整理、教育研究成果。

徐丽华. 小学教育科学研究：原理、方法与表达[M]. 杭州：浙江大学出版社，2013.

该书分4编。第一编“小学教育科学研究基本原理”包括2章：小学教育科学研究概述、小学教育科学研究基本过程。第二编“小学教育科学研究的基本方法”包括5章：课堂观察研究、教育调查研究、教育实验研究、教育叙事研究、教育行动研究。第三编“小学教育科学研究资料分析”包括2章：定量资料的分析、质性资料的整理与分析。第四编“小学教育科学研究成果的呈现”包括2章：教育科研成果的表述、教育科研成果的规范。

麦克米伦，舒马赫. 教育研究：基于实证的探究/*Research in Education: Evidence-based Inquiry*（第7版）[M]. 曾天山，等译. 北京：教育科学出版社，2013.

该书共19章：实证研究导论，研究设计与阅读研究文献，研究议题、问题与假设，文献综述，设计定量研究：目的、效度和伦理考虑，定量研究的参与者、被试和抽样，描述统计，定量数据收集：技术的适切性，定量数据收集，非实验研究设计、调查和二手数据分析，实验、准实验和单一被试设计，理解和报告推断统计数据分析结果，定性研究设计，收集定性数据，定性数据分析和叙事结构，混合方法设计，概念分析和历史研究，评估研究和政策分析，行动研究。每章开头有本章内容图、关键术语、学习目标。每章后有练习题，大部分章后附有范例。书后的附录有：练习题答案、研究计划写作指南、研究报告写作指南、重要描述和推断统计的计算。

张湘洛. 教育科学研究方法[M]. 北京：国家行政学院出版社，2013.

该书分为基础篇和方法篇两个部分。基础篇包括4章：教育科学研究方法概述、教育科学研究选题、教育科学研究成果表述、现代教师科学研究素养。方法篇介绍研究方法，包括6章：教育观察研究法、教育调查研究法、教育实验研究法、教育测验研究法、教育个案研究法、教育科学其他研究方法（含：教育比较研究法、教育行动研究法、教育历史研究法、教育叙事研究法）。

刘冠军，尹世久，王蒙. 科学素养与科技论文写作[M]. 北京：首都经济贸易大学出版社，2014.

本书是“通识书系”之一（其他入选的书著有：《哲学导论》《中国管理智慧》《科学思维方法论》《文化人类学导论》《汉字与中国文化》《世界文明史》《中西文化比较概论》《国史通识讲义等》。该书的中心内容始终贯穿科学素养的思维训练和实训操练这一主线架构。全书共12章，根据其内容的内在逻辑，分为4个板块：第一板块即第1章“科学素养与科技论文写作概述”。第二板块由第2—6章构成：科学研究始于科学问题，科学问题的发现与辨别，科研课题的选择与确定，大胆猜测与小心求证，新学说、新理论的检验、评价与发展。这一板块侧重于科学素养的思维训练，重在科学素养的关键即问题意识和创新能力的培养。第三板块由第7—11章构成：科技文献的检索与整理、科技论文的基本结构、科技论文写作的步骤与规范、科技论文的投稿与发表、毕业论文的写作与答辩。这一板块侧重于科学素养的实训操练，重在基本技能和基本规范的培养，特别是科技论文写作与发表以及作为毕业论文的科技论文的写作与答辩等知识的介绍和实训操练。第四板块即第12章“科学道德与学风建设”。每章后有“复习与思考”。

第二部分　英语教学研究方法专著简介

Seliger, H. W. & Shohamy, E. 第二语言研究方法/*Second Language Research Methods*[M]. 上海：上海外语教育出版社，1999.

该书系“牛津应用语言学丛书”之一，共10章：什么是研究、二语研究范式、研究的准备、研究的具体化、研究要素、研究设计：定性与描述研究、研究设计：实验研究、数据和数据收集步骤、数据分析、综合工作。本书为英文。

McDonough, J. & McDonough, S 英语教学科研方法/*Research Methods for English Language Teachers*[M]. 北京：外语教学与研究出版社/爱德华·阿诺德出版社，2000.

该书系“当代国外语言学与应用语言学文库”丛书之一，分为两个部分。第一部分“原则和视角”含5章：教学中的教师、聚焦教师研究者、何为研究、原则与问题：优秀研究的特点、提出科研项目。第二部分“课题和方法”含9章：定义和概论、如何观察语言教学课堂、日记和日记研究、利用数字、实验研究、如何设计问题、内省法、个案研究、各种方法混合使用。本书为英文，导读：刘润清。

Wallace, M. J. 语言教师行动研究/*Action Research for Language*

Teachers[M]. 北京：外语教学与研究出版社/人民教育出版社/剑桥大学出版社，2000.

该书系“剑桥英语教师丛书”之一，共10章：为什么进行行动研究，选择和发展研究课题，收集材料，现场笔记、教学过程记录、教学日志、教学日记和个人教学报告，言语报告，观察技术：记录和分析技能，问卷和访谈，个案研究方法，评估和实验：教材材料，合作研究：资源共享。本书为英文，导读：李静纯。

Woods, A., Fletcher,P. & Hughes, A. 语言研究中的统计学/*Statistics in Language Studies*[M]. 北京：外语教学与研究出版社/剑桥大学出版社，2000.

该书系“当代国外语言学与应用语言学文库”丛书之一，全书共15章：为什么语言学家需要统计学、表格和图形、归纳性测量、统计推理、概率、建立统计总体的模型、从样本估计总体的参数、总体参数的假设检验、检验数据的分布是否符合某些教学模型、测量两个变量间的相关程度、检验两个总体间的差异、方差分析、线性回归、聚类分析与攀比分析、主成分分析和因素分析。本书为英文，导读：林连书。

Wray, A., Trott, K., Bloomer, A., Reay, S. & Butler, C. 语言学课题：语言研究实用指南/*Projects in Linguistics: A Practical Guide to Researching Language*[M]. 北京：外语教学与研究出版社/爱德华·阿诺德出版社，2000.

该书系“当代国外语言学与应用语言学文库”丛书之一，除“绪论”外，全书包括3个部分。第一部分“研究领域和项目想法”含10章：心理语言学、第一语言习得与发展、会话分析、第二语言习得、文本文体、社会语言学、英语口音和方言、结构和语义、历史语言学、语言与性别。第二部分“数据收集技术”包括5章：录音录像数据、实验、问卷、访谈、观察与个案研究。第三部分包括9章：语音和音位转写、话语转写、利用计算机研究文本、《数据保护条例》、怎样引用参考文献、剽窃与避免剽窃、统计方法、使用文摘类期刊及写好学术英语的建议。本书为英文，导读：严辰松。

韩宝成. 外语教学科研中的统计方法[M]. 北京：外语教学与研究出版社，2000.

该书是一本入门性质的书，介绍外语教学科研中常用的统计分析方法。全书共分10章：统计方法简介、数据的整理及表达、描述性统计方法、正态分布与标准分、抽样理论与能数估计、假设检验、方差分析、线性相关与线性回归、计数数据的分析方法、非参数检验方法。

Brown, J. D. 外语教学研究方法——教育统计学导读/*Understanding Research in Second Language Learning*[M]. 北京：外语教学与研究出版社/人民教育出版社/剑桥大学出版社，2001.

该书系“剑桥英语教师丛书”之一，共13章：概述、变量、数据的收集及初步整理、控制无关变量、统计研究的基本结构、数量关系及分布特征、行为特征：概率及分布原理、统计测量、统计研究的逻辑顺序、相关分析、均值比较、频数比较分析、案例综合分析及检测。本书为英文，导读：吴欣。

Nunan, D. 语言学习研究方法/*Research Methods in Language*

Teaching[M]. 上海：上海外语教育出版社，2002.

该书系“外语教学法丛书”之一，共10章：研究方法和传统介绍、实验法、人种志、个案研究、课堂观察与研究、反思法、研究技术、交互分析、项目评估、进行研究。

蔡昌卓，刘振聪. 英语教学研究与论文写作[M]. 桂林：广西师范大学出版社，2002.

该书系“全国中小学教师继续教育教材”之一，共分4章：英语教学研究理论、英语教学研究方法（定性研究方法、描述性研究方法、实验研究方法）、英语教学研究实践、英语论文写作。

Charles, C. M. & Mertler, C.A. 教育研究方法/*Introduction to Educational Research*[M]. 北京：外语教学与研究出版社，2004.

该书系“教育学精品原版教材系列”之一，分4个部分：教育研究的基本知识，开展教育研究的初步技能，开展自己的研究项目，八种研究类型的程序和范例：人种学研究、描述性研究、历史研究、相关性研究、行动研究、评价研究、实验研究、因果比较研究。本书为英文。该书中译本《教育研究导论》由中国轻工业出版社于2003年出版，译者为张莉莉等。

陈坚林. 现代外语教学研究——理论与方法[M]. 上海：上海外语教育出版社，2004.

该书共14章：绪论、外语教学研究、外语教学研究的基本概念、外语教学研究的准备过程、定性研究与定量研究、收集数据资料的方法（一）、收集数据资料的方法（二）、变量与变量关系、实验研究方法、内省研究法与个案研究法、人种学研究法、行动研究法、描述统计法、推断统计法。每章后有“复习思考题”。

秦晓晴.外语教学研究中的定量数据分析[M].武汉：华中科技大学出版社，2004.

该书由3部分共14章组成：第一部分“外语教学研究基础”，主要介绍外语教学研究和统计学基本概念；第二部分“定量数据分析的准备”，以实例详述如何利用SPSS统计软件进行数据的准备工作、问卷的项目分析，以及效度和信度分析；第三部分“定量数据的统计分析”，用实例讨论了描述统计分析方法、数据考察、假设检验，以及参数和非参数检验方法在外语教学研究中的运用。

文秋芳，俞洪亮，周维杰.应用语言学研究方法与论文写作（中文版）[M].北京：外语教学与研究出版社，2004.

该书是研究生课程教本，全书分3个部分。第一部分“绪论”，含2章：研究的定义、过程及分类，基本概念。第二部分“研究方法”包括10章：提出研究问题、阅读文献、选择研究设计、问卷调查、实验研究、个案研究、微变化研究、统计学入门、定量数据分析、定性数据分析。第三部分“论文写作”包括3章：概述、论文写作、论文的写作格式。本书英文版为文秋芳编著的*Applied Linguistics Research Methods and Thesis Writing*，由外语教学与研究出版社于2004出版。

郭纯洁.有声思维法[M].北京：外语教学与研究出版社，2007.

该书系“中国外语教育研究丛书：外语教育研究方法”之

一，共8章：有声思维简介、有声思维的数据采集及分析、有声思维在外语阅读研究中的应用、有声思维在外语写作研究中的应用、有声思维在外语听力研究中的应用、有声思维在翻译研究中的应用、有声思维在外语教学其他研究中的应用、有声思维研究及其局限性。5个附录为：外语学习策略、阅读的有声思维转写材料、作文与写作的有声思维转写材料、听力的有声思维转写材料、译文与翻译的有声思维转写材料。

金立鑫. 语言研究方法导论[M]. 上海：上海外语教育出版社，2007.

该书分为4个部分。第一部分“学科论”含3章：语言学是一门实证学科、研究旨趣、一般方法（逻辑论、数据论）。第二部分“工具论”含2章：语法学和语音学的分析工具、语义学和语用学的分析工具。第三部分“技术论”含4章：传统和近现代语法学的分析技术、当代语言学的理论和技术、语义学和语用学的分析技术、描写。第四部分“解释论”含1章：理论和解释。

邵俊宗，刘齐宣. 中学英语课题研究与论文写作[M]. 杭州：浙江大学出版社，2007.

该书系“中小学各科课题研究与论文写作丛书”之一，分为两个部分。上编“中学英语教学课题研究基本原理”含6章：课题研究概述、中学英语学习选题范围及研究、中学英语教学法选题范围及研究、中学英语课程选题范围及研究、英语教育学选题范围及研究、课题研究的主要统计方法基础。下编“英语教研学术性写作”含6章：英语教研论文写作过程、文献途径研究及其成果表现、调查研究报告的写作、个案研究论文的写作、实验研究报告的写作、英语毕业论文和学位论文的写作。

滕云. 小学英语课题研究与论文写作[M]. 杭州：浙江大学出版社，2007.

该书系“中小学各科课题研究与论文写作丛书”之一，分为两个部分。上编“小学英语课题研究理论与方法”含2章：课题研究综述、论文写作概述。下编“小学英语教研论文的写作案例与答辩”含5章：教学论文的写作、教学科研报告的写作、案例研究论文的写作、教学评论的写作、教研论文的答辩。

何广铿，黄冰，勒妍. 英语教学研究方法[M]. 广州：广东高等教育出版社，2009.

该书共13章：英语教学研究的定义和类型、英语教学科研中的一些基本概念、研究问题的确定、英语教学研究计划的制定、调查法、观察法、实验研究、个案研究、行动研究、第二手研究、数据（资料）分析、研究结果的解释、研究报告撰写。

秦晓晴. 外语教学问卷调查法[M]. 北京：外语教学与研究出版社，2009.

该书系“中国外语教育研究丛书：外语教育研究方法”之一，共8章：外语教学问卷调查方法及其特点、外语教学调查问卷格式、外语教学调查问卷的设计步骤、外语教学调查问卷项目设计、外语教学调查问卷试测及实施、回收问卷整理及数据准备工作、外语教学调查问卷的评价、问卷数据汇总及统计分析方法选择。

Bitchener, J. 应用语言学论文写作指导：实证研究报告的撰写/*Writing an Applied Linguistics Thesis or Dissertation: A Guide to Presenting Empirical Research*[M]. 北京：外语教学与研究出版社, 2012.

该书系“全国高等学校外语教师丛书·科研方法系列”之一。全书包括8章：背景、摘要、引言、文献综述、研究方法、研究结果、结果讨论、结论。每章以一篇论文做实例分析。本书为英文，导读：韩宝成。

梁茂成，李文中，许家金. 语料库应用教程[M]. 北京：外语教学与研究出版社, 2010.

该书系“全国高等学校外语教师教学实践系列”之一。该书分为三大部分。第一部分：介绍语料库语言学的基本知识与语料库的基本操作；第二部分：介绍语料库在外语教学与外语学习中的应用；第三部分：探讨语料库在外语研究中的应用。该书注重操作与应用，便于学习者边读边做，是很好的自学入门物。

朱枫. 外语教学研究与科研设计[M]. 南京：南京大学出版社，2010.

该书共10章：绪言、外语教学研究的步骤和内容概述、确立研究问题、文献检索、科研设计、收集资料的方法、研究工具性能的测定、科研资料的整理与分析、科研论文的撰写、科研课题的申请。

Dörnyei，Z. & Taguchi, T. 第二语言研究中的问卷调查方法/*Questionnaires in Second Language Research: Construction, Administration, and Processing*(第2版) [M]. 北京：外语教学与研究

出版社，2011.

该书系“全国高等学校外语教师丛书·科研方法系列”之一。该书对问卷设计、实施、数据分析等各个阶段提供了全面指导，以帮助使用者设计出一份有效的问卷。全书共5章。第1章“二语研究问卷简介”探讨了问卷的性质、优缺点及问卷在定性、定量研究中的应用。第2章“问卷设计”、第3章“问卷实施”和第4章“数据的处理”通过大量实例分别详细介绍了问卷的设计、实施与数据分析方法。第5章“问卷设计实例”提供了一个具体的国外研究实例，展示如何运用书中方法为一个关于学习动机的研究设计问卷。最后，该书还特别增加了一个中文研究案例，以帮助中国读者更好地理解本方法的应用。本书为英文，导读：秦晓晴。

Duff, P. A. 应用语言学中的个案研究方法/*Case Study Research in Applied Linguistics*[M]. 北京：外语教学与研究出版社，2011.

该书系“全国高等学校外语教师丛书·科研方法系列”之一。个案研究方法是质性研究的重要方法之一，近年来受到越来越多研究者的关注。《应用语言学中的个案研究方法》专门介绍应用语言学领域个案研究方法的使用。全书共6章：第1章“应用语言学中的个案研究”介绍应用语言学领域个案研究方法的重要性及常见的研究角度。第2章“定义、描述、思辨个案研究”介绍个案研究方法的定义、起源、特征及其在应用中的优势和缺陷。第3章“应用语言学个案研究实例”通过实例展现了近30年来个案研究方法的研究主题和趋势。第4章“怎样进行个案研究（I）”和第5章“怎样进行个案研究（II）”分别介绍个案研究方法的具体实施过程，包括研究设计，数据的收集、分析和解读，以及研究评价等。第6章“撰写个案研究报告”。该书特别增加了一个中文研究案例，以帮助国内读者更好地理解本方法的应用。本书为英文，导读：张莲。

Gass, S. M. & Mackey, A. 第二语言研究中的数据收集方法/*Data Elicitation for Second and Foreign Language Research*[M]. 北京：外语教学与研究出版社，2011.

该书系“全国高等学校外语教师丛书·科研方法系列”之一，该书系统介绍了目前学界普遍采用的各种数据收集方法。该书由8章组成：绪言，基于心理语言学的研究，认知过程、能力与策略研究，基于语言学的研究，基于互动的研究，基于社会语言学和语用学的研究，调查研究，课堂研究（自然课堂研究、实验课堂研究、行动研究）。本书为英文，导读：马广惠。

文秋芳，韩少杰. 英语教学研究方法与案例分析[M]. 上海：上海外语教育出版社，2011.

该书系“中国英语教师自主发展丛书”之一，分为3部分。第一部分“概述”，分5章：教学研究内容、教学研究过程、教学研究类型、教学研究中的基本概念、教学研究评价标准。第二部分“研究方法”分5章：个案研究、行动研究、问卷调查、实验研究、混合研究。第三部分“成果交流”分2章：口头交流、书面交流。书后附书中所用案例一览表，共55个案例。

裴栓保. 中小学英语教师科研论文写作方法指导[M]. 南宁：广西教育出版社，2012.

该书系“外语教师教学研究丛书”之一，共13章：科研理念与科研论文，科研论文的写作基础，科研论文的创作过程，中小学英语科研论文的常见类型，中小学英语科研论文共有部分的写作方法，研究论文的写作，研究报告的写作方法，经验总结型论文的写作方法，叙事型论文的写作方法，教学反思、教育评论的写作方法，中小学英语科研论文中图、表的设计与呈现方式，中小学英语教师科研论文的常见问题及其对策，科研论文的投稿技巧。

席玉虎.高中英语教师科研入门[M].北京：首都师范大学出版社，2012.

该书系“中小学教师科研入门丛书”之一，分为3个部分。上篇“方法篇”含3章：中小学一线教师科研的特点、中小学一线教师科研入门的过程、中小学一线教师科研入门的步骤。中篇“读书篇”含3章：读书先要学会利用图书馆、适合一线教师阅读的教育书籍（上）、适合一线教师阅读的教育书籍（下）。下篇“论文篇”含6章：关于新课程的研究，关于高中英语教法、学法的研究，关于英语教材的研究，关于高考英语试卷的研究，关于学生管理的研究，关于教学管理的研究。

该书的姊妹篇为《初中英语教师科研入门》。

周丹丹.应用语言学中的微变化研究方法[M].北京：外语教学与研究出版社，2012.

该书系“全国高等学校外语教师丛书·科研方法系列”之一。共8章：微变化研究方法概况、微变化研究法的贡献、国外微变化研究法研究实例（一）、国外微变化研究法研究实例（二）、国内微变化研究法研究实例（一）、国内微变化研究法研究实倒（二）、国内微变化研究法研究实例（三）、微变化研究法实施的注意事项及研究前景。

许宏晨. 第二语言研究中的统计案例分析[M]. 北京：外语教学与研究出版社，2013.

该书系“全国高等学校外语教师丛书 · 科研方法系列”之一。全书以统计分析过程为纲组织各章，脉络清晰，共10章：第1章介绍统计学的基本概念，第2章介绍常用的统计方法，第3—7章介绍了寻找差异的统计方法；第8—10章介绍了寻找关联的统计方法。书后附有作者设计并使用过的调查问卷供读者参考。

杨鲁新，王素娥，常海潮，盛静. 应用语言学中的质性研究与分析[M]. 北京：外语教学与研究出版社，2013.

该书系“全国高等学校外语教师丛书 · 科研方法系列”之一，共分4部分。第一部分“质性研究的设计”，包含2章：质性研究的特点与类型、质性研究的设计要求。第二部分“质性研究的数据收集”，包含4章：访谈、观察、反省、书面文档及影像资料的收集。第三部分“质性研究的数据分析及效度保证”，包含4章：数据管理、数据分析、效度保证、计算机辅助软件NVivo在质性资料分析中的作用。第四部分“质性研究论文或研究报告写作，包含2章：质性数据报告的撰写、质性研究论文的撰写。

朱晓燕. 外语教师如何开展小课题研究：实际操作指南[M]. 北京：外语教学与研究出版社，2013.

该书系“外研社基础外语教学与研究丛书 · 英语教师发展系列”之一。共6章：外语教师也能够做教研课题吗、三类常见外语教研论文的导读（调查类教研论文，探究类教研论文：行动研究案例解读、叙事研究案例解读、个案研究案例解读、文献研究案例解读，验证类教研论文）、撰写教研论文的“题目”和“摘要”、撰写教研论文正文内的五个组成部分、在职英语教师的研究能力训练、职前英语教师的研究能力训练。附录提供了教研文章、课题表格、各章案例。

王蔷，张虹. 英语教师行动研究（修订版）[M]. 北京：外语教学与研究出版社，2014.

该书系“外研社基础外语教学与研究丛书·英语教师教育系列”之一，分为上篇和下篇两个部分。上篇为“理论篇”，包括4章：行动研究概述、行动研究的理论基础、行动研究的意义、行动研究在中国。下篇为“实践篇”，包括6章：行动研究的选题，行动研究方案的制定、实施和监控，数据的收集与分析，评价与反思，撰写行动研究报告，行动研究报告四例及评析。

刘润清.外语教学中的科研方法[M].北京：外语教学与研究出版社，1999；2015年修订版，篇幅大大增加。

该书系“北京外国语大学语言学研究丛书”之一，共12章：引言、什么是科学研究、外语教学科研的模式、定性方法和定量方法、起草科研申请报告、定性研究：设计与调查手段（课堂观察、访谈、内省法——“追过法”和有声思维、笔记和日记、问卷行动研究、民族志方法、设计性实验法、数据分析）、描述性研究（个案研究、小组研究、勘查法、发展研究法）、相关关系研究、追溯性研究、实验研究）、统计学理论介绍、大数据时代展望外语教育中的科研（后两章为修订版新增内容）。

附录二 英语教学与研究期刊指南

期刊名	单位	通讯地址
北京第二外国语学院学报	北京第二外国语学院	100024北京市朝阳区定福庄南里1号
初中数语外辅导	吉林教育出版社	130021吉林长春同志街1991号
大学外语教学研究	大学外语教学指导委员会	210023江苏南京仙林大道163号南京大学大学外语部 dxwyjxyj@163.com
当代外语研究	上海交通大学	200240上海交通大学外语学院 kjyy@sjtu.edu.cn; ddwyyj@sjtu.edu.cn
当代语言学	社科院	100732北京建国门内大街5号 bjddyyx@cass.org.cn
东方翻译	上海外国语大学	200083上海市大连西路550号 http://www.ejtrans.com
广东外语外贸大学学报	广东外语外贸大学	510420广州黄石东路广东外语外贸大学内
海外英语	安徽科学技术出版社	230041合肥市濉溪路95号 http://www.overseaen.com
江苏外语教学	南京师范大学	210097江苏省南京市宁海路122号
教育测量与评价	湖南省教育考试院	410001湖南长沙车站北路138号 jyclypj@126.com
解放军外国语学院学报	解放军外国语学院	471003河南洛阳解放军外国语学院 http://jfjw.chinajournal.net.cn/ jfjw@chinajournal.net.cn

续 表

期刊名	单位	通讯地址
外国语文	四川外国语大学	400031重庆市沙坪坝区四川外语学院 a65383370@cta.cq.cn
山东师范大学外国语学院学报（基础英语教育）	山东师范大学	250014山东济南文化东路88号
山东外语教学	山东师范大学	250014山东济南文化东路88号
上海翻译	上海大学	200072上海大学延长路校区
天津外国语大学学报	天津外国语大学	300204天津市河西区马场道117号
外国文学评论	中国社会科学院外文所	100732北京建国门内大街5号
外国文学研究	华中师范大学	430079武汉华中师范大学文学院 wwyj@mail.ccnu.edu.cn
外国语	上海外国语大学	200083上海市大连西路550号上外校园内 jfl@shisu.edu.cn
外国语言文学研究	重庆大学	400044重庆大学外语学院 RFLL-cqu@126.com
外国语言文学	福建师范大学	350007福建省福州市仓山区 fjwy@fjnu.edu.cn
外交学院学报	外交学院	100037 北京西城区展览路24号 xuebao@cfau.edu.cn; wjxy@chinajournal.net.cn
外语电化教学	上海外国语大学	200083上海市大连西路550号上外校园内 sflaph@online.sh.cn
外文研究	河南大学	475001河南开封明伦路85号 wwyjbjb@163.com

续　表

期刊名	单位	通讯地址
外语与翻译	中南大学	410075湖南省长沙市韶山南路68号
外语教学	西安外国语大学	710061西安外国语大学62号信箱 xuebao@xisu.net.cn
外语教学理论与实践	华东师范大学	200062上海市中山北路3663号
外语教学与研究	北京外国语大学	100089北京西三环北路2号 bwyys@mail.bfsu.edu.cn; http://wjyy.chinajournal.net.cn/
外语界	上海外国语大学	200083上海市大连西路550号上外校园内 waiyujie@online.sh.cn
外语学刊	黑龙江大学	150080黑龙江省哈尔滨市南岗学府路74号黑龙江大学129信箱 wyxk2002@hotmail.com
外语论坛	江西师范大学	330027江西师大外国语学院 wyluntanjxnu@yahoo.com.cn
外语研究	南京国际关系学院	210039南京国际关系学院 NWYJ@chinajournal.net.cn
外语与外语教学	大连外国语大学	116002辽宁省大连市延安路94号 flatt@dlufl.edu.cn
西安外国语大学学报	西安外国语大学	710061西安外国语大学62号 xuebao@xisu.net.cn
现代外语	广东外语外贸大学	510420广州黄石东路广东外语外贸大学内 gplal@gdufs.edu.cn; http://ling.gdufs.edu.cn/
校园英语	方圆电子音像出版社	050071河北石家庄和平西路新文里8号

续　表

期刊名	单位	通讯地址
新教育时代	湖北第二师范学院	湖北武汉武珞路9号 yushuwaixuexi@163.com
学英语报	山西教育教辅传媒集团	030006山西省太原市06081号信箱 http://www.xyybs.com/lwtougao/article
英语学习	外语教学与研究出版社	100089北京西三环北路19号 ell@fltrp.com
英语世界	商务印书馆	100005北京1504信箱 wewecp@sina.com; http:/www.cp.com.cn
英语辅导报	天仁报业集团	134001吉林通化西昌工贸开发区2号
英语沙龙	世界知识出版社	100010北京东城区干面胡同51号
英语周报	山西师范大学	030006山西省太原市晋阳街202号
语数外学习	湖北第二师范学院	湖北武汉武珞路9号 yushuwaixuexi@163.com
语言教学与研究	北京语言大学	100083北京学院路15号 xb@blcu.edu.cn
语言教育	大连外国语大学	116002辽宁省大连市延安路94号 yyjy2013@163.com
语言科学	徐州师范大学	徐州师范大学（泉山校区）语言研究所215信箱 yykx@vip.163.com; yuyankexue @hotmail.com
中国比较文学	上海外国语大学	200083上海市大连西路550号 shccl@citiz.net

续　表

期刊名	单位	通讯地址
中国大学教学	高等教育出版社	北京德胜门外大街4号 zgdxjx@sina.com
中国翻译	中国翻译协会	100037北京市阜外百万庄大街24号 ctjtac@public.bta.net.cn; www.tac-online.org.cn; http://zgfy.chinajournal.net.cn
中国科技翻译	中国科学院科技翻译工作者协会	100864北京市三里河路52号 wlzhao@cashq.ac.cn
中国外语	高等教育出版社	100011 北京市西城区德外大街4号 flc@hep.com.cn; http://www.cflo.edu.cn
中国外语教育	外语教学与研究出版社	100089北京西三环北路2号 http://celea.org.cn/fleicdn
中国英语教学	北京外国语大学	100089北京西三环北路19号 teic@fltrp.com; www.elt-china.org
中小学外语教学	北京师范大学	100875北京师范大学 FLTS@263.net
中小学英语教学与研究	华东师范大学	200062上海中山北路
中学生英语	华中师范大学	430079湖北武汉华中师范大学外语学院 http://www.zgzzsgw.com
中学英语园地	河南大学	475001河南开封河南大学外语学院
中学英语之友	中国外语学习研究会	010010内蒙古呼和浩特新城曙光街7号
中学生语数外	新蕾出版社	300041天津和平区赤峰道131号

后记

当教师30多年了，这些年来，陆陆续续发表了大大小小的文章100多篇，其中艰辛一言难尽。近年来，有不少学生和青年教师问我发表论文的经验，一直以来我也希望有机会和更多的老师分享。这些甘苦在“绪论”中已有所论及，这里不再赘述。临近退休之际，确实想把自己的点滴体会奉献出来，但我却一直感到力不从心。最终拿出来的这个稿子，也只能算是一个总结吧。

我从开始写文章，就是无师自通，由于各种原因，没有机会攻读硕士和博士学位，因此没有经历过那种严格的训练。总结自己的经历，是希望给初入教学科研的老师一个示范。因此，本书对研究方法的介绍广泛参考了国内外教育研究方法专家们的论述，谨在这里向这些专家学者表示深深的敬意。广泛地阅读他们的著作，令我茅塞顿开，也深感自己功底薄弱，还须加倍努力。

关于教育和英语教学研究方法的论著已经有很多，这些论著完全可以帮助读者掌握这些研究方法。本书不想再重复那些具体的论述。但是，为了有助于读者了解教育和英语教学研究的方法，我在“附录一”中介绍了国内外一些专家学者近期出版的有关专著或教材以及一些经典的有关研究方法的专著，希望通过这种方式给读者一个提示。如果读者对某个或某几个研究方法特别感兴趣，那么可以到图书馆、书店或者通过网购的方式找到所需要的书，然后仔细研读相关的章节。

本书从第3章起，每章提供一篇论文（最后一章的4篇是同一主题的）。这些实例大部分是自己或与同事、学生们合作的作品。有的研究方法我不曾用过（如行动研究），但我认为它们是一线教师所必须了解的，因此不揣冒昧引用了其他老师的论文（共3篇，在书中相关地方注明了作者，来源见文后的相关参考文献），谨在这里向他们表示衷心的感谢。采用这种科研论文写作方式，源于自己这些年来的实践。由于最初没人指导，我一直都是通过阅读他人文章的方式找选题，学方法，写文章。我希望这种方式对地处偏僻的、获取资料不易的老师有一定启示。

在2015年的五一劳动节期间完成了书稿，感到非常欣慰。假期对于我们智力劳动者往往是个奢侈品。好在书稿总算完成。当然我其实不过是一个搬砖者，书中凝聚着太多人的智慧和辛劳，谨在这里再次向所引用材料的各位作者和老师们表示诚挚的谢意！

黄建滨

图书在版编目 (CIP) 数据

英语教学理论系列：中小学英语教学研究方法 / 黄建滨主编. — 杭州：浙江大学出版社，2016.9（2024.7重印）

ISBN 978-7-308-15425-3

Ⅰ. ①英… Ⅱ. ①黄… Ⅲ. ①英语课 — 教学研究 — 中小学 Ⅳ. ①G633. 412

中国版本图书馆CIP数据核字（2015）第296185号

英语教学理论系列：中小学英语教学研究方法

黄建滨 主编

责任编辑 李 晨
责任校对 韦 伟 仲亚萍
封面设计 续设计
出版发行 浙江大学出版社
（杭州市天目山路148号 邮政编码310007）
（网址：http://www.zjupress.com）
排 版 杭州林智广告有限公司
印 刷 广东虎彩云印刷有限公司绍兴分公司
开 本 880mm×1230mm 1/32
印 张 14
字 数 380千
版 印 次 2016年9月第1版 2024年7月第8次印刷
书 号 ISBN 978-7-308-15425-3
定 价 42.00元

浙江大学出版社市场运营中心联系方式：0571-88925591；http://zjdxcbs.tmall.com